Bruno Preisendörfer

Der waghalsige Reisende

Johann Gottfried Seume
und das ungeschützte Leben

Galiani
Berlin

Der Autor dankt der Stiftung Preußische Seehandlung für
ein Arbeitsstipendium und dem Grenzgänger Programm der
Robert Bosch Stiftung für ein Recherchestipendium.

Verlag Kiepenheuer & Witsch, FSC-N001512

2. Auflage 2013

Verlag Galiani Berlin 2012
Umschlaggestaltung: Manja Hellpap und Lisa Neuhalfen, Berlin
Umschlagmotiv: Seume als Wanderer,
Zeichnung von Johann Christian Reinhard
Lektorat: Wolfgang Hörner
Gesetzt aus der ITC New Baskerville
Satz: Wilhelm Vornehm, München
Druck und Bindung: GGP Media GmbH, Pößneck
ISBN 978-3-86971-060-0

Weitere Informationen zu unserem Programm finden Sie unter
www.galiani.de

*Der Wahrheit folgen und sie schützen,
Gerechtigkeit wahren,
allen gleich wohlgesinnt sein und
Gutes tun, nichts fürchten.**

* Die lateinische Fassung – »Veritatem sequi et colere, tueri justitiam, omnibus aeque bene velle ac facere, nil extimescere.« –
stand als Motto den wichtigsten Schriften Seumes voran, auch
dem *Spaziergang nach Syrakus.*
Kurz vor Drucklegung schrieb er dem Verleger: »Ich werde es
immer behalten und sehe nicht, warum ich es ändern sollte.«

Inhalt

Vorbild

———— ◦∞◦ ————

Als Johann Gottfried Seume am 6. Dezember 1801 unter die Tornisterriemen schlüpfte und sich auf den Weg nach Syrakus machte, war er knapp 39 Jahre alt. Er hatte bereits ein bewegtes Leben hinter sich – und wie es ihn bewegt hatte: Von einer sächsischen Dorfschule in die Leipziger Universität, von der Universität übers Meer in den amerikanischen Unabhängigkeitskrieg nach Halifax, von Halifax erst in ein hessisches Militärlager in Bremen, dann in die preußische Garnison in Emden, von Emden zurück an die Leipziger Universität, von der Universität nach Riga, Russland und Warschau, von Warschau zurück nach Leipzig und Grimma. In einem Verlagsbüro las er Wielands Werke und Klopstocks Oden Korrektur, schrieb selbst Aufsätze und Gedichte und schien endlich sesshaft zu werden.

Aber der Korrektorenstuhl war zu hart, Klopstock zu hochnäsig und das Mädchen, in das er sich verliebt hatte, hoffnungslos unerreichbar. Das Leben hatte Seume immer wieder verwandelt: den Bauernbub in einen Studenten, den Studenten in einen Soldaten, dann wieder in einen Studenten, noch einmal in einen Soldaten und schließlich in einen Federfuchser wider Willen. Nun lief der Lektor aus dem Büro und ging erneut einer Verwandlung entgegen. Es wurde kein Spaziergang, auch wenn das darüber geschriebene Buch so hieß, sondern

9

ein Gewaltmarsch, ein Abenteuer mit Spelunken, Hürchen und Räuberpistolen – fingerfertig erzählten und handgreiflich auf die Brust gesetzten.

Nach der Veröffentlichung des Buchs – Reisebericht, autobiographischer Roman und Reportage avant la lettre in einem – blieben Seume noch sieben Jahre. Es sollten bittere Jahre werden, in persönlicher, in politischer und in literarischer Hinsicht. Das Scheitern einer zweiten großen Liebe trieb ihn erneut auf große Reise, diesmal nach Osten und Norden. Das Buch darüber wurde wegen seiner Radikalität in Teilen Deutschlands und in Russland verboten. Andere Schriften konnte Seume erst gar nicht veröffentlichen. Immer schärfer äußerte sich seine Unzufriedenheit mit den Zeitläufen, und die Trauer über den wenig glücklichen Lebenslauf umdüsterte ihn. Gegen die innere Verletzlichkeit wappnete er sich mit betonter Härte im Umgang, der melancholische Grundzug seines Charakters ließ ihn den Stoiker spielen, freilich einen, dem oft genug der Gleichmut fehlte. Die Ungeduld mit sich und den Zeitgenossen wuchs, aber die Machtlosigkeit im Kleinen wie im Großen ließ weder Spiel- noch Handlungsraum. Überall schien Neubeginn nötig, aber nirgends wusste man damit anzufangen.

Der äußerlich Rastlose wurde innerlich starr. Der Vielbewegte saß verloren in der Stube und fuhr nur noch mit der Feder über das Papier. Aber auch mit seinen letzten Büchern blieb der große Getriebene unter den Schriftstellern seiner Generation buchstäblich auf der Strecke. Den Nachruhm sicherte ihm der Text, der ihn auch zum Vorbild macht: *Spaziergang nach Syrakus im Jahr 1802.*

Seume ist gerade deshalb nicht durch die Gedächtnislücken der Literaturgeschichte gefallen, weil er ein kleines Buch geschrieben hat, jedenfalls nach den großen Maßstäben, wie sie im Hause Herder in Weimar galten. Caroline war empört: »Seumes Spaziergang ist ein unerträgliches Zeug voll Arroganz, Gemeinheit, Großtun im Nichts.« Den Vorwurf der »Arroganz« hatte Seume geahnt und nahm ihn in seiner Vorrede vorweg:

> »Es tut mir leid, wenn ich in den Ton der Anmaß-
> lichkeit gefallen sein sollte.«

Damit das nicht als Kleinmacherei missverstanden wird, folgt auf der Stelle und erwartbar das Aber.

> »Aber es ist schwer, es ist sogar ohne Verrat der
> Sache unmöglich, bei gewissen Gegenständen die
> schöne Bescheidenheit zu halten.«

Caroline Herder hätte das mit einer herrischen Bewegung beiseitegewischt. Ihre literarische Abqualifizierung des *Spaziergang* wuchs sich zur moralischen Disqualifizierung seines Verfassers aus. Seume galt ihr als »eitler Mensch, der etwas sein will, ein grober Bengel, der mit seinem Ränzel in den niedrigen Wirtshäusern durchgekrochen ist und von da aus die Städte und die Landesverfassung und die Sitten und den Charakter der Nation beurteilt und über die Ohren haut. Und dieser *Grobian* wird von Böttiger und Consorten in den Himmel erhoben.«

Carl August Böttiger war ein wichtiger Mann im Weimarer und Leipziger Literaturbetrieb, und obwohl Caroline ihn nicht ausstehen konnte, ähnlich wie ihr Mann, wie Goethe und etliche andere, musste sie hinnehmen, dass er mit seinen »Consorten« in der Lage war, einen Autor zu ›machen‹, wie das schon damals im Literaturgeschäft zu geschehen pflegte. Aber Caroline Herders heftige Ablehnung hatte nichts damit zu tun, dass sie etwa ihren literarisch längst etablierten

Mann gegen einen neuen Star oder ein neues Sternchen hätte verteidigen müssen. Es ging ihr um Haltung und Würde. Ein gutes Jahrzehnt zuvor hatte sie auch nicht verstanden, wie man so viel Wesens um den verzappelten Karl Philipp Moritz machen konnte, diesen hergelaufenen Kerl. Damals war der Verfasser des psychologischen Romans *Anton Reiser* und Herausgeber des *Magazins zur Erfahrungsseelenkunde* eine Zeit lang in literarischen Damenkreisen und -kränzchen en vogue. Solche Leute, die ihre Persönlichkeit erst erkämpfen mussten, betrachtete sie als »Subjekte«, was aus dem Lateinischen ins Deutsche übersetzt bedeutet: Unterworfene. »Subjekt« und »Individuum« waren im Amtsdeutsch der Obrigkeit, zu der Carolines Mann als Generalsuperintendent gehörte, Vokabeln, mit denen man Dienstboten, Handlanger und Bauerntölpel titulierte, oder Herumtreiber, entlaufene Studenten und desertierte Soldaten – Leute wie Seume eben. Caroline hatte ein erstklassiges – und das mit der Klasse ist wörtlich zu nehmen –, ein erstklassiges Gespür für die Ressentiments kultureller Emporkömmlinge, für deren oft übererregtes Verlangen nach Anerkennung durch Aufnahme in die besseren Kreise.

Als Seume nur wenige Jahre nach dem Erfolg von *Spaziergang nach Syrakus* im Wettlauf mit dem Tod an *Mein Leben* schrieb, begann er mit dem Satz:

> »Das Missliche einer Selbstbiographie kenne ich so gut als sonst irgend jemand; und ich halte mich für nicht wichtig genug, dass überhaupt mein Leben beschrieben werde.«

Das ist rhetorische Koketterie, gewiss, doch führt der halbberühmt gewordene Schriftsteller gleich danach die Autorität von ganz berühmten an und nennt dabei an erster Stelle ausgerechnet:

»Herder, Gleim, Schiller und Weiße und mehrere noch Lebende haben mich aufgemuntert, nach meiner Weise die Umstände meines Lebens, das sie wohl für wichtiger hielten, als es war, schriftlich niederzulegen.«
Wer andere als Bürgen für die Wichtigkeit seines Lebens nötig hat, so hätte Caroline das wohl gesehen, kann nicht aus eigenem Recht auf das Interesse der Öffentlichkeit zählen. Doch auf das Publikum wirkt bis heute gerade das anziehend, was Caroline so abstieß. Die von ihr diagnostizierte »Arroganz« und »Gemeinheit« empfanden und empfinden viele Leserinnen und Leser als aufrichtig und ›authentisch‹.

Auch dies zu Unrecht. Wie jeder Schriftsteller (einschließlich derer, die über andere schreiben) hat Seume seine Texte formiert. Und er hat mit ihnen fingiert, auch wenn er an ihnen selten lange herumgefingert hat. Dazu fehlte ihm die Zeit. Er lebte mal mehr, mal weniger vom Schreiben und deshalb mal besser, mal schlechter von der Hand in den Mund.

Der Weg vom Leben zur Literatur, vom Herzen zur Hand führt über den Kopf. Beim schreibenden Erinnern verändert sich das Material, das für Schriftsteller wie Seume das eigene Leben ist. Und je geringer die Autorschaft an diesem Leben, desto wichtiger die Autorschaft an dessen Beschreibung. Je weniger ›selbstbestimmt‹, wie man heute sagt, das Leben ist, desto bestimmter muss die Selbstbeschreibung sein. Je weniger selbstverständlich (und sich selbst verständlich) das Ich im Leben, desto nötiger die Selbstbehauptung in der Literatur. Seumes von Caroline Herder so mitleidlos verhöhntes »Großtun im Nichts« war nackte Notwehr.

Was gelesen wird, steht auf einem anderen Blatt. Vom

Manuskript zur Druckseite kann sich der Sinn eines Textes dramatisch verändern. Was der Schriftsteller aus der Hand gibt und der Leser in die Hand nimmt, scheint manchmal kaum noch etwas miteinander zu tun zu haben. Der akademische Ausdruck für dieses Phänomen ist ›Rezeption‹. Die ›Seume-Rezeption‹ hat den Schriftsteller nach seinem Tod zum poetischen Spitzwegerich idyllisiert, zum ›curieusen‹ Kauz mit Räuberschnurrbart, in dessen schmaler Brust trotz allen Grimmigtuns ein empfindsames Herz schlug. Diesem Kitschbild ist sogar Carolines Zerrbild im Zorn noch vorzuziehen.

Im Englischen gibt es den wenig schmeichelhaften Ausdruck *minor poet*. Dieses Etikett klebt auf der Schublade, die eine so ungeduldige wie pedantische Literaturgeschichtsschreibung aufzieht, um Schriften unterzubringen, die nicht zur sogenannten Höhenkammliteratur gehören, aber doch zu schade sind, um einfach vergessen zu werden. Während über die Größe der Großen eine Einigkeit besteht, die von persönlicher Sympathie für Werk und Autor unabhängig ist, hängt bei den Kleineren viel davon ab, ob ihr literarisches Image den persönlichen Tod überlebt und wie lange ihr Werk der Nachwelt gefällt.

Wie groß war Seume? Ziemlich klein – was sein körperliches Format betrifft. Die verschiedenen Schätzungen schwanken zwischen eins fünfzig und eins dreiundsechzig. Er selbst erzählt in seiner Autobiographie *Mein Leben*, wie die Mutter erschrak und der Dorfpfarrer sich kaputtlachte, als er mit dem Wunsch herausrückte, ausgerechnet Grobschmied werden zu wollen.

> »Du bist ja nur ein Zwerg und sinkst mit Hammer und Zange vor dem Amboß zusammen wie ein Taschenmesser, sagte der gutmütige Pfarrer.«

Wie groß war der »Zwerg« also, nachdem er sich ausgewachsen hatte? Das hängt von der Fußgröße ab. Nicht von der Seumes, sondern von der in den hessischen und preußischen Maßeinheiten. Ein hessisches Fußmaß betrug 28,8 Zentimeter, ein preußisches 31,3 Zentimeter. In einer im Staatsarchiv Marburg befindlichen Regimentsliste wird Seumes Größe mit »5 Fuß 2 Zoll 2 Strich« angegeben. Bei hessischen Füßen ergibt das etwa eins fünfzig, bei preußischen eins dreiundsechzig.

Mit eins fünfzig wäre er nicht nur weit vom Gardemaß entfernt geblieben, sondern auch unter der je nach Soldatenbedarf herab- und heraufgesetzten Mindestgröße der Rekruten. Mit eins dreiundsechzig wäre er immerhin dem »kleinen Corporal« nahegekommen, wie in der »großen Armee« der von ihm verabscheute Napoleon genannt wurde.

Aber Napoleons Größe ist ebenfalls umstritten; nicht nur die Körpergröße, die gemessen an den Zeit- und Leibverhältnissen seiner Epoche vermutlich so gering gar nicht war, sondern auch die historische.

Historische Größe hängt nicht vom Maß der eigenen Zeit ab, sondern von der Perspektive der Nachwelt: Von unserem Knirpstum, wie man sagen könnte, und wie der (große) Historiker Jacob Burckhardt in seinen *Weltgeschichtlichen Betrachtungen* geschrieben hat: »Unsern Ausgang nehmen wir von unserem Knirpstum, unserer Zerfahrenheit und Zerstreuung. Größe ist, was wir nicht sind.«

Seume war kein Napoleon, auch keiner der Literatur. Wie groß also war er wirklich? Niemand würde ihn einem ›Olympier‹ wie Goethe an die Seite stellen, der unter einem ganz anderen Stern geboren wurde, wie es so selbstbewusst wie selbstgefällig zu Beginn von *Dichtung und Wahrheit* berichtet wird. Auch würde (und möchte) man ihn nicht mit einem Wieland oder

Herder vergleichen, um nur die Weimarer Granden zu nennen; mit einem Johann Wilhelm Ludwig Gleim in Halberstadt vielleicht schon eher, obwohl ein Vergleich des armen Seume mit ›Vater Gleim‹ um 1800 ziemlich bizarr gewirkt hätte. Heute wiederum wäre es bizarr, von Schülern zu verlangen, sie sollten sich mit Gedichten Gleims langweilen, während Seumes Prosa immer noch gedruckt und gelesen wird, nicht bloß zu Lehr- und Forschungs-, sondern auch zu Lebens- und Unterhaltungszwecken.

Seume selbst dreht seinem Publikum den Rücken zu. Die Titelseite des *Spaziergang* in der Ausgabe von 1803 ziert eine Vignette des Landschaftsmalers Johann Christian Reinhart, den Seume während seiner Reise nach Sizilien in Rom kennengelernt hatte. Dieses Vor-Bild zeigt Seume von hinten. Die Rückenfigur lässt heutige Betrachter an die romantischen Wehmutsbilder von Caspar David Friedrich denken, in denen der Mensch allein und in sich gekehrt in die Natur gestellt ist.

Reinhart wusste später nur wenig Beifälliges über Seume zu sagen, aber seine Skizze des Tornistermanns wurde zur Seume-Ikone schlechthin. Gebannt in den Umriss des Klischees vom einsamen Pilger läuft der schmalschultrige Wanderer mit Stock und Hut seit über zweihundert Jahren durch die Phantasie seiner Leser und Anhänger. Deren sind nicht wenige, wie man anhand der Klickzahlen der Website seume.de nachrechnen kann.

Ist Seume also ein Vorbild? Seume ist vor allem Seume, und weil Menschen keine Pelzkappen oder Schimmel sind, sollte man das nicht für eine Selbstverständlichkeit halten. Herder konnte – selbstverständlich – an Moses Mendelssohn schreiben: »Ich werde, was ich bin!« Für Seume, der nichts war und alles erst werden musste, wurde dieses Werden zu einer Herausforderung, der er ein Leben lang hinterherschrieb und vor der er immer wieder davonlief.

Seume musste aus Seume ›den Seume‹ erst machen. Das bewerkstelligte er mit den Geschichten, die er von und über sich erzählte: in seiner Lyrik, in seiner Prosa, in den journalistischen Arbeiten und in seinen Briefen. *Was* er dort erzählt, ist oft ziemlich abenteuerlich. Nicht nur, weil sein Leben wirklich reich an Abenteuern war, sondern auch wegen der nicht sehr zuverlässigen Art, von ihnen zu berichten. Dies kontrastiert mit seiner Selbstinszenierung als unerschütterlicher Mann der Wahrheit, der mit freier Stirn, offenem Herzen und ohne Geheimnis in der Mannesbrust durchs Leben schreitet.

Das eine wie das andere hat ihn manchen seiner Zeitgenossen suspekt gemacht und ist heute der Grund für die Entheroisierung der ›Figur‹ Seume durch die germanistische Forschung. Doch ist der Sockel, auf dem die Heldengestalt des freimütigen republikanischen Wanderers auf der Stelle tritt, so niedrig, dass der denkmalstürzende Eifer komische Züge hat – kurioserweise ausgerechnet Züge jenes komisch seumischen Ernstes, der seine Sache stets mit finster zusammengezogenen Brauen verfolgt.

Was Jupiter darf, ist dem Ochsen noch lange nicht erlaubt. Die Selbstinszenierung des Olympiers Goethe hat für Generationen von ›Bildungsbürgern‹ orientierend gewirkt. Die ästhetische Konstruktion persönlicher Autonomie war für das politisch machtlose mittlere Bürgertum überaus verführerisch. Zumal für das Ausweichen in ökonomische Kompensation das große Geld fehlte. Zur Akkumulation des kulturellen Kapitals genügte ein mittleres Einkommen. Es musste nur sicher sein. Diese Art von politisch gehemmter und wirtschaftlich beschränkter Saturiertheit im Sozialen war der Lebensrahmen des deutschen Bildungsbürgertums. In diesen Rahmen passte kein Vorbild so gut wie das des abhängig tätigen Geheimrats und zugleich frei schöpferischen Menschen Goethe.

Eine Randfigur wie Seume indessen war den Saturierten wegen seines Mangels an Saturiertheit fragwürdig. Eine solche Gestalt ließ sich ins bürgerliche Lebensbild nur integrieren, indem man sie halb bestaunte, halb bedauerte. In ihr personifizierte sich eine ›Reinheit‹ im Denken und ›Unschuld‹ im Leben, die man sich selbst nicht leisten konnte. Man wollte fortkommen – nicht weglaufen wie Seume.

Die Zumutungen der Authentizität machten aus Seume eine Art ›edlen Wilden‹ des Literaturbetriebs. Seume hat an diesem Bild eifrig mitgemalt. Er führte dabei einen recht breiten Pinsel. Das Beiwort »huronisch«, mit dem er sich öfter schmückte, gehörte zur Kriegsbemalung in seinem literarischen Daseinskampf. Von fern bewundert, rief das Bild aus der Nähe betrachtet manchmal Enttäuschung hervor. Auf die Enttäuschung folgten Klagen, auf die Klagen die Anklagen. Ausgerechnet bei dem, der Selbstinszenierung besonders nötig hatte, fand man die Inszenierung des Selbst unverzeihlich. Aber die Legenden, die Seume in Wort und Tat, in Vers und Prosa von sich in die Welt setzte, waren für ihn Waffen in den Scharmützeln seiner sozialen und intellektuellen Existenz. Ebendies ist authentisch beim Fingieren von Authentizität.

Das Erfinden und Erfahren der eigenen Identität auf dem Lebensweg ist umso problematischer, je zerklüfteter sich die innere Landschaft zeigt. Seume hatte eine ausgesprochene – besser: ›ausgeschriebene‹ Vorliebe dafür, zu schildern, wie die Eingänge der Täler, die er

auf seinen Reisen durchschritt, mit Kanonen zu bestrei-
chen seien, um Eroberer abzuhalten. Zum Schutz seiner
inneren Schluchten nahm er Zuflucht bei Feder und
Tinte.

Erstes Kapitel
Aufbrüche, Ausflüchte

—⚬⚬⚬—

Beschulter Bauernjunge – Entlaufener
Student – Desertierter Soldat – Entflohener
Lektor – Letzte Ausflucht Weimar

*»Es ist doch ewig schade, dass ich nicht wie mein Bruder
ein Schuster geworden bin, so hätte ich doch wenigstens
nichts mit dem Ding Seele zu tun.«*

– An seinen Freund Karl von Münchhausen, Juni 1792 –

*»Ich bin ein junger Mensch, der in den Jahren steht,
wo man mutige Unternehmungen ausführen, wo man
Erfahrungen lernen kann und soll.«*

– An seinen Förderer Graf Hohenthal nach der Flucht aus Leipzig, 2. Mai 1782 –

*»Ich bin jetzt preußischer Soldat, und Entwürfe zu einer
anderen Zukunft, schon den Gedanken daran, macht
mir meine Pflicht zum Verbrechen.«*

– An seinen Förderer Dorfpfarrer Benjamin Traugott Schmidt,
Sommer 1786 –

»Eben schnalle ich zusammen und gehe«.

– An seinen Chef, den Verleger Georg Joachim Göschen, am
6. Dezember 1801, dem Tag seines Aufbruchs nach Syrakus –

*»Sonst schnallte ich meinen Tornister und ging; jetzt
musste ich erst zwei vierfüßige Tiere und ein zweibeiniges
in Bewegung setzen ... «*

– *Ausflucht nach Weimar*, niedergeschrieben im Mai 1810 –

»Lieber Freund! Bleib zu Hause«. Mit diesen Worten beginnt Seumes erster gedruckter Text, das *Schreiben aus America nach Deutschland*. Dabei waren die Unterbrechungen, Aufbrüche und »Ausflüchte«, wie Seume es mit einer Wendung sagte, die damals noch nicht nach Ausrede klang, die eigentliche Kontinuität in Seumes Leben. Die Gewissheit, an Ort und Stelle und immer an seinem Platz bleiben zu müssen, hätte ihn erdrückt. Vor lauter Angst, sich festzulegen und von anderen festgelegt zu werden, waren auch seine Versuche, ein Amt zu ergattern, eher halbherzig – was ihm manche zum Vorwurf machten. Hätte es mit einem der Mädchen geklappt, in die er sich im Lauf seines Lebens verliebte, wäre es vielleicht anders gekommen. Aber vielleicht hätte es, wenn es anders gekommen wäre, mit einem der Mädchen trotzdem nicht geklappt und Seume wäre nicht zu Hause geblieben, sondern aus der Ehe früher oder später ausgebrochen.

Den Schriftsteller Seume gäbe es nicht, wäre der Mensch Seume nicht immer auf dem Sprung gewesen. Er wäre kein Soldat geworden, wäre er als Student in Leipzig geblieben; und er wäre nicht der »Spaziergänger nach Syrakus« geworden, hätte er als Lektor in Grimma ausgeharrt. Das Buch, das ihm bis heute das literarische Überleben sichert, ist ein Losschreiten und Fortrennen in Worten und Sätzen, als würde beim Schreiben das Blatt brennen, so wie beim Wandern der Boden unter den Füßen gebrannt zu haben scheint.

Wie er sein Lebensabenteuer begonnen hat, so beendete er es auch – mit einem Aufbruch. Er starb nicht auf dem Schlachtfeld, sondern im Bett, aber das Sterbebett stand nicht zu Hause. Und bevor jener endgültige Aufbruch kam, von dem keiner zurückkehrt und niemand berichtet, raste er mit der Kutsche durch Sachsen und schrieb darüber seinen letzten Text: *Ausflucht nach Weimar*.

Der beschulte Bauernjunge

Bildung macht nicht unbedingt glücklich, vor allem dann nicht, wenn ihr die Selbstverständlichkeit fehlt, wenn man sie geschenkt bekommt, dafür untertänig dankbar zu sein hat und doch immer um sie kämpfen muss.

Im 18. Jahrhundert hatte ein Kleine-Leute-Kind wie Seume nur in Ausnahmefällen eine Chance, mehr als nur das absolut Notwendige zu lernen: Den Namen schreiben, bis zehn zählen und die Gebote aufsagen. Ging der Bildungsweg darüber hinaus, hatte meist ein Pfarrer die segensreiche Hand im Spiel. Entdeckte ein Dorfpfarrer ein besonders begabtes Kind, gab es Bibelunterricht und Lateinstunden, auf die Lateinstunden folgte die Lateinschule, auf die Lateinschule Oberschule oder Gymnasium, aufs Gymnasium das Theologiestudium, aufs Theologiestudium früher oder später die Pfarrstelle in einem Dorf, wo das ehemals vom Dorfpfarrer entdeckte und geförderte Kind nun seinerseits als Dorfpfarrer besonders begabte Kinder entdecken und fördern konnte.

So ähnlich ging es auch mit Seume – oder wäre es gegangen, hätte sich der junge Mann nicht aus dem ungeliebten Leipziger Theologiestudium davongestohlen. Dass er überhaupt nach Leipzig kam, hatte er erstens dem Pfarrer Schmidt zu verdanken, ebenjenem, der sich über den Grobschmied als Berufswunsch so amüsierte, und zweitens dem Grafen von Hohenthal. Der Pfarrer und der Graf waren die ersten beiden von einer ganzen Reihe von Ersatzvätern, die Seume sein Leben lang suchte und auch zu finden wusste. Persönlich war Seume diesen ›Standespersonen‹ dankbar. Publizistisch hat er die Priester und Aristokraten heftig bekämpft. Die Bildung, die er nicht als selbstverständliches Recht, sondern als Ausnahme und Privileg genoss, setzte ihn später in die Lage, die Ausnahmen und Privilegien in seinen Schriften anzuprangern. Die dabei zutage tretende, besser gesagt: zu Buche schlagende Heftigkeit hatte damit zu tun, dass man in solcher Lage die persönliche Dankbarkeit abschütteln muss, um seine politische Überzeugung ausdrücken zu können. Auf Menschen, die den Identitätsriss, der damit verbunden ist, nicht an der eigenen Seele erfahren haben, wirkt das haltlos, undankbar und überhaupt wenig sympathisch. Seume hat das zu spüren bekommen, und seine schwierige Lebensfreundschaft mit dem Freiherrn von Münchhausen – wieder einer dieser persönlich gemochten, politisch befehdeten Aristokraten – litt unter diesem Konflikt.

Davon war noch nichts zu spüren, als Seume vom Pfarrer Schmidt entdeckt und von Graf Hohenthal gefördert wurde. Er konnte von Glück sagen – und tat das in der posthum erschienenen Autobiographie *Mein Leben* auch – nach dem Tod des Vaters von zwei Stützen der Gesellschaft in Obhut genommen zu werden.

Als Seumes Vater 1776 starb, war Johann Gottfried dreizehn Jahre alt. Der Vorname Gottfried rührte nach eigener Auskunft vom Hubertusburger Frieden her, mit dem – gut zwei Wochen nach seiner Geburt am 29. Januar 1763 – der Siebenjährige Krieg zu Ende ging. Dieser Krieg, an dem alle europäischen Staaten vom Königreich Schweden bis Österreich-Ungarn, vom zaristischen Russland bis zum Frankreich der Bourbonen beteiligt waren, hatte den Aufstieg Preußens zur kontinentalen Großmacht bestätigt; und zugleich den Abstieg Sachsens zur machtpolitischen Drittrangigkeit. Beides war gewissermaßen ein kontinentaler Nebeneffekt des globalen Krieges, in dem England und Frankreich um ihre Weltmachtstellung kämpften. Und dieser Kampf endete nicht mit dem Hubertusburger Frieden. Er ging in den amerikanischen Unabhängigkeitskrieg über, und Seume selbst verschlug es trotz seines friedlichen Vornamens 1782 nach Halifax im heutigen Kanada. Aufgrund eines Subsidienvertrages, der fast auf den Tag genau dreizehn Jahre nach Seumes Geburt geschlossen wurde, hatte der hessische Landgraf an England 17 000 Soldaten für dessen Kolonialkrieg zu liefern. Hätte es diesen Subsidienvertrag nicht gegeben, wäre Seume nicht nach Amerika gekommen, sondern vielleicht nach Metz, wo er statt der theologischen Fakultät eine Artillerieschule besuchen wollte. Die Weltgeschichte dominiert immer die Lebensläufe. Das gilt nicht nur für den ›underdog‹ Seume, sondern auch für den sechs Jahre jüngeren Napoleon, dessen Heroenehrgeiz ohne die Französische Revolution wohl in Maulbeerpflanzungen auf Korsika verkümmert wäre.

Von all dem konnte Johann Gottfried nichts ahnen, als 1776 sein Vater Andreas starb. Die Mutter brachte die damals sechsköpfige Familie nur mit Mühe durch. Die Seumes waren kleine Leute, doch gehörten sie nicht zu den Armen. Der Vater hatte landwirtschaftlichen Grundbesitz im sächsischen Poserna, den er 1770 wegen verschiedener Zwistigkeiten mit Pfarrer (!) und Landadel (!) verkaufte, um in Knautkleeberg bei Leipzig den Gasthof *Weißes Ross* mit dazugehöriger Landwirtschaft zu pachten. Vielleicht rührt daher Seumes im *Spaziergang nach Syrakus* ausführlich dokumentiertes Interesse für Wirtshäuser, das Caroline Herder so abgestoßen hat;

und es ist ein böser Zug des Schicksals, den vielgereisten Seume, dessen erstes großes Abenteuer mit der Verschiffung nach Halifax begann, am Ende zum Sterben ins Gasthaus *Goldenes Schiff* zu legen.

Das von Andreas Seume gepachtete Land gehörte zum Gut Lauer, das später von Graf Hohenthal erworben wurde. 1770/71 kam es in Brandenburg und Sachsen zu einer Hungersnot. Das Kurfürstentum Sachsen hatte in Seumes Geburtsjahr rund 1 635 000 Einwohner, 50 000 weniger als vor dem Siebenjährigen Krieg. Auch Anfang der 70er Jahre waren die Wehen und Nachwehen des Krieges noch nicht überwunden. Schlechte Ernten, die noch schlechtere Verwaltung der Reserven und die in Mangelsituationen üblichen Getreidespekulationen ließen die Brotpreise explodieren. Die Familie Seume überstand die Krise halbwegs, doch schmolzen die Ersparnisse zusammen.

1773, im Jahr der Boston Tea Party – wiederum ein welthistorisches Glied in Seumes persönlicher Schicksalskette, denn hätten die Bostoner Kolonisten den Tee nicht ins Meer geschüttet, um gegen die Steuerpolitik des Mutterlands zu protestieren, wäre der hessisch-englische Subsidienvertrag nicht geschlossen und der kleine Sachse nicht nach Halifax verschifft worden –, im Jahr 1773 lief die Pacht des Gasthofes aus, und Vater Andreas erwarb weiteres Land, mit dessen Bewirtschaftung jedoch Frondienste verbunden waren. Eine diesbezügliche Passage aus *Mein Leben* ist überaus aufschlussreich, und zwar im Wortsinn, denn sie schließt das auf, was Seume selbst für die seelische – und soziale! – Ursache seiner Verschlossenheit hielt:

> »Mein Vater hatte [...] eine kleine Ökonomie mit etwa sechzehn Ackern Feld gekauft. Das Drückendste für ihn an Körper und Geist war die Frohne, die

er selbst verrichten musste [...] Die Sense war seinem jetzt schwachen Arme zu schwer, er musste einige Mal die große Wiese verlassen. Ich erinnere mich, daß einige entmenschte Seelen, wie es deren überall gibt [...] ihre bittergroben Bemerkungen darüber machten, als sie ihn vor der Haustüre auf der Schwelle mit einem kleinen Knaben, meinem jüngsten Bruder, spielen sahen. Der gute Mann wischte sich die Augenwinkel und legte sich lange einsam in den entlegensten Teil des Gartens. Nach drei Tagen lag er auf der Bahre. [...] Dieser Vorfall vorzüglich ist mit Ursache meiner folgenden tief konzentrierten nicht selten finster mürrischen Sinnesweise. Ich habe die Katastrophe nie los werden können, ob ich gleich selten oder nie davon gesprochen habe.«

Die Fronarbeit gehörte zu jenen Privilegien, die vom Adel in allen europäischen Ländern mit Zähnen und Klauen, mit Petitionen und Peitschen verteidigt wurden. Selbst nach der Aufhebung der Leibeigenschaft in einzelnen Ländern konnten die adligen Gutsherren Hand- und Spanndienste fordern. Die Zwanghaftigkeit, mit der Seume dieses »Privilegium« später gegeißelt hat, ist nicht bloß eine persönliche Marotte oder die Fixierung auf einen sogenannten ›Misstand‹ unter vielen, sondern das sozialpsychologische Resultat einer persönlichen, politischen und sozialen Demütigung. Und die dieser Demütigung zugrunde liegenden Standesinteressen waren auch die Interessen des Mannes, dem Seume zugleich dankbar zu sein hatte: Graf Friedrich Wilhelm von Hohenthal zu Städteln, der ihn Ostern 1777 in die Stadtschule von Borna und bei deren Rektor Johann Friedrich Korbinsky in Kost schickte.

Zwei Jahre später wechselte Seume auf die Nicolai-

schule in Leipzig und mietete sich bei deren Rektor
Georg Heinrich Martini ein.

»Ich war bei dem Rektor in Wohnung und Kost und
Holz verdungen; erhielt aber meinen Speiseteil
durch die Magd auf mein Zimmer. Das wollte mir
schon nicht behagen und schien mir illiberal: denn
bei Herrn Korbinsky in Borna war ich wie ein Kind
vom Hause mit allen übrigen gehalten worden.«

Der mittellose Junge vom Land, den der Graf in die
Stadt und auf die Schule schickt, will nicht von der Magd
auf seinem Zimmer verköstigt werden, sondern möchte
einen Platz am Tisch des Hausherrn. Die Bevorzugung
führt zur Erkenntnis der Benachteiligung. Die Bildung,
die man dem Bauernjungen wegen seiner Begabung
ausnahmsweise zugutekommen lässt, löst ihn aus seiner sozialen Herkunft heraus, fügt ihn in der Gegenwart aber noch nicht ein in das, was als soziale Zukunft
erst erkämpft werden muss. In der Familie ist er der
vielversprechende Sohn, der nicht nur die Eierschalen
der Kindheit, sondern auch die bäuerliche Erde seiner
Herkunft abschüttelt; in der Stadt, in der Schule, beim
Rektor ist er ein hergelaufener Bauernjunge, der trotz
der gräflichen Förderung erst noch beweisen muss, ob
er den Katzenplatz am Tisch der höheren Bildung auch
verdient. Lernt er zu wenig und zu langsam, ist er ein
Tölpel und Faulpelz; lernt er zu schnell und zu viel, ist
er überambitioniert und bildet sich Wunder was ein. So
kann er es niemandem recht machen, nicht einmal sich
selbst, denn die eigenen Wertmaßstäbe und der Maßstab
des eigenen Werts müssen erst noch entwickelt werden.
Wenn das endlich gelungen ist, werden sie um so nach-
drücklicher verteidigt, was bei Seume später zur Ab-
grenzung der Ehre vom Ruhm führt, der Ehre vor sich
selbst, und dem Ruhm bei den anderen. Die hybrideste

Verkörperung dieses Ruhms ist Napoleon, die ehrlichste Ehre dagegen schreibt Seume in seiner Publizistik sich selber zu.

Das mit dem Schulbesuch verbundene Hinaustreten aus dem Familienkreis bedeutet nicht automatisch das Hineintreten in die Bildungskreise. Die intellektuelle Emanzipation wird mit Einsamkeit bezahlt, und die besten Freunde heißen nicht Hans oder Michael, sondern Ovid und Tacitus. Den einen in der Hand, studierte er die »Liebeskunst«, den anderen in der Tasche, floh er von der Universität. Das freud- und freundlose Sich-Eingrübeln, das von etlichen Bildungsaufsteigern am eigenen Leib erfahren und am eigenen Leben beschrieben wurde, wird in Seumes Autobiographie thematisiert, wenn auch nicht in der einschnürenden Intensität wie im *Anton Reiser* seines Zeitgenossen Karl Philipp Moritz.

Noch Seumes brieflicher Stoßseufzer an Freund Münchhausen, wäre er nur Schuster wie sein Bruder geworden, dann müsste er sich nicht mit der Seele abplagen, rührt her von der inneren Unruhe des aus seinen Herkunftsverhältnissen ausgewanderten Bildungsgängers. Wer Schuster wird, kann bei seinen Leisten bleiben und braucht sich um keine höheren Ansprüche zu kümmern. Und wer Grobschmied wird, läuft wenigstens nicht Gefahr, eine brotlose Kunst zu erlernen. Die Funken, die der Hammer schlägt, sind reeller als die Funken beim Verseschmieden:

> »Wäre ich Grobschmidt worden«, schreibt Seume als Soldat an einen Freund aus seiner Schulzeit in Borna, den Sohn des Rektors Korbinsky, »dann kennte ich Ramlern und Klopstock nicht und dächte nicht ans Oden dichten, aber ich könnte den Ambos schlagen und mein Schurzleder setzte

mir nicht Illiaden ins Gehirne. Warum wurde der Funke geschlagen, dass er zündete und – konnte nicht ausspringen?«

Er konnte zu diesem Zeitpunkt nicht ahnen, dass er später in seinem Leben ausgerechnet an Klopstocks Oden herumfeilen würde, noch dazu mit wenig Anerkennung durch den poetisch sehr und menschlich gar nicht gemochten Meister.

Als Schüler und Student musste Seume fürchten, die in ihn gesetzten Hoffnungen zu enttäuschen, aber zugleich durfte er sich von der Wahl der anderen, ausgerechnet ihm den vielen versperrten Bildungsweg zu öffnen, über sich selbst hinausgehoben fühlen. Doch wird man von anderen über sich hinausgehoben, wird man von anderen auch aus sich hinausgewiesen. Die helfende Hand gibt mehr als nur Fingerzeige, dass Zukunft nicht mit, sondern nur gegen die Herkunft zu haben ist. Ein auf diese Weise gewonnenes Selbstbewusstsein ist immer fragil. Noch dazu, wenn dies alles in Hochgeschwindigkeit geschieht: Statt »mich noch auf eine Schule zu schicken, wurde ich gleich auf die Universität getan«, schrieb Seume in seiner Autobiographie:

»Und so war ich denn in [innerhalb] einer Zeit von ungefähr drei Jahren ein wilder unwissender Landjunge, ein gänzlicher Analphabete, und Leipziger Student; das ging freilich ein wenig rasch.«

Wie alles in Seumes Leben, möchte man hinzufügen. Am 9. Oktober 1780 immatrikulierte sich Seume an der theologischen Fakultät.

Wer fördert, kann auch fordern, und Graf Hohenthal hatte von Seume das Studium der Theologie gefordert. Das war keine besondere Grausamkeit, sondern gewöhnlicher Pragmatismus. Der Geförderte sollte der Förderung baldmöglichst entwachsen, was am zuverlässigsten durch eine religiöse Pfründe zu bewerkstelligen war. Knapp zwei Wochen nach der Immatrikulation schrieb Seume seinem Gönner einen Dankes- und Bettelbrief:

>Ich schulde der Großmut Ihres Herzens alles, was mir zum Leben nötig ist, und ich bin so vollkommen von der Größe Ihrer Wohltaten überzeugt, dass ich mein Leben lang nicht genug dafür danken kann. [...] Darum wage ich, Sie ganz ergebenst zu bitten, mich zu unterstützen. Die Geschenke, die Sie mir in den letzten Tagen gemacht haben, sind bereits verwendet. Weil ich die Bücher nicht bei einem Antiquar kaufen konnte – denn diejenigen, welche man in den akademischen Vorlesungen braucht, waren schnell vergriffen –, habe ich von Buchhändlern gekauft, weshalb sie viel mehr kosteten. Sie haben mir befohlen, alles aufzuschreiben, was ich kaufe, und ich setze es Ihnen auf mit einer Liste derjenigen Sachen, die ich nicht entbehren kann. Ich bitte Sie, meine Freimütigkeit zu entschuldigen; ich weiß, dass sie von einer seltenen Menschenfreundlichkeit sind, der ich mein ganzes Glück schulde.<

Ein dreiviertel Jahr später hielt Seume es in Leipzig nicht mehr aus.

Der entlaufene Student

»Es ist am 28ten oder 30sten Juni d. J. ein Student aus Leipzig unter dem Vorgeben, seine Anverwandten zu besuchen, verreist, und zur Zeit weder zu seinen Verwandten noch nach Leipzig zurückgekommen. Er war 18 bis 19 Jahre alt, mittlerer Statur, trug sein schwarzbraun Haar, welches ein wenig tief in die Stirn gewachsen war, in einem steifen Zopfe, und hat sehr starke schwarze Augenbrauen. Bei seiner Abreise trug er ein braunes Kleid von feinem Tuche mit Stahlknöpfen, eine grüne gewirkte Weste, schwarze Beinkleider und Stiefeln. Seine Degenscheide war mit Schlangenhaut überzogen und seine Wäsche mit J. G. S. bezeichnet. Man befürchtet, dass diesem jungen Menschen ein Unglück begegnet sein möchte, und ersucht diejenigen, welche eine zuverlässige Nachricht von ihm erteilen können, dieselbe gütigst in die Zeitungsexpedition zu Leipzig zu geben.«

Die Befürchtung, dem jungen Menschen möchte ein Unglück begegnen, bestand völlig zu Recht. Seume lief mit seinem Schlangenhautdegen geradewegs hessischen Soldatenwerbern in die Arme.

»Den Degen an der Seite, einige Hemden auf dem Leibe und im Reisesacke und einige Klassiker in der Tasche, marschierte ich zwar ganz rüstig und leicht, aber nichts weniger als ruhig durch die Dörfer nach Dürrenberg, setzte dort über die Saale, ging über das Schlachtfeld bei Roßbach [wo Friedrich II. im Siebenjährigen Krieg gegen feindliche Übermacht gewonnen hatte] und blieb die erste

Nacht in einem kleinen Dorfe bei Freyburg […] Die zweite Nacht blieb ich in einem Dorfe vor Erfurt, wo man mich mit vieler Teilnahme sehr gut sehr wohlfeil bewirtete, und mich schonend merken ließ, ich hätte wohl jemand mit dem Instrumente da, man wies auf den Degen, etwas übel behandelt und müsse das Weite suchen. […] Den dritten Abend übernachtete ich in Vach, und hier übernahm trotz allem Protest der Landgraf von Kassel, der damalige große Menschenmäkler, durch seine Werber die Besorgung meiner ferneren Nachtquartiere nach Ziegenhayn, Kassel, und weiter nach der neuen Welt.«

Was war mit Seume geschehen, dass er seine doch immerhin leidlichen Verhältnisse hinter sich ließ? Von Graf Hohenthal erhielt er fünf Taler im Monat, was nicht viel, für Seume jedoch genug war, auch wenn er sich Bücher buchstäblich vom Munde absparen musste und am ›höheren gesellschaftlichen Leben‹ nicht teilnehmen konnte. Dazu hätte es schon einer väterlichen Apanage bedurft, wie Goethe sie nach der Aufnahme seines Leipziger Studiums fünfzehn Jahre zuvor erhielt: tausend Taler jährlich.

Leipzig hatte zu jener Zeit etwa 30000 Einwohner (Weimar rund 6000). Es war Messe- und Handelszentrum, Verlags- und Universitätsstadt, hatte aber zum Glück nicht die Residenz. Die Bürde der tagtäglichen Gegenwart des Landesherrn musste Dresden tragen. Das ließ den Leipziger Handelsbürgern mehr Freiraum für die geistigen und mehr Spielraum für die repräsentativen Bedürfnisse. Goethe schreibt in *Dichtung und Wahrheit:* Der »Studierende von einigem Vermögen und Ansehen hatte alle Ursache, sich gegen den Handelsstand ergeben zu erweisen und sich um so mehr schicklicher äußerer Formen zu befleißigen, als die Kolonie ein Musterbild französischer Sitten darstellte. Die Professoren, wohlhabend durch eigenes Vermögen und gute Pfründen, waren von ihren Schülern nicht abhängig, und der Landeskinder mehrere, auf den Fürstenschulen oder sonstigen Gymnasien gebildet und Beförderung hoffend, wagten es nicht, sich von der herkömmlichen Sitte loszusagen. [...] Mir war diese Lebensart im Anfange nicht zuwider; meine Empfehlungsbriefe hatten mich in gute Häuser eingeführt, deren verwandte Zirkel mich gleichfalls wohl aufnahmen.«

Seume befand sich in einer ganz anderen Situation. Aber langweilig ist auch ihm nicht gewesen. Während die barocke sächsische Residenzstadt Dresden als »Elbflorenz« gelobt wurde, genoss das quirlige Leipzig den Ruf eines »Klein Paris«. Hätte das große Paris da nicht noch eine Weile warten können?

»Ich nahm mein Monatsgeld, verkaufte einige Bücher, die etwas Wert hatten, und nach Abzahlung meiner Schulden [...] blieben mir ungefähr neun Taler. Mit diesen dachte ich schon nach Paris zu kommen und mich umzusehen, was da für mich zu tun sei.«

Von Paris wollte er weiter nach Metz. Dort gab es eine Artillerieschule, die bürgerliche Bewerber aufnahm und für eine Offizierslaufbahn vorbereitete – in den deutschen Staaten, auch im friderizianischen Preußen, war das nur sehr ausnahmsweise möglich. Nach Metz ist Seume nie gekommen, und mehr als ein kleiner Leutnant ist er auch nicht geworden. Immerhin hat er später auf dem Rückweg von Syrakus Station in Paris gemacht.

Was trieb Seume aus Leipzig? Die Liebe, wie einige seiner Bekannten vermuteten? Das hat er brüsk dementiert, denn »die Anmutung zum Geschlecht ist bei mir sehr späte gekommen«. Er selber schreibt den Aufbruch einem religiösen Gewissenskonflikt zu. Die Bibel las und liebte er, aber die Orthodoxie stellte er mehr und mehr infrage. Seume ist ein eklatantes Beispiel für den Realitätsgehalt der uralten konservativen Befürchtung: Kaum lässt man die Leute etwas lernen, laufen sie schon aus der Kirche. Und dass dieses geistige Aus-der-Kirche-Laufen sehr weltliche Folgen haben konnte, machte Seume zu schaffen:

> »Es war natürlich, dass der Graf endlich alles erfahren musste […] Ohne seine Unterstützung konnte ich nicht in den Wissenschaften fortleben. Ich wollte der Katastrophe zuvor kommen, zog mich in mich selbst zurück und fasste den Entschluss, auf allen Fall meine eigene Kraft zu versuchen. […] Nach vielen Kämpfen, die mir allerdings wohl das Ansehen eines Melancholischen geben mochten, ging ich auf und davon, ohne einen fest bestimmten Vorsatz, wohin und wozu.«

Die letzte Bemerkung ist erstaunlich. Denn unmittelbar darauf folgt die bereits zitierte Passage mit dem Monatsgeld und dem Plan, nach Paris und Metz zu gehen. Einem weniger gehetzten Autor wäre der kuriose Widerspruch aufgefallen, unmittelbar nach der Behauptung, ohne Plan aufgebrochen zu sein, das Ziel dieses Aufbruchs zu nennen. Es ist dies eine der vielen, sehr vielen Stellen in Seumes autobiographischen Schriften, auch im *Spaziergang*, in denen zwar eins zum anderen kommt, doch hinten und vorne nicht zusammenpasst. Schon in seiner allerersten Publikation, dem 1789 erschienenen *Schreiben aus America nach Deutschland*, bittet er den fiktiven Leser seines als Brief fingierten Berichts:

Du »musst mir aber verzeihen, wenn Du alles so mischmaschmäßig durcheinander findest. Denn Du weißt wohl, dass ich gar kein guter Methodist, und folglich eben nicht geschickt bin, ein sehr genauer und ordentlicher Beobachter durch alle Kleinigkeiten zu sein.«

Gerade an den Wendepunkten seines Lebens lässt Seume jede Menge Lücken, die seine Leser büßen müssen. Er hält sie im Ungewissen, führt sie manchmal aus Versehen in die Irre und manchmal mit voller Absicht an der Nase herum. Darauf wird gleich, anlässlich seines Berichtes über seine Anwerbung als Soldat, zurückzukommen sein, und später noch einmal anlässlich der Schilderungen seiner Desertionen erst aus hessischen, dann aus preußischen Diensten.

An *Mein Leben* hat Seume unter Schmerzen und mit fliegender Feder gearbeitet. Für Federlesen blieb da keine Zeit. Für das Anfertigen einer Reinschrift aber schon. Wann genau Seume mit der Arbeit an seiner Autobiographie begann, im November 1809 oder, wie der Seume-Kenner Dirk Sangmeister für plausibel hält, schon im Herbst 1808, ist eine der vielen Unklarheiten um diesen geheimnisvollen Text, dessen handschriftliche Urfassung wahrscheinlich verloren gegangen ist und dessen Reinschrift von der Fondation Bodmer in Genf seit dem Ankauf 1937 unter Verschluss gehalten wird.

Aber vielleicht ist aus den Briefen ohnehin mehr über die Beweggründe seines Weggangs von der Universität zu erfahren als aus seinen Erinnerungen. Am 23. Februar 1782, mehr als ein halbes Jahr nach seinem Verschwinden, wandte er sich an seinen ehemaligen Leipziger Studienfreund Johann Gottlob Korbinsky, Sohn jenes Rektors, dessen väterliche Förderung Seume einst genossen hatte:

»Lieber Bruder! Du glaubst mich vielleicht längst im Reich der Toten, und wirst dich sehr wundern von mir als einen Beweis meines Nochseins einen Brief zu lesen. Was mich von Leipzig weggetrieben, wird Dir nur allzu gut bekannt sein; meine Beruhigung ist, dass es nicht schlechte Streiche sind, und dass man von mir nicht anders als von einem ehrlichen und rechtschaffenen Kerl wird sprechen können.«

Wir erfahren nicht, was Bruder Korbinsky »nur allzu gut bekannt« war. Bezieht sich Seumes Anspielung auf seine religiöse Krise, auf seine Unstetigkeit oder doch auf ein Mädchen? Ist Seumes Dementi diesen Punkt betreffend wirklich glaubhaft? Schulden können jedenfalls nicht der Grund fürs Fortlaufen gewesen sein, denn die hatte er vorher bezahlt. Auch der Rest des anrührenden Briefs macht die Sache nicht deutlicher:

»Da mich das Schicksal einmal in fremde Länder geschlagen hat, so werde ich auch nicht zurück kehren, wenn es nicht zu meiner Ehre und der Befriedigung meiner Freunde geschehen kann. Der Baron von Hohenthal und M[agister] Schmidt [der Dorfpfarrer] sollen nicht wissen, dass ich noch lebe; ich habe meine Ursachen – folglich – ich verlasse mich auf deine Freundschaft und Verschwiegenheit.«

Nur wenige Wochen später, mit einem Brief datiert vom 2. Mai 1782, meldet Seume sich selbst bei Hohenthal:

»Hochwohlgeborener Herr, Gnädiger Herr! Werden Sie noch einen Brief von mir lesen wollen? Ich genoss Ihre Wohltaten in einem so hohen Grade, ich hatte Ihnen meinen ganzen Unterhalt zu danken; ich bekam durch Ihre Unterstützung die angenehmste Hoffnung, die schmeichelhafteste Aus-

sicht in die Zukunft; [...] Was kann Ihnen meine Entfernung vor Begriffe von meiner Dankbarkeit, von meiner Erkenntlichkeit beibringen?«
Trotz der Befürchtung, für undankbar gehalten zu werden, kann er dem Förderer nicht sagen, was der Freund nur allzu gut weiß und wir nur allzu gerne wissen möchten:

>Die Ehre gewisser Personen verbietet mir Ihnen die Ursachen zu melden, warum ich Leipzig verlassen.«

Also steckte hinter dem Ausbruch aus Leipzig wie später hinter dem Aufbruch nach Sizilien doch eine unglückliche Liebe, dem Dementi in *Mein Leben* zum Trotz? Dem Mädchen, dessen Bildnis er später auf der Brust bis zum Monte Pellegrino trug, hatte er in Briefen geschworen, sie sei seine erste Liebe und würde seine letzte bleiben. Das zweite erwies sich als voreiliges Versprechen, sollte sich das erste als falsche Behauptung herausstellen? Hätte er in *Mein Leben* zugegeben, aus Leipzig mehr eines Mädchens als der Religion wegen fortgelaufen zu sein, hätte das auch das Eingeständnis bedeutet, zu seiner ersten großen Liebe bezüglich der »Anmutung zum Geschlecht« nicht aufrichtig gewesen zu sein.

Einem normalen reifen Mann, der eben auch einmal jung war, wie es bei dieser Gelegenheit gern augenzwinkernd und schulterzuckend heißt, hätte das kaum das Herz bedrückt oder die Seele beschwert. Aber Seume, der in der Liebe so wenig Glück hatte wie im Leben, quälte sich lange und auf verdrehte Weise sogar gern damit.

Einen ganz anderen Beweggrund für sein Fortgehen aus Leipzig nennt Seume in seinem ersten Brief an den verehrten Dichter Johann Wilhelm Ludwig Gleim in Halberstadt. Der Brief stammt vom Oktober 1786. Zu diesem Zeitpunkt war Seume schon längst ›welterfahren‹, wenn auch nicht ›kampferprobt‹ aus Halifax zurückgekehrt. Und er war aus dem hessischen Söldnerregiment desertiert, von preußischen Werbern aufgegriffen worden und diente seit drei Jahren zwangsweise als preußischer Soldat in Emden. Der Brief enthielt zwei Gedichte Seumes, war mit »Joh. Friedr. Normann« unterzeichnet und bittet den Empfänger:

> »Stellen Sie sich einen jungen Menschen vor, dessen Herz gewiss gut, dessen Einbildungskraft aber mit schwärmerischen und überspannten Ideen erhitzt war. Ich lebte fast einzig von Stipendien. Der Schwung meiner Phantasie war immer hoch, aber leider, ohne mir angemessene Richtung. Was mich mit einem mäßigen Vermögen sehr glücklich und nützlich würde gemacht haben, machte mich ohne dasselbe ganz unglücklich.«

Etwas Derartiges an Hohenthal zu schreiben wäre völlig unmöglich gewesen. In der Vorrede zum *Spaziergang* wiederum, diesem literarischen Resultat eines Ausbruchs, dessen wahre Motive nicht viel klarer sind als die seiner Flucht aus Leipzig, berichtet er über diese erste, sein gesamtes Leben verändernde Eskapade:

> »Als ich als ein junger Mensch von achtzehn Jahren als theologischer Pflegling von der Akademie in die Welt hinein lief, fand man bei Untersuchung, dass ich keinen Schulfreund erstochen, kein Mädchen in den Klagestand gesetzt und keine Schulden hinterlassen [...]; und man konnte nun den Grund der Entfernung durchaus nicht entdecken und hielt mich für melancholisch verirrt [...] Dem Psychologen wird das Rätsel erklärt sein, wenn ich ihm sage, dass die Gesinnungen, die ich seitdem hier und da und vorzüglich in folgender Erzählung

[*Spaziergang nach Syrakus*] geäußert habe, schon damals alle lebendig in meiner Seele lagen, als ich mit neun Talern und dem Tacitus in der Tasche auf und davon ging. Was sollte ein Dorfpfarrer mit diesen Gärungen?«

Das drohende Dorfpfarrerschicksal hing direkt mit seiner Vermögenslosigkeit zusammen. Seume ging auf Abwege, um der ihm von Hohenthal bestimmten Zukunft aus dem Weg zu gehen.

Dazu passen die Angaben, die Seume 1803 in einer Kurzvita für Friedrich von Matthison macht, dem Herausgeber einer vielbändigen *Lyrischen Anthologie*:

»Man wollte mit aller Gewalt mich zum Pfeiler der Kirche machen, aber mein Ideengang nahm eine ganz andere Richtung. In der Gärung wollte ich AD 1780 [richtig wäre 1781] nach Frankreich gehen, um dort irgend etwas zu lernen, das mir besser wäre als die Theologie. Da schickten mich die Hessen wider meinen Willen, aber nicht ganz wider meine Neigung nach Amerika.«

Die Wendung »wider meinen Willen, aber nicht ganz wider meine Neigung« erklärt vielleicht, warum Seume bei der Beschreibung seiner Rekrutierung immer recht dunkel blieb. Der Plan wiederum, ihn »mit aller Gewalt« für den Kirchendienst zu rekrutieren, widerstrebte sowohl seinem Willen als auch seiner Neigung.

Dem Gönner mochte er seinerzeit diese Auskunft über die Gründe seiner Flucht nicht zumuten. Es blieb nichts anderes übrig, als wenigstens den Verdacht der Undankbarkeit zu zerstreuen. Dies sollte sich als klug erweisen, doch konnte er zu diesem Zeitpunkt nicht ahnen, dass er die Hilfe des Grafen noch einmal benötigen würde (und bekommen wird): bei der Rückkehr an die Leipziger Universität fünf Jahre später. Weitere fünf Jahre später, beim gelingenden Abschluss des zweiten Studiums, bezeichnet er den Abbruch des ersten in einem akademischen Lebenslauf als »übereilten Entschluss«. Dem entspricht die Bemerkung, die Seume gleich zu Beginn seines *Schreiben aus America* macht:

> »Welcher Cacodämon mir ins Gehirn fuhr und mich von Leipzig wegjagte, kann ich mir bis diese Stunde nicht entziffern. So viel weiß ich wohl, dass ich ein Narr war; und doch wird mirs äußerst schwer, diese Narrheit zu bekennen, oder nur zu bereuen.«

Dieser Text wurde 1789 veröffentlicht, zu Beginn des zweiten, erneut von Graf Hohenthal geförderten Studiums in Leipzig. Im Mai 1782 konnte es indessen nur darum gehen, vor dem Förderer die Ehre zu verteidigen, die im Dank des Geförderten lag:

> »Wie lange habe ich gekämpft, ehe ich mich entschlossen Ihnen zu schreiben! Zehnmal machte ich Entwürfe, und stieß sie wieder um; zehnmal ergriff ich die Feder, und legte sie zurück: Aber Stillschweigen schien mir meine Undankbarkeit zu vermehren; also habe ich es gewagt, meine jetzigen Umstände zu melden. Ich bin jetzo hessischer Soldat, und ziehe in den Krieg nach Amerika.«

Der desertierte Soldat

Der Bauernjunge ging zur Schule und wurde Student in Leipzig, der Student entlief der Universität und wurde Soldat in Halifax. Ein Jahr nach der Anwerbung in Vacha (Seume schreibt Vach) in der Rhön und der anschließenden Ausbildung in der hessischen Festung Ziegenhayn begann in Bremen die Fahrt über den Ozean.

Doch wie kam es überhaupt zur Anwerbung? War nackte Gewalt oder rohe Erpressung im Spiel? Mit einem gewöhnlichen, sich vom Bauernhof ins Wirtshaus an der Landstraße verirrten jungen Mann wurden die Werber im Handumdrehen fertig, nicht nur die hessisch landgräflichen, sondern auch die königlich preußischen. Großzügig eingeschenkter Wein und ein vorgezeigtes Geldstück konnten genügen, einen solchen Bauernjungen zu veranlassen, die Unterjochung auf dem Gutshof mit der Disziplin bei der Armee zu tauschen. Geprügelt wurde da wie dort, und den Stock führten die Herren von Adel als Gutsbesitzer wie als Offiziere.

Als Seume auf die hessischen Werber traf, war er jedoch kein Bauernbengel mehr, sondern Student. Und anders als die jungen Männer seiner Herkunft, die selten oder nie ein Geldstück zwischen den Fingern drehten, hatte er in Leipzig gelernt, mit Barem zu wirtschaften und führte eine Börse mit sich: immerhin neun Taler!

Betrunken gemacht und gekauft haben werden ihn die hessischen Werber also nicht. Dass sie ihn mit Gewalt verschleppten, ist wenig wahrscheinlich, aber nicht ausgeschlossen, schließlich bewegten sie sich auf landesherrlichem Territorium. Das erlaubte mehr ›Freiheiten‹ bei der Freiheitsberaubung, obwohl man wie die preußischen Werber nicht davor zurückschreckte, auch auf fremdem Gebiet zu ›wildern‹. Wirklich handgreifliche Entführungen vermied man jedoch auf heimischem wie auf fremdem Terrain.

Während Seume in seiner Autobiographie nicht davon erzählt, wie er als Soldat geworben wurde, erzählt Karl Philipp Moritz in seinem autobiographischen

Roman *Anton Reiser*, wie er nicht als Soldat geworben wurde. Moritz wanderte im Sommer 1776 von Hannover nach Erfurt und musste sich in einem Gasthaus in der Nähe des thüringischen Mühlhausen gegen einen Werber wehren. Anton Reiser wird gewarnt, »sich vor den Kaiserlichen und Preußischen Werbern in diesen Gegenden in acht zu nehmen, und sich durch keine Drohungen schrecken zu lassen, wenn sie etwa äußerten, dass sie ihn mit Gewalt nehmen wollten«.

Direkte Gewalt musste Reiser also nicht fürchten, wohl aber einschüchternde Avancen: »Nun kam schon in aller Frühe ein Kaiserlicher Unteroffizier in die Gaststube [...], der sich mit seinem Krug Bier ganz vertraulich neben Reisern an den Tisch setzte, und vom Soldatenleben erst von weitem mit ihm zu sprechen anfing, bis er nach und nach immer zudringlicher wurde, und ihm endlich geradezu versicherte, dass er doch vor den Preußischen und Kaiserlichen Werbern nicht über Mühlhausen kommen würde, und sich also lieber nur gleich von ihm für sieben Gulden Handgeld anwerben lassen möchte.«

Zwischen Preußen auf der einen und Österreich und den »Kaiserlichen« auf der anderen Seite schwelten seit Jahrzehnten Konflikte, die nach den Schlesischen Kriegen und dem Siebenjährigen Krieg im Juli 1778 den Bayerischen Erbfolgekrieg auslösten. Beide Seiten bemühten sich rechtzeitig darum, die Reihen zu füllen.

Reiser konnte dennoch entkommen, auch weil er dem Werber glaubhaft machte, dass er nach Erfurt wollte, um zu studieren. Diese Karte hat Seume, der von Leipzig kam, um nicht mehr zu studieren, beim Pokern mit den Werbern gefehlt. Wie es im Einzelnen aber tatsächlich zuging, ist schwer einzuschätzen. Für die spätere Behauptung von Christian August Heinrich

Clodius – er schrieb zusammen mit dem Verleger Georg Joachim Göschen Seumes *Mein Leben* zu Ende –, der entlaufene Student sei freiwillig Soldat geworden, weil man ihm eine Offizierskarriere versprochen habe, gibt es bei Seume keinen Hinweis. Nach der oben zitierten Bemerkung über den Kasseler »Menschenmäkler« folgt in *Mein Leben* der ebenfalls im Auszug zitierte Abschnitt über die Gründe und Nichtgründe seines Weggangs aus Leipzig. Danach kommt Seume auf seinen (wiederum schon zitierten) Brief an Hohenthal zu sprechen, bevor er das Thema seiner Rekrutierung zum Abschluss bringt:

> »Man brachte mich als Halbarrestanten nach der Festung Ziegenhayn, wo der Jammergefährten aus allen Gegenden schon viele lagen [...] Die Geschichte und Periode ist bekannt genug: niemand war damals vor den Handlangern des Seelenverkäufers sicher; Überredung, List, Betrug, Gewalt, alles galt. Man fragte nicht nach den Mitteln zu dem verdammlichen Zwecke. Fremde aller Art wurden angehalten, eingesteckt, fortgeschickt. Mir zerriss man meine akademische Inskription als das einzige Instrument meiner Legitimierung. Am Ende ärgerte ich mich weiter nicht; leben muss man überall: wo so viele durchkommen, wirst du auch: über den Ozean zu schwimmen war für einen jungen Kerl einladend genug; und zu sehen gab es jenseits auch etwas. So dachte ich.«

Im *Spaziergang* hatte Seume ebenfalls über die Episode geschrieben, veranlasst dadurch, dass er auf dem Rückweg von Sizilien einen Abstecher nach Paris machte und von dort nach Hause marschierend erneut in das Dorf in der Rhön kam. In seinem Reisebericht geht er über die persönlichen Umstände der Werbung mit der Bemerkung hinweg, es hätten ihn »Handlanger des alten Landgrafen in Beschlag genommen«, die sozialen Umstände werden jedoch etwas genauer geschildert:

> »Es wäre unbegreiflich, wie der Landgraf seit langer Zeit so unerhört willkürlich, zum Verderben des Landes und einzig zum Vorteil seiner Kasse, mit seinen Leuten geschaltet und förmlich den Seelenverkäufer gemacht hat, wenn es nicht durch einen Blick ins Innere erklärt würde.«

Der Adel, fährt Seume fort, war abhängig vom Hof, und alle, vom Minister bis hinab zum kleinen Offizier, hatten ihre Vorteile von diesem Geschäft, das auf dem Rücken der Landeskinder – und zulasten der Landwirtschaft – mit den Engländern gemacht wurde. Nach diesen Erwägungen leitet Seume die nächste Station seiner Reise mit dem lapidaren Satz ein:

> »Von Vach wollte ich Post nach Schmalkalden zu meinem Freunde Münchhausen nehmen.«

Seume hatte Karl Ludwig August Heyno von Münchhausen-Oldendorf in Halifax kennengelernt und seit der Rückschiffung nach Bremen nicht mehr gesehen. Die beiden standen nur brieflich in Kontakt. Es muss ein seltsames Gefühl gewesen sein, ausgerechnet von jenem Ort aus zu Münchhausen zu reisen, an dem er über zwei Jahrzehnte zuvor den Werbern in die Hände fiel, um nach Halifax verfrachtet zu werden. Doch äußert sich Seume über diese eigenartige Konstellation so wenig wie über die genauen Umstände seiner Anwerbung.

In *Mein Leben* stellt er dafür einen Ausbruchsversuch aus der Festung Ziegenhayn zu Beginn seiner ›Laufbahn‹ als hessischer Soldat und seine Desertion aus Bremen, mit der er sie im Herbst 1783 beendete, dramatisch ins Licht.

Seumes Kameraden waren eine bunte Menge aus Abenteurern, Bankrotteuren, davongelaufenen Mönchen, hinausgeworfenen Beamten und kassierten Militärs, insgesamt eintausendfünfhundert Mann – nach Seumes Auskunft. Nach militärgeschichtlichen Quellen dürften es wohl eher um die vierhundert gewesen sein.

Ob nun vier- oder fünfzehnhundert: Dass eine solche Horde – »Menschenragout« nannte Seume sie in *Mein Leben* – ausgerechnet dem Studentchen aus Leipzig das Kommando eines Ausbruchs anvertrauen wollte, ist kaum glaubhaft. Und doch wird es so von Seume geschildert. Vielleicht erhofften sich die Haudegen Informationen von Seume, der als ›Studierter‹ in der Festung als Schreiber beschäftigt war. Vermutlich jedoch übertrieb – oder erfand – Seume seine Rolle bei dem Ausbruch, um die publikumswirksame Geschichte erzählen zu können, wie ein alter, kampferprobter Feldwebel den jungen, unerfahrenen Schreibtischtäter vor einer lebensgefährlichen Dummheit bewahrt:

> »Junger Mensch, sagte er, Sie eilen in Ihr Verderben unvermeidlich, wenn Sie den Antrag annehmen. Selten geht eine solche Unternehmung glücklich durch; der Zufälle sie scheitern zu machen sind zu viele. [...] Sie scheinen gut und rechtschaffen; und ich liebe Sie wie ein Vater. Lassen Sie meinen Rat etwas gelten.«

Der Feldwebel, mag er nun halb oder ganz erfunden sein, figuriert in Seumes *Leben* als einer der vielen ›Väter‹, die Seume im Leben zu gewinnen wusste. Er berichtet, dass er den ›väterlichen‹ Rat annimmt, die verführerische Führerschaft ablehnt und sich an der Flucht nicht beteiligt. Tatsächlich scheitert der Ausbruch durch einen Verrat:

»Der Prozess ging an; zwei wurden zum Galgen verurteilt, worunter ich unfehlbar gewesen sein würde,
hätte mich nicht der alte Preußische Feldwebel gerettet. Die Übrigen mussten in großer Anzahl Gassen laufen, von sechs und dreißig Malen herab bis
zu zwölfen. Es war eine grelle Fleischerei.«

Das Gassenlaufen ist in literarischen Lebenserinnerun-
gen immer wieder beschrieben worden, beispielsweise
in der hinreißenden Autobiographie Ulrich Bräkers,
die 1789 unter dem Titel *Lebensgeschichte und natürliche
Ebentheuer des Armen Mannes im Tockenburg* erschien. Der
Schweizer Bräker war in seiner Jugend von preußischen
Werbern zwangsrekrutiert worden und kommt bei seiner Beschreibung Berlins auch auf die Desertionsstrafe
zu sprechen: »Bald alle Wochen hörten wir […] neue
ängstigende Geschichten von eingebrachten Deserteurs
[…] Da mussten wir zusehen, wie man sie durch 200
Mann achtmal die lange Gasse auf und ab Spießruten
laufen ließ, bis sie atemlos hinsanken – und des folgenden Tags aufs neue dran mussten, die Kleider ihnen vom
zerhackten Rücken heruntergerissen und wieder frisch
drauflosgehauen wurde, bis Fetzen geronnenen Bluts
über die Hosen hinabhingen.«

Schon vor dem Ausbruchsversuch von Seumes Kameraden in Ziegenhayn war es in Cuxhaven auf Söld-
nerschiffen zu Meutereien gekommen. Auch diese
Männer hatte der hessische Landgraf an England für
den Krieg in Übersee verkauft. Die Revolten wurden
niedergeschlagen, und die Rädelsführer, oder die man
dafür hielt, erbarmungslos abgestraft. Johann Christoph
Sachse berichtet in seiner Lebensgeschichte darüber.
Doch ist sie unter dem Titel *Der deutsche Gil Blas* erst
1822 von Goethe herausgegeben worden. Seume kann
sie nicht gekannt haben. Übrigens macht Goethe einlei-

tend in einer unnachahmlichen Mischung aus Verständnis und Herablassung eine Bemerkung, die Caroline Herder wohl vor den Kopf gestoßen hätte: »Selbst die oberen Stände werden nicht ohne Erbauung das Büchlein durchlesen, besonders wenn es ihnen auffällt: wie es wohl aussehen möchte, wenn ihre Bedienten auch dergleichen Bekenntnisse schrieben.«

Bis diese für die »oberen Stände« eher unangenehme Vorstellung Wirklichkeit wurde und Dienstmädchen, Hausknechte und Fabrikarbeiter ihre Geschichten niederschrieben, hat es noch einige Generationen gedauert. Ein Klassiker dieser Gattung, falls man in Gegenwart Goethes einen dieser Texte so bezeichnen kann, ist die *Lebensgeschichte eines modernen Fabrikarbeiters* von Moritz Theodor William Bromme. Der früh invalidisierte Bromme schrieb sie 1903 mit Anfang dreißig in einer Lungenheilanstalt in der Nähe von – Weimar.

Ob Seume tatsächlich zum Zeugen von Gassenläufen nach dem Scheitern des Ausbruchs wurde, ist unklar, denn die historische Wahrheit, ob es zu dieser Art der Verurteilung überhaupt gekommen ist, bleibt einstweilen im Dunkel der Archive. Als Seume diese Erinnerung beschrieb, dürfte ihm vor Augen gestanden haben, was er zum Zeitpunkt des Erlebens nicht ahnen konnte: dass er während seiner auf den hessischen Dienst folgenden Jahre beim preußischen Militär selbst zum Gassenlaufen verurteilt werden und der Vollstreckung nur durch Begnadigung entgehen sollte.

Darauf hinzuweisen ist wichtig, denn beim Erzählen eines Lebens fallen die Steine seines Kaleidoskops in andere Muster als während des Erlebens selbst. Die Frage, ob diesen Mustern beim Erzählen ein Sinn nachträglich (und buchstäblich) zugeschrieben wird, den das Leben gar nicht hatte, wird immer wieder zu stellen sein: um

49

zu verstehen, nicht etwa, um zu ›entlarven‹ oder bloßzustellen.

Das Gassenlaufen ist die militärische Form des seit alters überlieferten Spießrutenlaufs. Ursprünglich handelte es sich um ein Opfer- und Versöhnungsritual. Nach der Urteilsverkündung vor der Gruppe wurde der Missetäter in einen Kreis speertragender Männer gestoßen und dort im Wortsinn niedergemacht. Nach dem Tod des Verurteilten, der in eigentümlicher Umkehrung dadurch aus der sozialen Gemeinschaft ausgestoßen wurde, dass man ihn hineinstieß in die bewaffnete Gruppe, zog die gereinigte Gemeinde um den Leichnam. Bei dieser zeremoniell aufgeführten Ausstoßung wurde der Delinquent von allen gemeinsam gerichtet und von niemandem persönlich getötet.

Bei der Militärstrafe des Gassenlaufens kehrte das alte Ritual als Instrument kalkulierter Demütigung wieder. An die Stelle der Spieße traten Ruten und Stöcke. Unter dem Kommando des Offiziers strafte der gemeine Soldat den gemeinen Soldaten. So wurde gleichzeitig der Wille der Schlagenden und der des Geschlagenen gebrochen. Die Soldaten, die in der Nacht von Desertion träumten, wurden tagsüber gezwungen, einem Kameraden, der den Traum zu verwirklichen versucht hatte, den Rücken zu zerfetzen. So prügelten die Strafenden die Freiheitssehnsucht aus den Leibern ihrer Kameraden und zugleich aus den eigenen Köpfen.

Bald nach dem misslungenen Ausbruch der Rekruten erfolgte ihre Verschiffung nach Halifax. Auf Seumes Schilderung dieser Reise und seiner Abenteuer in Neuschottland kommt das nächste Kapitel zurück.

Jetzt geht es um die Flucht, die Seume nach dem Rücktransport in Bremen gelang. Als zwei seiner Kameraden ohne ihn ausgerissen waren, versuchte er es auf eigene Faust, nicht zuletzt deshalb, weil das Gerücht ging, die aus Amerika zurückgekehrten Soldaten würden vom Landgraf an die Preußen verkauft:

»Das Gespenst der Preußen saß mir fest im Gehirn, ich hatte ganz gegen meine Gewohnheit ohne alle Absicht [gemeint sind vorgefasste Fluchtabsichten] in einigen Gläsern Wein mich etwas warm getrunken, und machte kurz und gut auf und davon, am Ufer hin, über die Brücke weg, in die Altstadt hinein. Ein guter alter ehrlicher Spießbürger mochte mir doch wohl einige Verwirrung ansehen; er kam freundlich zu mir und fragte: ›Freund! Ihr seid wohl ein Hessischer Deserteur?‹ Und wenn ich denn einer wäre? sagte ich: Da muß ich Euch sagen, unser Magistrat hat Kartel mit dem Landgrafen. Und nun –«

»Und nun – das sind die letzten Worte, welche Seume geschrieben hat«: Das sind die ersten Worte, die seine Fortsetzer Göschen und Clodius geschrieben haben. Dann erzählen sie, wie Seume erst von Bremer Bürgern gerettet und aus der Stadt bugsiert wird, dann aber denen in die Hände fällt, an die er von den Hessen auf keinen Fall verkauft werden wollte: den Preußen.

Allerdings stimmt an der ganzen Geschichte etwas nicht. Der von Seume angedeutete Fluchtweg ist so wenig nachvollziehbar wie die von Göschen und Clodius beschriebene Bremer Heldentat. Um das herauszufinden, muss man nur mit der Linie 1, der Bremer Linie 1, zur Haltestelle Franziuseck fahren. Ebendas hat Karl Wolfgang Biehusen, seit Jahren engagierter Betreiber der Seume-Website, getan: »Wer hier aussteigt, befindet sich auf einer Halbinsel – und findet rasch ein Denkmal für Johann Gottfried Seume. Auf der Vorderseite der Stele kann man den ›Deserteur‹ auf einer Plakette westwärts, also zur Neustadt, schauen sehen. Auf der Rückseite ist vermerkt: ›1783 wurde der Dichter auf seiner Flucht von Bremer Bürgern gerettet.‹«

Nach der Straßenbahnfahrt in die Vergangenheit merkt Biehusen zur Darstellung in *Mein Leben* an: »So kann sich die Geschichte nicht ereignet haben.« Die Lage der Dinge passt nicht in die Topographie der Umgebung. Die Gewässer fließen nicht, wie sie fließen müssten, der Fluss Hunte wird mit dem Flüsschen Ochtum verwechselt, und überhaupt stimmt vieles weder mit Seumes Andeutungen überein noch mit den anekdotischen Ausschmückungen durch Göschen und Clodius: »Seume, ein trefflicher Läufer, flog wie ein Pfeil. Demungeachtet waren seine Verfolger, die Hessischen Jäger, ihm immer ganz nahe und trieben ihn endlich in einen Sack zwischen den beiden Flüssen der Hunte und der Weser. Hier, glaubten sie, könnte er ihnen nicht entspringen, und er selbst hielt sich für verloren: denn, wollte er sich ins Wasser stürzen, so tötete ihn, den durch und durch Erhitzten, der Schlag; blieb er stehen, so war er das Opfer seiner Flucht. Zum Glück sah er in einem Weidenbusch am Ufer der Hunte einen Fischerkahn und sprang hinein.«

Man steigt nicht zweimal in denselben Fluss – oder fällt nicht zweimal in denselben Dreck, wenn einem die Beckett'sche Variante von Heraklits Sentenz lieber ist; man springt auch nicht zweimal in denselben Kahn. Schon gar nicht, wenn das Erinnern vom Erleben durch Jahrzehnte getrennt ist. Sogar der Nachruhm geht manchmal einen anderen Weg als der Gerühmte, selbst bei wichtigeren Fragen als der, auf welchem denn nun Seume die Flucht gelungen ist.

Jedenfalls werden sich die Bremer die Plakette zu Seumes – und ihrem eigenen – Ruhm nicht nehmen lassen. Biehusen resümiert: »Als Seume seine ›Flucht‹ beschrieb, ging es ihm womöglich um nicht mehr und nicht weniger, als um die Illustration der Schrecken des Menschenhandels im Zeitalter des Absolutismus. Seine Rezipienten sind es womöglich, die den Text fehlinterpretieren, wenn sie ihn als simple Wiedergabe banaler Tatsachen lesen.«

Ist damit der Fall erledigt? So einfach ist es nun auch wieder nicht. Wenn eine Tatsache »banal« und deren Wiedergabe »simpel« ist, wie soll dann überhaupt ein Schreiben funktionieren, das aus der gelebten Wirklichkeit kommt, indem es auf das wirkliche Leben eingeht? Und hat nicht Seume in der Vorrede zu seinem *Spaziergang* eine aktenmäßige Akkuratesse gerade bei der »Wiedergabe banaler Tatsachen« angemahnt?

> »Örter, Personen, Namen, Umstände sollten immer bei den Tatsachen als Belege sein, damit alles so viel als möglich aktenmäßig würde.«

Entsprochen hat er diesem Vorsatz in seinen Sätzen jedoch nicht. Das »mischmaschmäßige Durcheinander«, für das er sich im *Schreiben aus America* noch entschuldigte, blieb ein Makel seines literarischen Werks – sagen die einen; es garantiert bis heute dessen Frische – widersprechen die anderen.

Die abenteuerliche Geschichte der Desertion in Bremen wurde nach Seumes »Und nun –« von Göschen und Clodius zu Ende erzählt. Das Motiv, oder wenigstens *ein* Motiv für die Flucht hat Seume unmittelbar vor dem rätselhaften »Und nun« noch selbst genannt:

> »Die nächste Veranlassung war ein Gezänk mit dem Feldwebel über Brotlieferung, in welches sich der kommandierende Offizier etwas diktatorisch handgreiflich mischte.«

Dieser kommandierende Offizier war nicht Freund

Münchhausen. Den hatte er auf der Rückfahrt von Halifax aus den Augen verloren. Doch hinsichtlich der militärischen und sozialen Position hätte Münchhausen ohne Weiteres an der Stelle dieses Offiziers sein können. In seinem Journal aus jenen Jahren ist notiert, wie er auf einem der Rekrutenschiffe Soldaten handgreiflich ›zur Vernunft‹ bringen ließ, die über schlechte Verpflegung »greulich Resonirten«. Weil »die impertinence« der Rekruten »alzu groß war so muste ich sie binden und tüchtig hauen laßen, wovon sie denn auch recht artig wurden«.

Wäre der gemeine Soldat Seume von dem jungen Offizier Münchhausen in Halifax nicht beim Verseschmieden, sondern bei einem »Gezänk über Brotlieferung« ertappt worden, hätte sich statt der Freundschaft zwischen den beiden leicht eine Feindschaft entwickeln können. Der soziale Abstand zwischen einem, der den Stock führt, und einem, der ihn fühlt, ist politisch nicht zu überwinden mit persönlicher Sympathie und poetischer Kumpanei. Seume hat des Dichterfreundes Tagebuchnotiz gewiss nicht gekannt, doch spürte er schmerzhaft die Kluft, die ihn trotz des Freundschaftskultes in der Poesie im wirklichen Leben von Münchhausen trennte:

»Die einzige Bedenklichkeit in unserer Freundschaft war, dass Münchhausen ein Edelmann war.«

Nachdem Seume, von Brotgezänk und Wein erhitzt, die Flucht aus Bremen gelungen war, trug er das »preußische Gespenst im Kopf« den Preußen in der gespenstischen Wirklichkeit entgegen. Im damals dem König in Berlin unterstehenden Minden wurde er aufgegriffen und (wieder gegen seinen Willen, doch nicht ganz gegen seine Neigung?) in die preußische Garnison von Emden verschleppt. Dort verwandelte sich Johann Gottfried Seume in Johann Friedrich Normann, bis er vier

Jahre und zwei Desertionsversuche später auf Kaution freikam und erneut in die Rolle des Leipziger Studenten schlüpfte, diesmal nicht im theologischen, sondern im philologischen Fach.

Die Jahre in Emden sind durch eine Entdeckung und eine Enttäuschung markiert. Nach einem ersten gescheiterten Fluchtversuch schreibt Seume mit Kreide einen lateinischen Vers an die Zellentür. Der diensthabende Offizier entdeckt die Inschrift und beginnt eine philologische Debatte mit dem Arrestanten. Der Vorfall landet beim Garnisonschef, General Courbière, der Seume begnadigt, ihn als Sprachlehrer seiner Tochter engagiert und an weitere Familien empfiehlt. So wird es von Göschen und Clodius kolportiert. Seume schrieb 1792 im Rückblick auf die Emdener Jahre an Münchhausen:

»So jammerlich ich da die ersten Monate lebte, weil ich ganz isoliert mir nicht merken ließ, dass ich mehr als 3 zählen könne und nur auf Gelegenheit zum Entwischen lauerte, so leidlich oder wohl gar so gut ging es doch die übrige Zeit. Ganz durch Zufall [Seume konnte nicht nur über-, sondern auch untertreiben] machte ich die Bekanntschaft einiger Honoratioren der Stadt, die mich so zu sagen wieder in die Schulmeisterei zogen. Ich gab Unterricht im Lateinischen, Griechischen und Englischen, wozu man mich fast zwang, und hatte die Ehre, obgleich bloßer gemeiner Flintenträger, von sehr guten, ja den meisten besten Gesellschaften zu sein.«

Wie die Entdeckung hatte auch die Enttäuschung mit Versen zu tun, diesmal nicht mit vergilischen, sondern welchen von Seume. Er hatte sie auf Friedrich II. gedichtet, nachdem der Preußenkönig im August 1786 gestorben war. Die Huldigung gelangte in Courbières Hände.

Seume wird die seinen dabei im Spiel gehabt haben, auch wenn er in einem Brief an »Bruder« Korbinsky von Mitte Dezember 1786 unschuldig tut:

> »Ich hatte mich da so hübsch empfohlen; unwissend, unschuldig und zufälliger Weise; denn [Du] weißt wohl, dass ich nicht zudringlich bin. Also ich hatte eine Gedächtnis-Rede und ein Gedicht auf den alten großen Friedrich geschrieben, die durch die dritte Hand vielleicht in des Generals Hände kam.«

Courbière setzte sich für eine Ernennung Seumes zum Offizier ein, doch scheiterte das »Avancement« des »gemeinen Flintenträgers« an aristokratischen Privilegien. Die Enttäuschung darüber steigerte sich zum Zorn, der Zorn schmolz das »Eisenjoch«. Anfang Januar 1787 schickte er Korbinsky den gereimten Fluchtvorsatz:

> »Und soll ich bis mein graues Haupt sich bückt,
> Und mir das Eisenjoch
> Das Angesicht in hohle Falten drückt
> Hier frohnen? – Sklav, ich zaudre noch!
> Brutus du schläfst, erwache! – ruft mir tief
> Mein Genius in das Ohr!
> Ich höre dich; hah Schande, dass ich schlief!
> Und hebe kühn die Faust empor,
> Und brech es los mit meiner freien Hand
> Das Band, das ein Tyrann
> Hohnsprechend mir um Fuß und Nacken wand;
> Wo nicht, so sterb ich denn als Mann!«

In Prosa setzte Seume hinzu:

> »Du siehst hier die Lage meiner Seele! Es ist keine Poesie; es ist reifer Entschluss.«

Wie er ihn verwirklichte, berichtete er 1792 an Münchhausen:

> »Der General v. Courbier [...] hatte die Absicht, bei

einem Avancement Rücksicht auf mich zu nehmen; aber der König schickte Offiziers aus dem [adligen] Kadettencorps, und meine Hoffnung war auf lange Zeit dahin. Gewöhnlicher Korporal hatte ich nicht Lust zu sein. Wäre der Wunsch des Generals damals erfüllt worden, so wäre ich jetzt vermutlich preußischer Offizier und auf immer im Dienste. Die Fehlschlagung wurmte mich; ich war jung, wagend, und ging in dem entsetzlichsten Wetter durch. […] Drei Tage schlug ich mich herum, und wurde wieder erwischt. Der Prozess wurde mir gemacht, und eine Probe, dass ich doch ziemlich im Kredit stand, ich lief nicht Gassen, sondern die Sentenz des Standrechts wurde auf Interzession in einen monatlichen Arrest bei Wasser und Brot verwandelt. Aber nie habe ich einen bessern Tisch gehabt, als diesen Monat. Ich gab der ältesten Fräulein von Courbier […] Unterricht i. d. Englischen. – Der General riet mir, wenn ich Gelegenheit hätte, den Dienst zu quittieren […] Ein guter Freund gab mir auf mein ehrliches Gesicht 50 Rth.[…] Ich ging mit Kaution auf Urlaub, und verstand sich kam nicht wieder, welches man gleich selbst vermutete.«

Der »gute Freund« – der Emdener Bürger Jacques Tapernon, dessen Kinder Seume unterrichtet hatte – bezifferte die Kaution für das »ehrliche Gesicht« in seinen Erinnerungen mit 35 Reichstalern. So wenig wert wollte Seume offenbar nicht sein. Und in der von fremden Federn ausgeschmückten Fortsetzung von *Mein Leben* wuchs die Kaution gar auf 80 Taler an.

Wie hoch die Summe auch immer gewesen sein mag, das Ganze war ein sympathetisches Komplott, um Seume nach seinen zwei heißen Desertionen gewissermaßen eine kalte zu ermöglichen.

Wieder in Leipzig beginnt er sein zweites Studium, unterstützt von Graf Hohenthal mit einem Kredit, den er später zurückzahlt. Und er übersetzt, vermittelt durch Christian Felix Weiße, auch einer seiner vielen ›Väter‹, für seinen späteren Chef, den Verleger Göschen, einen englischen Roman. Das Honorar ermöglicht ihm die Rückzahlung des Emdener Kautionkredits. Seine Unruhe kann er nicht besänftigen. Im August 1788 schreibt er an Tapernon:

> »Mir gehts? Vortrefflich, entsetzlich gut! Außer dass mirs hier nicht behagen will [...] Wissen Sie, dass ich nach England gehen werde? Ja, Ja! sans spas! [witzboldig französisch-deutsch für: ohne Witz] In einem Anfalle von Weisheit, – von Narrheit, wollen meine Freunde sagen – habe ich straks den Enschluss gefasset, eine philosophische Pilgerschaft zu machen. [...] Ich habe große Lust, so ohngefähr ein Jahr in Oxford oder Cambridge auf den Pandekten herumzureiten [...] Finden Sie nicht, dass ich noch die alte rastlose Seele bin? Wird nie anders werden.«

Damit hat er recht behalten, auch wenn er einstweilen doch in Leipzig bleibt, 1789 sein *Schreiben aus America nach Deutschland* veröffentlicht, 1790 eine wiederum von Weiße vermittelte Erzieherstelle bei dem jungen Grafen Gustav Andreas Otto von Igelström antritt, 1791 sein Zweitstudium abschließt und sich 1792 mit einer eher kuriosen Schrift über die Waffen in Antike und Gegenwart habilitiert.

Im August des gleichen Jahres beginnt seine abenteuerliche Militärlaufbahn in russischen Diensten. Sie führt ihn wie in Ziegenhayn, Halifax und Emden in die Schreibstuben, doch dieses Mal auch in die Schlacht – falls der polnische Aufstand im russisch besetzten Warschau von 1794 so bezeichnet werden kann. Er überlebt die Revolte mit viel Glück und ohne Kampf in einem Dachbodenversteck, übersteht auch die polnische Gefangenschaft, wird nach der äußerst brutalen Rückeroberung der Stadt durch die Russen befreit, reist nach Riga und soll 1795 einen jungen, schwerkranken russischen Major nach Italien begleiten. Doch diese Ausfahrt wird durch die Weltgeschichte in Gestalt Napoleons verhindert, dessen Truppen Norditalien unsicher machen.

Seume bleibt in Leipzig, veröffentlicht 1796 seinen ersten Gedichtband, bescheiden nach kleiner römischer Münze *Obolen* tituliert, und freundet sich mit dem Schriftsteller Garlieb Merkel an. Dessen aufrüttelndes Buch über die erbarmungswürdigen Zustände der livländischen Letten enthält im Anhang ein Gedicht Seumes über die dritte polnische Teilung, die nach dem gescheiterten Aufstand Polen bis 1918 von der politischen Landkarte tilgte. Auch eine eigenständig publizierte Schrift widmet Seume den »Vorfällen in Polen«. Sie erscheint ebenfalls 1796 und ist seinem Gönner Graf Hohenthal zugeeignet. Gleich zu Beginn wendet er sich an einen fiktiven »lieben Freund«, mit dem weniger der Graf im Besonderen gemeint ist als allgemein der Leser. Dieser »liebe Freund« erhält eine dieser später so oft wiederholten ein- und aufdringlichen Versicherungen der durch nichts zu erschütternden Wahrheitsliebe des Verfassers, deren Redundanz eher Miss- als Zutrauen hervorruft:

»Seit langer Zeit kennen Sie meine Aufrichtigkeit, Unparteilichkeit und feste Wahrheitsliebe; Sie wissen, dass ich ohne alle Rücksicht immer mein Urteil sage, auch wenn ich mir wohl gar Nachteil und Gefahr dadurch erwerbe. Ich bin ein ehrlicher Mann, der ohne Vorurteile zu sehen glaubt.«

Als die Polenschrift erschien, war Seume offiziell immer noch in russischem Militärdienst. 1797 wird er ohne Pensionsberechtigung entlassen, weil er nach dem Tod der Zarin Katharina im Jahr zuvor einem Ukas ihres Nachfolgers, der die ausländischen Offiziere nach Russland rief, nicht folgen konnte – vielleicht auch nicht wollte. In der Vorrede zum *Spaziergang* schreibt er:

>»Man hat es gemissbilligt, dass ich den Russischen Dienst verlassen habe. Ich kam durch Zufall hin, und durch Zufall weg. Ich bin schlecht belohnt worden; das ist wahrscheinlich auch Zufall.«

Seume hat um seinen ehrenvollen Abschied aus dem Dienst gekämpft und ihn Ende 1798 auch erhalten. Zu diesem Zeitpunkt hatte er bereits für Göschen ein Auftragswerk über die russischen Verhältnisse nach dem Tod der Zarin geschrieben, und ein weiteres *Ueber das Leben und den Karakter der Kaiserin von Rußland Katharina II. Mit Freymüthigkeit und Unparteylichkeit*; Freund Münchhausen hatte *Rückerinnerungen* herausgegeben mit schlechten Gedichten von Seume und noch schlechteren von sich; Seume selbst hatte das zweite Bändchen der *Obolen* publiziert. Außerdem arbeitete er seit April 1797 bei Göschen als Korrektor und Lektor. Und seit Herbst 1796 war er auch noch verliebt, unglücklich, versteht sich, obwohl er einige Wochen brauchte, das zu begreifen, und etliche Jahre, um die Liebe zu Wilhelmine Röder endlich aus dem Leib zu laufen und sich die Geliebte, oder wenigstens ein Medaillon mit ihrem madonnenhaften Bild – vom Hals zu schaffen.

In Göschens Verlagsbüro in Grimma saß Seume auf glühenden Kohlen, über Oden von Klopstock und Romane von Wieland gebeugt, manchmal hochfahrend, häufig niedergedrückt. Er wurde zum Tintenmann, der Buchstaben zählte statt Schritte, und sich mit edler Poesie herumschlug statt mit edlen Wilden in Halifax. Viereinhalb Jahre lang zerrte er an der Kette aus fremden Worten, dann ging er wieder auf und davon.

Der entflohene Lektor

Es gab viele Gründe für Seume, nach Syrakus zu marschieren:

– um sich »das Zwerchfell auseinander zu wandeln, das ich mir über dem Druck von Klopstocks Oden etwas zusammen gesessen hatte«;
– um »die sitzende literärische Lebensweise« abzustreifen;
– um »das ganze Korrektorenwesen radicitus [zu] korrigieren«;
– um »wieder etwas auf die Beine zu kommen«;
– um »den Theokrit in die Tasche zu stecken und ihn in Syrakus zu lesen«;
– um »den Theokrit bei einer Syrakuser Traube zu lesen«;
– um »der Mediceerin ein wenig auf und in die Händchen und dem Vater Ätna in den Mund zu sehen«;
– »um einige Oden des Horaz unter seinem Himmel zu lesen«;
– um »einmal den klassischen Boden« zu durchwandern;
– »bloß um an dem südlichen Ufer Siziliens etwas herumzuschlendern und etwa junge Mandeln und ganz frische Apfelsinen dort zu essen«;
– »bloß um eine Grille zu befriedigen«;

- um in Venedig »von süßem Rausche trunken« ein Gedicht auf ein Marmormädchen zu schreiben;
- um auf dem Monte Pellegrino einem Rosenmädchen ein Autogramm »auf die Nasenspitze zu setzen«;
- um »ein niedliches Madonnenbildchen an einer seidenen Schnur am Halse« auf den Monte Pellegrino zu tragen und dort in den Abgrund zu werfen;
- nicht, »um vorzüglich Kabinette und Galerien zu sehen«;
- nicht, um »eine topische, statistische, literarische oder vollständig kosmische Beschreibung von den Städten« zu geben;

Alles in allem: Weil der Gang »lange Zeit eine meiner Lieblingsträumereien gewesen« ist, und »da ich zu Hause vor der Hand nichts vernünftigeres zu tun weiß«.

Jede Position dieser kapriolenhaften Liste ist in der einen oder anderen Form von Seume angeführt worden, sei es im *Spaziergang* selbst oder in einem seiner Briefe in den Jahren vor und den Monaten während der Reise. In den Briefen vor der Flucht aus dem Büro über die Alpen den Stiefel hinunter wird Seume immer aufgedrehter, wenn es um das Gehen nach Italien – geht. Es ist wie Purzelbaumschlagen im Käfig. Aber bereits im Mai 1797, kaum im Kontor, lässt er Merkel wissen:

> »Nun habe ich mich aber verbindlich gemacht, einige Zeit in Göschens Offizin als Korrektor zu arbeiten; dann gedenke ich nach Italien zu gehen und dann: quid futurum sit, cras [fuge quaerere – Was morgen sein wird, vermeide zu fragen; Horaz]. Je älter ich werde, desto leichtsinniger werde ich, oder vielmehr, desto leichter wird mein Sinn.«

Den ersten Ausbruchsversuch machte Seume Anfang März 1798. Veranlasst durch einen Tadel seines Arbeit-

Besuch beim Marmormädchen

Wann immer jemand sie im Museum besuchen kommt, schenkt sie gerade Ambrosia aus, denn Hebe ist die Göttin der Jugend. Ganz Anmut hebt sie den Arm mit der Karaffe in der Hand und zieht mit der Bewegung die linke Brust etwas nach oben. Sie steht auf einer steinernen Wolke, das heißt: Sie schickt sich gerade an, von dieser Wolke herabzusteigen. Dabei modelliert sich ein allerliebst vorgeschobenes Knie unter dem Steingewand. Schaut man zu ihrem Herabsteigen hinauf, kann der Blick leicht unter ihre Achsel fallen, auf eine zarte Hautfalte im Stein, verursacht durch den erhobenen Arm.

>Sie denken wohl, dass mich das Marmormädchen ein wenig außer mir gebracht hat; und so mag es allerdings sein«, schrieb Seume am 6. Februar 1802 aus Venedig an' den Siez-Freund Böttiger. »Du denkst wohl«, fragt er seinen Duz-Leser im *Spaziergang*, »dass ich bei dem marmornen Mädchen etwas außer mir bin; und so mag es allerdings sein.«

Vor der wiederverwerteten Stelle im Buch steht wie im Brief ein Gedicht:

>Ich stand, von süßem Rausche trunken,
Wie in ein Meer von Seligkeit versunken,
Mit Ehrfurcht vor der Göttin da,
Die hold nach mir herunter sah,
Und meine Seele war in Funken:
Hier thronte mehr als Amathusia.
Ich war der Sterblichkeit entflogen,
Und meine Feuerblicke sogen
Aus ihrem Blick Ambrosia«.

Im Briefgedicht von unterwegs waren die Blicke »still«, beim Abfassen des *Spaziergang* zu Hause fingen sie Feuer.

Das Feuer brannte noch, als Seume 1805 nach Osten und Norden kutschierte und in Dresden einem Satyr begegnete, dem die Hebe nachgehauen wurde. Jedenfalls vermutet das Seume: »Es ist mir ziemlich wahrscheinlich, dass Canova die schöne Stellung seiner Hebe von dem jungen Faun zu Dresden genommen hat.«

Die Hebe des klassizistischen Bildhauers Antonio Canova (1757–1822), seit 1799 Hofkünstler des von Seume leidenschaftlich geschmähten Napoleon, treibt sich in der ganzen Welt herum. Der Originalgips steht im italienischen Bassano. Die von Seume bedichtete erste Marmorfassung war 1800 nach Venedig gebracht worden und steht heute in der Alten Nationalgalerie Berlin – ewig jung wie eh und je, aber abgeschminkt. Von den ursprünglichen Farbtönungen blieb nichts erhalten. Weitere Repliken befinden sich in der Eremitage in St. Petersburg, in Schloss Chatsworth (England) und in der Pinacoteca Civica in Forli. Hier ist die steinerne Wolke in steinernen Stein verwandelt: Hebe schreitet vom Fels. Wolke und Marmor waren nach Meinung der Kunstrichter ästhetisch unverträglich, und auch ein Canova hielt es für besser, sich zu beugen. Zur Belohnung wurde das Marmormädchen europaweit beliebt, verjüngte sich zur halben Größe (Fockemuseum, Bremen), vermehrte sich in Zink- und Bronzeabgüssen und verkörperte sich auch unter Bertel Thorvaldsens Meißel. Hier hält sie keine Karaffe, sondern einen Krug in der Hand, und der Arm ist nicht über den Kopf erhoben, sondern hängt züchtig und matt am Körper herab. Ein Abguss dieser Variante steht seit den 1960er-Jahren in einer Grotte vor dem Pavillon, den Seumes zeitweiliger Chef, der Verleger Göschen, im Garten seines Landhauses in Grimma-Hohnstädt hatte errichten lassen.

gebers Göschen, bittet er in einem Brief um seine Entlassung, wenn er auch nicht einfach hinwirft:

> »Haben Sie die Güte, gelegentlich an einen Mann zu denken, der die Arbeit, die Sie mir übertragen haben, mit besserer Genauigkeit besorgen kann. Für die Bedingungen, die Sie mir zugestanden, werden Sie leicht Subjekte finden, welche die erforderlichen Eigenschaften besitzen. Nehmen Sie dieses nicht für Empfindlichkeit; es ist Überzeugung, dass es so gut ist für Sie und für mich. Ich will Sie auch nicht übereilen; denn ich will, bis Sie versorgt sind, wenn es möglich ist, mit besserm Fleiß, alles besorgen.«

Was da zu besorgen ist, kann einem wirklich auf die Nerven, an die Nieren und ans Zwerchfell gehen:

> »Ich sitze manchmal von früh Sieben bis nach Fünf Nachmittags, ziemlich ununterbrochen, und bohre auf dem Papiere herum. Meine eigenen Gedanken hindern mich oft, indem sie den Autor anders festhalten und verfolgen als sie sollten. Sehr leicht, dass die Silben- und Wortstecherei leidet, wenn meine Seele sich von irgend einem Gedanken oder einem Bilde nicht losreißen kann.«

In einem englisch geschriebenen Brief legt er wenige Tage später noch einmal nach, weist Göschens Vorschlag, ihn nicht mehr nach Zeit, sondern nach korrigierten Bögen zu bezahlen, zurück und bedauert zugleich die durch das Neudrucken schlecht durchgesehener Bögen verursachten Zusatzkosten – an denen allerdings, auch das lässt er nicht unerwähnt, keineswegs nur er selbst, sondern auch der rechthaberische Klopstock Schuld trage, dessen Werk Seume neben dem Wielands betreute.

Göschen reagierte, stellte Seume einen Hilfskorrektor an die Seite und schrieb einen Beruhigungsbrief an den Dichter: »Zu Ihrem Troste meld ich Ihnen daß mein voriger Correcktor Lorent, ein Mann einzig in seiner Art, der mir nach Grimma [wohin Göschen wegen zünftlicher Einschränkungen in Leipzig ausgewichen war] nicht folgen wollte, sondern in Leipzig blieb, sich nun entschloßen hat auch auf Michaelis nach Grimma zu kommen und daß dieser Umstand es werth ist den Druck des Meßias bis zu Lorents Ankunft zu verschieben. Denn Seume, so schätzbar er von einer Seite als Correcktor und so durchaus treflich er als Mensch ist, hat durchaus kein Talent für das Buchstaben zählen und für die Correcktheit der Worte und Sylben.«

Dass dies generell so einfach nicht war, zeigt die orthographische Originalgestalt dieses Verlegerbriefs. Die Normierung von Rechtschreibung, Interpunktion und Grammatik war auf dem Weg, aber noch nicht durchgesetzt, und so kam es zwischen Korrektoren, besonders solchen mit philologischen Ambitionen wie Seume, und Autoren, besonders solchen mit philologischer Selbstüberschätzung wie Klopstock, immer wieder zu Auseinandersetzungen. Im Streitfall Seume versus Klopstock wurden die Klagen und Gegenklagen vor den recht wackeligen Richterstuhl des entnervten Göschen getragen; und stets ging es neben der Richtigkeit auch sehr ums Rechtbehalten.

Göschen gelang es, Seume in Grimma zu halten, einstweilen. Schon im Oktober 1798 fängt Seume wieder an zu jammern, etwa in einem Brief an Gleim:

> »Wenn ich so fort korrigiere, fürchte ich nur, mein ganzes Leben wird ein Druckfehler werden.«

Im November schreibt er an Gleim:

> »Jetzt schwärme ich nun im Geiste auf dem Ätna herum.«

Seume träumt von Syrakus, die Arbeit an Klopstocks Oden wird zum Albtraum. Im März 1799 schreibt er einen langen, langen Brief an den Meister. Und wird keiner Antwort gewürdigt. Im April sucht er einmal mehr Zuflucht bei Gleim:

> »Wenn doch meine übrigen Verhältnisse so frei wären als mein Herz warm ist und meine Füße rasch sind, so hätt ich meiner Unruhe längst wieder durch eine Pilgerschaft ein Ende gemacht.«

Im Juni schreibt er an Böttiger, es wäre am besten, wieder Soldat zu werden, im Juli an Gleim:

> »Ich finde sonst in nichts meine Abhängigkeit vom Glück empfindlich, als dass ich nicht pro lubita [nach Belieben] meinen Tornister schnallen und auf und davon wandeln kann, wohin ich so eben möchte.«

Ende Dezember lässt er Gleim wissen:

> »Ich bin nämlich gesonnen, mit dem Jahr 1801 eine Tour nach Italien und Sizilien zu machen. Es wäre doch Schande, wenn ein Mensch mit so guten Knochen und so vielem Enthusiasm nicht einmal den klassischen Boden durchwanderte.«

In diesem Brief fühlt Seume vor, ob Gleim ihm bei der Finanzierung der Reise helfen könne. Gleim hatte früher schon einmal Geld geschickt, ohne dass Seume darum gebeten hätte, nur aufgrund des Gerüchts, Seume sei in Not geraten. Wieder gibt der gute Alte, aber so, dass die Linke nicht weiß, was die Rechte tut. Die Gabe schickt der diskrete Gleim, der seiner schlechten Augen wegen sonst diktiert, mit einem Brief von eigener Hand. Am nächsten Tag lässt er einen von fremder Hand folgen und redet dem Beschenkten ins Gewissen: »Verreisen also, Sie mein lieber braver Seume, doch nur nicht, bleiben Sie nun, Sie haben genug schon verreist, im Lande, und nähren sich rechtlich; treten Sie mit ihrem Göschen in Gesellschaft und ziehn Sie junge Correctors; Sie selber aber müssen keiner mehr sein, Sie müssen Einer unsrer Klassiker noch werden. Sie dürfens nur wollen!«

Das war schrecklich gut gemeint und furchtbar schlecht durchdacht. Die beiden Ratschläge, Compagnon von Göschen und »einer unsrer Klassiker« zu werden, schlossen einander aus, abgesehen davon, dass Göschen das eine und Seume sicherlich beides nun gerade nicht gewollt hätte. In seiner Antwort hält sich Seume bedeckt, rasselt nur dankbar mit der Kette:

> »Der Himmel gebe Ihnen noch manche Jahre! Wenn ich auf alle Weise nicht so an der Kette läge, so wäre ich oft bei Ihnen; es mag aber auch sein Gutes haben, dass man so an der Kette hängt. Man gewöhnt sich an die eiserne Notwendigkeit, die dann durch Gewohnheit weit milder und weit weniger fühlbar wird: wenigstens sehe ich nicht, dass Leute, deren Kette sehr lang ist, etwas merklich besser machen oder sich merklich besser befinden.«

In einem weiteren Brief an Gleim schreibt er trotzig:

> »Nach Italien zu gehen bin ich doch gesonnen, wäre es auch nur um einige Oden des Horaz unter seinem Himmel zu lesen.«

An Böttiger wiederum meldet er:

> »Meine Personalität denke ich künftiges Jahr nach Italien zu tragen. Alle Vorkehrungen sind schon so ziemlich getroffen. […] Mein Vaterland verliert wie ich merke nichts, wenn mich auch ein Banditendolchstich dahin fördern sollte.«

Den Banditendolch bekam er dann in Italien tatsächlich an die Kehle, jedenfalls wenn man seinen Briefen von unterwegs und der entsprechenden Episode im *Spaziergang* Glauben schenken darf. Nach der Reise schmeckte er die Gefahr noch einmal bei ihrer Beschreibung, vor der Reise tat er sie als unwichtig ab. Er traf seine Vorbereitungen und setzte im Februar 1801 Gleim ins Bild:

> »Auf künftige Weihnachten habe ich Göschen den Handel aufgekündigt; und er sieht selbst ein, dass ich mich, wenn ich so fort fahre, zusammen hypochondere und doch nichts gescheites zu Werke bringe.«

Im August schreibt er an Gleim:

> »Die Zeit meiner Pilgerschaft rückt immer näher, und ich kann nicht [ver]bergen, dass ich mich darauf freue, nach so manchem durchsessenen Jahre wieder etwas auf die Beine zu kommen. Vielleicht tritt auch mein Kopf dabei in bessere Fugen, und die linke Seite [das Herz] erweitert sich. Man versitzt sich in die Länge an Leib und Seele. Der Maler Schnorr wird mein Gefährte sein bis Rom.«

Am 6. Dezember 1801 ist es schließlich so weit. Schon auf dem Sprung schickt er Göschen noch rasch ein Billett:

> »Sonntag früh. Eben schnalle ich zusammen und gehe […] Der Himmel gebe mir das Glück Sie alle wohl wieder zu sehen.«

Das Glück hatte er nötig, der Gang war wirklich gefährlich, nicht nur wegen der Banditendolche und Wirtshausbetrügereien, sondern auch wegen der unsicheren politischen Lage infolge der napoleonischen Feldzüge. Sein Begleiter, der Maler Veit Hanns Schnorr von Carolsfeld, brach die Reise in Wien ab und kehrte nach Hause zurück. Seume äußerte Verständnis:

> »Schnorr hatte als Hausvater billig Bedenken getragen, den Gang nach Hesperien weiter mit mir zu machen. Man hatte die Gefahr, die auch wohl ziemlich groß war, von allen Seiten noch mehr vergrößert; und was ich als einzelnes isoliertes Men-

schenkind ganz ruhig wagen konnte, wäre für einen Familienvater Tollkühnheit gewesen. Komme ich um, so ist die Rechnung geschlossen und es ist Feierabend.«

Diese Stelle im *Spaziergang* ist keine Angeberei bei der nachträglichen Beschreibung glücklich bestandener Gefahr. Agonale Bemerkungen wie diese finden sich auch in den Briefen von unterwegs, als noch keineswegs klar war, wie er die vielen Abenteuer während der Reise überleben würde. Es hat den Anschein, als habe Seume mit der Idee gespielt, sich unterwegs ums Leben bringen zu lassen, wenn man es im Leben zu Hause schon zu nichts brachte. Als er seine »Personalität« dann doch heil nach Sachsen zurück »tornistert« hatte, wehrte er sich in der Vorrede zum *Spaziergang* gegen das kursierende Klischee vom verantwortungsscheuen Durchbrenner:

> »Man hat mich getadelt, dass ich unstet und flüchtig sei: man tat mir Unrecht. Die Umstände trieben mich, und es hielt mich keine höhere Pflicht. Dass ich einige Jahre über dem Druck von Klopstocks Oden und der Messiade saß, ist wohl nicht eines Flüchtlings Sache. Man wirft mir vor, dass ich kein Amt suche. Zu vielen Ämtern fühle ich mich untauglich.«

Und am Schluss dieser im Nachhinein geschriebenen Vorrede zum Bericht über einen immerhin vier Jahre ersehnten und zwei Jahre geplanten Aufbruch redet er sich selber zu:

> »Jetzt will ich leben, und gut und ruhig leben, so gut und ruhig man ohne einen Pfennig Vorrat leben kann. Es wird gewiss gehen, wie es bisher gegangen ist: denn ich habe keine Ansprüche, keine Furcht und keine Hoffnung.«

Letzte Ausflucht Weimar

Es ging tatsächlich. Aber erst nicht besser und bald viel schlechter als bisher. Die sieben Jahre, die Seume noch blieben, sind eher unter die mageren zu rechnen. Aber wann hätte er fette gesehen? Dass er weder Ansprüche habe noch Furcht noch Hoffnung, war Ausdruck der seelischen Sicherheitshocke, in die sich jemand fallen lässt, der erwartet, nichts mehr erwarten zu können. Diese Haltung mögen klassisch gebildete Leute ›stoisch‹ nennen. Doch ist dieses In-die-Knie-Gehen vor einer instabilen Zukunft kein Zeichen philosophischer Weisheit, sondern ein psychologischer Reflex. Mit ihm lässt sich Risiko minimieren. Wer in die Hocke geht, kippt nicht so leicht aus den Latschen.

»Ich habe für diese Welt nichts mehr zu hoffen, noch zu fürchten« schrieb Jean-Jacques Rousseau gegen Ende seines Lebens im »ersten Spaziergang« seiner *Träumereien eines einsamen Spaziergängers.* Sie waren auf Deutsch 1782 im Anhang einer Übersetzung der *Bekenntnisse* enthalten, und Seume dürfte sie gekannt haben. Jedenfalls benutzte er wie Rousseau die ›antike‹ Wendung, weil er daran interessiert war, möglichst wenig Interesse zu haben. Inter-esse heißt Dazwischensein, in der Welt, zwischen den anderen; heißt teilnehmen und sich aussetzen, nicht nur den äußeren Gefahren der Welt, die Seume suchte, sondern auch den inneren Gefährdungen durch die anderen, die Seume floh.

Das Aufrufen der Furcht- und der Hoffnungslosigkeit sowohl in Seumes persönlichen Briefen als auch in den publizierten Schriften funktionierte als mentale Parole, die ihm Zugang zu seinen Adressaten und seinem Publikum verschaffen sollte, ganz ähnlich, wie die militärische Parole dem Soldaten Zugang zum bewachten Lager verschafft.

Die Formel signalisiert: Ich muss mich nicht mehr fürchten, auch nicht vor dir – und weil ich nichts erhoffe, auch nicht von dir, brauchst du mich nicht zurückzuweisen aus Angst, ich könnte etwas von dir wollen oder dir gar gefährlich werden.

Vater Gleim war einer der wenigen Menschen, von denen Seume immer etwas wollte. Auch wenn er in seinem allerersten Brief an den »verehrungswürdigen Mann« geschrieben hatte:

> »Ich weiß eigentlich nicht, was ich von Ihnen will; aber in meinem Innern schlug mirs zu, als wenn Gleim, der Menschenfreund, der Günstling der Musen, der Stolz seiner Nation, der Geliebte seines Königs für mich etwas tun könnte und wollte. Folgende zwei Gedichte übersende ich Ihnen [...].«

Na also. Mit seinem ersten Brief wollte er herausfinden, was der berühmte Dichter von den lyrischen Versuchen des kleinen Soldaten Johann Friedrich Normann in Emden hielt. Und mit dem Brief vor seinem Aufbruch nach Syrakus wollte er herausfinden, was er nach der Rückkehr von diesem Aufbruch mit und aus sich machen sollte:

> »Sagen Sie mir einmal, als der wirklichste meiner Freunde, was ich mit meiner Existenz anfangen soll, damit ich etwas Gutes tue und zugleich für Leib und Seele Beschäftigung habe. Um Geld und Brot und gewöhnliche Ehre tue ich nichts, obgleich von allem diesem auch doch etwas sein müsste, weil es meine Verhältnisse wollen. Doch das alles ist

noch Zeit, wenn ich in zwei Jahren von meiner Pil-
gerei zurückkomme. Meine Gedichte werden jetzt
gedruckt […].«

Göschen in seiner Doppelrolle als Arbeitgeber und
Freund Seumes (wenigstens nicht auch noch Verleger,
denn das war Johann Friedrich Hartknoch) machte sich
nach dessen Rückkehr seine eigenen Gedanken – und
ließ sie Böttiger wissen, dessen *Sabina* er gerade für den
Druck vorbereitete: »In sechs Tagen ist alles gesandte
Manuskript abgesetzt, wenn gleich noch nicht gedruckt.
Der Seume soll schwitzen!«

Seume hat geschwitzt. Aber zum letzten Mal, jedenfalls
in Göschens Verlagskontor. Nach der Durchsicht von
Böttigers *Sabina* nahm Seume keine Korrektorenarbeit
mehr an. Er schrieb in größter Eile von Oktober 1802
bis Februar 1803 für den Verleger Hartknoch den *Spaziergang*, legte in der *Zeitung für die elegante Welt* im März *Einige Blumen auf Gleims Urne*, der im Februar gestorben war,
erteilte Sprachunterricht, verliebte sich wieder unglücklich und machte erneut eine Tour, um die Liebe loszu-
werden: diesmal nach Polen, über Litauen, Lettland und
Estland nach Rußland, dann nach Finnland, über den
Bottnischen Meerbusen nach Schweden, über den Sund
nach Kopenhagen und schließlich über Kiel, Lübeck und
Halberstadt zurück nach Leipzig. Das alles mehr in der
Kutsche als auf Schusters Rappen. Über diese »nordische
Reise«, wie es damals hieß, empörte sich Göschen wiederum in einem Brief an Böttiger, offenbar von der eigenen
Anteilnahme am nicht korrigierbaren Schicksal seines
ehemaligen Korrektors gereizt: »Das ärgert mich eben,
dass der Mensch so sorglos in die Welt hineinspaziert. Ich
meine sorglos, wegen der zukünftigen Tage seines Lebens. Er geht, um zu gehen, oder um etwas zu vergehen.
Ergehen wird er sich nichts.«

Vom sogenannten ›bürgerlichen Standpunkt‹ ist Göschens Unmut verständlich, doch folgte Seume seinem Bewegungstrieb auch deshalb, weil er dem Liebestrieb zu seiner glücklos Erkorenen eben nicht folgen konnte und diese Abweisung – da hatte Göschen ganz recht – »vergehen« musste, damit sie verging.

Die »nordische Reise« schrieb Seume wie die südliche mit fliegender Feder. *Mein Sommer 1805* erschien im Folgejahr und wurde wegen der renitenten Vorrede mit ihren Angriffen auf Klerus und Adel in Süddeutschland, Österreich und Russland sofort verboten.

Im April 1806 begann Seume mit der Arbeit an den *Apokryphen*, die zu seinen Lebzeiten gar nicht, und in den ersten Jahrzehnten nach seinem Tod nur verstümmelt erscheinen konnten. Im Oktober 1806 marschierte er von Leipzig über Dresden nach Berlin, wo er zum letzten Mal mit seinem Freund Garlieb Merkel zusammentraf, dem Herausgeber der antinapoleonischen Zeitschrift *Der Freimüthige*, für die auch Seume geschrieben hatte. Nach Napoleons Sieg bei Jena und Auerstedt floh Merkel gerade noch vor der Besetzung Berlins durch französische Truppen in seine Heimatstadt Riga. Das war keine übertriebene Reaktion. Immerhin war Ende August in Braunau am Inn der Nürnberger Verlagsbuchhändler Johann Philipp Palm wegen der in seinem Laden gefundenen anonymen Schrift *Deutschland in seiner tiefen Erniedrigung* auf Anordnung Napoleons standrechtlich erschossen worden.

Im Jahr 1807 beugte sich Seume über das Werk des bewunderten griechischen Geschichtsschreibers Plutarch und verfasste – sicherheitshalber auf Lateinisch – eine weitere seiner rebellischen Vorreden, die sich gegen Napoleon und die ihm hörigen deutschen Fürsten richtete. Sie konnte wie die *Apokryphen* trotz der dem großen Publikum fremden Gelehrtensprache zu Seumes Lebzeiten aus politischen Gründen nicht erscheinen.

Im Dezember 1807 begrub er seine Mutter. Über Ostern 1808 wanderte er von Leipzig nach Dresden. Es war sein letzter großer »Spaziergang«. Im Juni brach die Blasen- und Nierenkrankheit aus, die er sich – vermutlich – auf seiner Kutschfahrt nach Norden geholt hatte. In den beiden Jahren, die ihm noch blieben, machte er sich an seine Autobiographie, freute sich über die dritte, erweiterte Auflage seiner *Gedichte* und freute sich nicht über das Gedicht *Kampf gegen Morbona, bei der Genesung niedergeschrieben von J. G. S. im Februar 1809*, das ein Bekannter, der Schriftsteller Christian August Tiedge, ohne sein Wissen veröffentlicht hatte. Im Vorwort zu den *Gedichten* ergriff er die Gelegenheit, den übereifrigen Tiedge zu tadeln und einige von dessen Behauptungen, zum Beispiel die über eine Fußverletzung, zurechtzurücken:

> »Mein schadhafter Fuß ist der linke und nicht der rechte; die Schußwunde an demselben habe ich nicht im Gefecht erhalten, und das Hauptübel ist eine Contusion unten am Knöchel.«

Dieser Hinweis ist insofern wichtig, als Seume mit einem »schadhaften Fuß« nach Syrakus »spaziert« ist. Dass es der linke war, wird im *Spaziergang* erwähnt, als er ihn auch noch verrenkte. Die alte und die neue Verletzung rücken die physische Leistung dieses ›Lebenslaufs‹ einschließlich der strapaziösen Besteigung des Ätna doch in ein besonderes Licht, mögen auch heutige Nachrechner die Zahl der Meilen, die dabei per pedes zurückgelegt wurden, für geringer ansetzen, als Seume seinen Lesern halb vorgerechnet, halb vorgemacht hat.

Den publizistischen Übergriff hat Seume dem sehr um ihn bemühten Tiedge offenbar nicht nachgetragen.

Sonst hätte er ihm nicht einen ausführlichen Brief über seine Fahrt nach Weimar geschrieben:

»Endlich, lieber Tiedge, habe ich nach einigen Jahren, die ich kränkelnd hinlungerte, wieder eine Art von Ausflucht gewagt: aber welcher Abstand! Sonst machte ich einen Spaziergang nach Syrakus, jetzt mache ich eine Reise nach Weimar; und das letzte ist dennoch ein größeres Wagstück als das erstere: so ändern sich die Zeiten.«

Die Kutscherei wurde zur Qual:

»Jeder Wagenstoß drohte mir die Symphysis zu sprengen, unter den entsetzlichsten Schmerzen. Das Bedürfnis nötigte mich oft hinaus, und der Sturm schickte mich immer etwas fieberhafter wieder hinein in den Kasten.«

Die feuchte Fahrt wurde zu einer Reise in die Vergangenheit, und der Wagen zu einem Guckkasten der Erinnerung. Aber nicht zu einem, in den man hinein-, sondern aus dem man herausschaut:

»Sodann blieb meine Seele auf den alten Dorfkirchhof geheftet, wo wir seit langen, langen Jahren meinen Vater begraben. […] Der Schauer der Natur fasste mich; das Rückenmark fing an in dem Nacken zu glühen, und die Wimper fing an feucht zu werden. Ich warf mich in den Winkel des Wagens, zog den Mantel der Windseite zu, und überließ mich ohne Widerstand der Fortwirkung dessen, was in mir erregt worden war. Einige Tropfen mochten wohl dem Auge entglüht sein, augenscheinlich auch mit ein Dokument meiner jetzigen Schwäche im Nervensystem; denn ich glaube nicht, dass ich überzeugungsweise in meinem Alter ein Empfindler werde; als ich von außen den Regen ziemlich stark an die Kutsche schlagen hörte. Diese

Tropfen des Himmels trockneten [...] die meinigen in dem Auge.«

Diese außergewöhnliche Passage schwingt zwischen Trauer und Kitsch, zwischen Gefühl und Empfindelei, zwischen innerer und äußerer Natur. Das schwache Nervensystem und das schlechte Wetter lassen Tränen und Regentropfen ineinander verschwimmen. Und im Subtext unter der Haut des Hingeschriebenen klingt die *Elegie. Bey dem Grabe meines Vaters* des Göttinger Hainbund-Dichters Hölty (1748–1776). Seume hat ihn immer bewundert, wie er noch in *Mein Leben* betont:

> »Das beste von Hölty wusste ich damals [in Halifax] auswendig [...] Die Elegie am Grabe eines Dorfmädchens und am Grabe seines Vaters sind für mich noch jetzt [beim Schreiben der Autobiographie] die lieblichste Wehmut, die ich in der Literatur kenne.«

Auf dem weiteren Weg seiner Kurzreise in die Erinnerung durchfährt er den Landstrich seiner Geburt, macht Station bei seiner Schwester und vergnügt sich mit deren Kindern.

> »Es ist etwas eigenes um den Zauber der Kindheit. Ehemals war mir alles so groß, so weit, so herrlich, so feierlich; jetzt ist es mir so klein, so enge, aber doch so heimisch, so traulich, dass ich mit aller meiner Welt von Petersburg bis Syrakus hier wohl wieder Knabe werden könnte.«

Und weil ihm so heimatlich eng ums Herz wird mit all dieser Welt in der weitgereisten Brust, bricht der Sterbenskranke – nein, nicht wieder in Tränen wie während der Vorbeifahrt am Grab des Vaters, sondern in Reime aus und besingt die eigene Geburt:

> »Dort steht noch, im Dorf in der Mitte,
> Die freundliche friedliche Hütte,

77

Wo einst mich die Mutter gebar,
Der Vater dann jauchzte vor Freuden,
Dass glücklich der Knabe nun beiden
Zum Leben geboren war.«

In der zweiten Strophe kommt er dann auf das kindliche Vorspiel seiner militärischen Lebensleidenschaft zu sprechen:

»Dort ritt ich mit großer Beschwerde
Gar tapfer die hölzernen Pferde
Und dachte sehr wichtig dabei;
Dort war ich ein Feldherr nicht ärmlich,
Und schlug unbarmherzig erbärmlich
Mit meinen Soldaten von Blei.«

Nachdem Seume seine »väterliche Flur sehr zufrieden« verlassen hatte, durchquerte er das Gebiet bei Jena und Auerstedt, auf dem keine vier Jahre zuvor die preußische Armee von Napoleon geschlagen worden war. Und wie schon in seinen beiden großen Reisebüchern macht er sich auch in diesem kleinen Bericht von seiner letzten »Ausflucht« Gedanken über militärisches Gelände. Die »Deutschen«, schreibt er, haben verwirrt agiert, ihre Stellungen nicht zu nutzen gewusst:

»Nicht die Überlegenheit der französischen Waffen hat gesiegt; sondern die Schwäche des deutschen Geistes ist geschlagen worden.«

Es folgen einige Erwägungen, wie man es besser hätte machen können, dann mündet der Bericht von dieser Fahrt durch alte persönliche und jüngste welthistorische Geschichtslandschaften in die Gegenwart zurück und wendet sich Weimar, dem Wirtshaus und Wieland zu:

»Als ich in Weimar mein Reisebündel im Gasthofe zum Erbprinzen gehörig geborgen und für meinen Leichnam auf den Abend und die Nacht alles gehörig besorgt hatte, wandelte ich über den Markt hin,

78

die Esplanade hinauf, vor Thaliens Tempel vorbei, zu Vater Wieland. Die Hauptabsicht meiner Reise war [...], den alten Herrn zu sehen, der sich immer so patriarchalisch freundlich meiner angenommen hat und den ich mit jedem neuen Wiedersehen höher schätze und lieber gewinne.«

Seume, der leicht kränkbare und schnell verletzte, fühlt sich gut aufgenommen, von Wieland und bei Hof, und wie immer, wenn er mit den anderen zufrieden ist, gibt er sich auch zufrieden mit den Umständen. Darf er die Huld der Großen genießen, zeigt er sich versöhnlich im Kleinen. Ein »Fürstenfeind« sei er nicht, nur mache die »Verworfenheit der Menschen« es ihnen so schwer, »echt gut und vernünftig zu werden und zu bleiben«. Das In-Schutz-Nehmen der höchsten Fürsten und obersten Feldherrn bei gleichzeitig heftiger Kritik am Adel als privilegiertem Stand zwischen Volk und Fürst ist typisch für Seume und begegnet in allen seinen politischen und militärischen Schriften. Diese publizistisch häufig klargestellte und politisch doch immer unklar gebliebene Haltung des Spätaufklärers Seume bleibt in einer Tradition, deren Spuren bis in die Frühzeit der Aufklärung zurückführen.

Am Ende des Berichts über den Weimarer Aufenthalt notiert Seume trocken »Nun fuhr ich eben so wieder nach Hause«, erwähnt rasch den erneuten Besuch bei der Schwester auf der Rückfahrt und fixiert abschließend den Status des Textes:

> »Es wird Ihnen gewiss nicht einfallen, dieses für eine Reisebeschreibung zu nehmen: es soll nur ein kleines Dokument sein, dass Ihr Freund noch nicht ganz tot ist und in der Tat noch zuweilen eine Art von regsamer Lebenskraft in sich verspüret, die sich vielleicht wieder festsetzen und ihn aufrichten kann.«

Als das »kleine Dokument« von Tiedge in einem der damals so beliebten Jahresalmanache publiziert wurde, war Seume gestorben. Der letzte von ihm selbst vollendete Text handelte noch einmal von einer Ausfahrt, so, wie schon sein erster veröffentlichter Text von einer Ausfahrt gehandelt hatte: jener nach Amerika.

Zweites Kapitel
Welterfahrung

———❦———

Verschiffung nach Halifax – Fußmarsch nach
Syrakus – Kutschfahrt nach Norden

»Ob ich aber meine kleine Erfahrung nicht gern
mit einer warmen Stube, einem guten Schlafpelze,
einem artigen Mädchen, einem einträglichen
Dienstchen und seinen Appendixen vertauschte?
das kann ich so stracks nicht bestimmen;
vermutlich!«

– Schreiben aus America –

»Ich schnallte in Grimme meinen Tornister,
und wir gingen.«

– Spaziergang nach Syrakus im Jahre 1802 –

»Diesmal habe ich nur den kleinsten Teil
zu Fuße gemacht.«

– Mein Sommer 1805 –

Manchen guten Ratschlägen folgt der Spott auf dem Fuße und verwandelt sie in Ironie. So ist es auch bei Seume. Nach dem Rat »Bleib zu Hause«, mit dem er sein *Schreiben aus America* eröffnet, macht er sich sofort über die Leute lustig, die ihn befolgen:

> »Es ist viel bequemer die Abenteuer anderer hinter dem Ofen im Schlafrocke und der Nachtmütze zu durchblättern, als selbst nur den geringsten Anhang davon zu bestehen.«

Die innere Imaginierung des Schriftstellers Seume ist mit seiner äußeren Inszenierung untrennbar verwoben. Welterfahrung und Selbsterkenntnis sind ein einziger Vorgang, auch wenn der Überwältigung des Selbst durch die Welt nur mit einem inneren Kern standzuhalten ist, der sich nie verliert, so weit man auch fährt. Man muss sich mitnehmen, um unterwegs bei sich zu bleiben. Das heißt jedoch auch, dass man sich nie loswerden kann, man mag laufen, wohin man will.

Die beiden großen Reisebücher, der *Spaziergang* und *Mein Sommer 1805,* sind flankiert von den beiden kleinen Reiseberichten *Ausflucht nach Weimar* und *Schreiben aus America* am Ende und zu Beginn von Seumes literarischer Karriere. In allen vier Texten treibt Seume sich in der Welt (und der Weltgeschichte) herum, und in keinem hat er sich gefunden – allenfalls so vorläufig, dass er dem bei nächstbester (oder schlechter) Gelegenheit wieder nachgehen und hinterherrennen musste.

So brachten die Abenteuer seines Lebens seine Schriften hervor; und seine abenteuerlichen Schriften machten etwas aus seinem Leben.

Verschiffung nach Halifax

Im ersten Brief, den Seume alias »Joh. Friedr. Normann«
im Oktober 1786 als preußischer Soldat an Gleim in Halberstadt schrieb, hieß es:

> »Ich verließ die Universität ohne äußere Beweg-
> gründe, als ich nicht viel über ein Jahr da gewesen
> war, bloß weil ich glaubte, die Weisheit der Hörsäle
> sei lange nicht so gut mich zu bilden als Welt und
> Erfahrung.«

Aber was erfährt man, wenn man über einen Ozean ge-
schippert wird, tagsüber Matrosenarbeit verrichtet oder
im Mastkorb schaukelnd die Nase in einen Band Vergil
steckt, nachts »gedrückt, geschichtet und gepökelt wie
die Heringe« in Verschläge gepfercht nach Schlaf sucht;
das alles bei mit zunehmender Fahrtzeit abnehmenden
Rationen aus hartem Speck, klebrigen Bohnen, Zwieback
aus dem Siebenjährigen Krieg und stinkendem, von fau-
ligen Schlieren durchzogenem Wasser – was erfährt und
erlebt man unter solchen Bedingungen? Die erhabene
Majestät des Meeres, bis sie sich während der Reise in die
unendliche Öde des Ozeans verwandelt; die Seestürme
als Probe darauf, ob Vergil sie in seiner *Aeneis* richtig geschildert hat; und jede Menge Leute, ganz andere als die
im zivilisierten Klein Paris mit seinen Kaufleuten, Buch-
händlern und Studenten, nämlich »wunderliche Carica-
turen an Geist und Leib aus allen Reichen von Europa«.
Viele Wochen sind mit diesen Leuten auszuhalten, tagsüber bei Wind und Wetter an Bord, nachts unter Deck im
bedrängendsten Wortsinn hautnah:

»Im Verdeck konnte ein ausgewachsener Mann nicht gerade stehen, und im Bettverschlage nicht gerade sitzen. Die Bettkasten waren für sechs und sechs Mann; man denke die Menage. Wenn viere darin lagen, waren sie voll; und die beiden letzten mussten hinein gezwängt werden [...] es war für einen Einzelnen gänzlich unmöglich, sich umzuwenden und eben so unmöglich, auf dem Rücken zu liegen.«

Wie lange lässt sich das aushalten? Im *Schreiben aus America* gibt Seume die Fahrtdauer mit siebzehn Wochen an, in *Mein Leben* sogar mit zweiundzwanzig. In Wahrheit werden es wohl knapp zehn Wochen gewesen sein, wie mithilfe zeitgenössischer Quellen nachgerechnet worden ist – immer noch eine lange, sehr lange Überfahrt. Sie wurde für Seume zu einer Entdeckungsreise, nicht etwa zu einer, auf der er viel entdeckt hätte, sondern zu einer, auf der er selbst entdeckt wurde: auf dem Schiff von einem väterlichen Kapitän und im Lager von Halifax von einem brüderlichen Offizier.

Auf dem Schiff sitzt er Horaz lesend einem Steuermann im Weg, der das schmächtige Kerlchen brutal verscheuchen will. Der Kapitän kommt dazu, wirft einen Blick ins Buch, heißt den Jungen sitzen bleiben und fragt erstaunt:

»You read latin, my boy? – Yes, Sir. – And you understand it? – I believe, I do.«

Von nun an füttert der Kapitän Seume mit Büchern aus seiner Reisebibliothek, und was noch wichtiger ist: Er füttert ihn auch heimlich mit Extraportionen Rindfleisch. Bei der sonstigen Verköstigung »ein sehr wohltätiges Stipendium«, wie Seume in *Mein Leben* schreibt. Nicht immer ist das Schöngeistige eine brotlose Kunst.

In der Schilderung des Zwistes mit dem Steuermann und des helfenden Eingreifens des Kapitäns drückt sich eine politische Grundüberzeugung aus, von der sich Seume sein Leben lang nicht emanzipieren konnte. Auch deshalb nicht, weil die Einsicht in strukturelle Machtverhältnisse von persönlichen Abhängigkeiten verstellt war. Für Seume sind es immer die mittleren Herren, die für die schlimmsten Übel verantwortlich sind: Auf dem Schiff die Steuermänner, in der Garnison die Offiziere, auf dem Land die Pächter, in der Stadt die Beamten, im Staat die privilegierten Aristokraten. Seume macht Kapitäne, Generäle und Minister, Fürsten, Könige und Zaren nur bedingt verantwortlich für den Missbrauch der Macht durch untergeordnete Obrigkeiten und durch Menschen, die »ein Privilegium auf der Nase tragen«. Er hat in Briefen und Schriften Generäle verteidigt, denen er diente, und auch solche, denen er nicht diente. Er hat Zaren in Schutz genommen und Könige gelobt. Alles in der vorrepublikanischen Tradition einer Aufklärung, der die Verkörperung der Macht in einer Institution (der Monarchie) und in einer Person (des Königs) die beste Garantie gegen Übergriffe der Zwischengewalten zu sein schien, mit denen man es im Alltag zu tun bekam. Steht man unter dem Schutz des Kapitäns, muss man sich vom Steuermann nicht mehr alles gefallen lassen.

Nachdem Seume dank Kapitänsprotektion und Rindfleischstipendium halbwegs über die Runden gekommen war während der langen Fahrt über den großen Teich, freundete er sich im Lager von Halifax mit dem nur vier Jahre älteren Freiherrn von Münchhausen an. Wie später noch öfter, etwa bei den an die Zellenwand geschriebenen Versen nach seiner Desertion oder bei den Gedichten auf Friedrich den Großen, die einem General in die Hände fallen, kommen ihm die Reime, die er sich aufs Leben macht, in ebendiesem zugute. Mit Poesie in der Hand kann er sich in der Phantasie aus dem schlechten Dasein stehlen, und in der Wirklichkeit wird er durch sie besseren Kreisen zugeführt. Davon erzählt Seume mit schlitzohrig gekonnter Naivität, konkret und sinnbildlich zugleich in *Mein Leben*:

»In dieser Zeit machte ich Münchhausens, oder er vielmehr meine Bekanntschaft. Ich saß im Zelte und wärmte mich gegen die nasse Kälte etwas an Flakkus Odenfeuer, da schlug ein Offizier den Zeltflügel zurück und fragte, ob ich der Sergeant Seume wäre. Da ich denn der war, hieß er mich herauskommen. Ich warf mich in die Ordonnanz und trat hervor; er belugte mich etwas neugierig, fasste mich am Arm, und fort gings [...] In seinem Zelte lagen auf dem Tische einige Verse, die er mir hingab, und mich fragte, ob sie von mir wären. Ich besahe sie und sagte ja. Es war eine tragikomische Elegie über unser Leben im Lager, die, wie der Gegenstand selbst, lächerlich-weinerlich genug sein mochte. Wir müssen bekannt werden, sagte er: sehr gern, sagte ich. Er bat mich auf ein Stückchen Wildbraten [...] den Abend zu Tische; und da in meinem Zelte Schmalhans Küchenmeister war, so kam mir die Einladung sehr willkommen. [...] Sein Beifall war nun meine beste Belohnung, und seine Kritik meine beste Belehrung. Ich begriff, dass bloße Schule nicht alles sei; und er fand, dass die Schule doch vieles sei [...] Es hatte sich ein freundschaftlicher Zirkel von Offizieren gebildet, in den man mich unvermerkt fast unzertrennlich hinein zog, und mit vieler Herzlichkeit behandelte.«

In diesem Kreis konnte Seume als junger Mann einüben, was er als immer noch nicht alter gegen Ende seines Lebens in den *Apokryphen* so zusammenfasste:

>»Die beste Philosophie ist der geläuterte Menschenverstand; das beste Mittel dazu, die Welt sehen, die Geschichte lesen und selbst denken in gleichen Verhältnissen. Werden die Verhältnisse nicht beobachtet, so kommt das Resultat unkosmisch.«

Auf die Mischung also kommt es an zwischen überliefertem Wissen, eigenem Denken und Welterfahrung. Erst wenn die Kombination stimmt, wird es »kosmisch« oder »magisch«, wie Seume auch gerne sagt, wenn er begeistert ist.

Den neu gewonnenen poetischen Freund Münchhausen hat Seume beim Welterfahren dann aus den Augen verloren und trotz der Briefe und Gedichte, die man später austauschte, erst bei der Rückkehr von Syrakus wiedergesehen.

Fußmarsch nach Syrakus

So vielfältig die Gründe sein können, nach Syrakus zu reisen, so vielfältig ist die Typologie der Reisenden selbst: Es gibt:
»Müßige Reisende,
Wissbegierige Reisende,
Lügnerische Reisende,
Dünkelhafte Reisende,
Eitle Reisende,
Milzsüchtige Reisende.
Alsdann folgen die Reisenden aus Notwendigkeit.

Der pflichtvergessene und schurkische Reisende,
Der unglückliche und unschuldige Reisende,
Der einfache Reisende,
Und endlich (mit Verlaub) Der Empfindsame Reisende
(worunter ich meine eigene Wenigkeit verstehe)«.

Bei der kokettierenden Wenigkeit handelt es sich nicht um Seume, obwohl der seine »Personalität« beim Schreiben auch gern kleiner gemacht hat, um im Leben etwas größer zu wirken. Der prätouristische Musterbogen des Reisens stammt von einem gewissen Mr. Yorick. Jedenfalls steht auf dem Deckel des Reisebuches, dem die Passage entnommen ist, dieser Name – ein Name, wie er auch im Buche steht, in *Leben und Ansichten von Tristram Shandy, Gentleman*. Dort figuriert der Landpfarrer Yorick als geduldiger Zuhörer von Tristram Shandys leiblichem Vater und zugleich als literarischer Wiedergänger von *Tristram Shandys* geistigem. Laurence Sterne reiste als Mr. Yorick durch Frankreich und Italien – wenigstens wird das im Titel *A Sentimental Journey – Eine empfindsame Reise durch Frankreich und Italien* versprochen. Im Buch selbst erreicht Yorick Italien nicht.

Dass Sterne, der empfindsame Spötter, im *Tristram Shandy* und in der *Sentimental Journey* ausgerechnet unter dem Namen Yorick posiert, ist ein Spaß, der von Shakespeare herrührt. Yorick war im *Prinz von Dänemark* des Königs Spaßmacher. Sein Schädel wird von Totengräbern zutage gefördert und gibt Hamlet Gelegenheit zu etlichen halbphilosophischen Friedhofswitzen. Wieland, vor den Romantikern der wichtigste sprachliche Importeur des Genies aus Stratford, mochte die makabren Kalauer nicht und »würde diese ganze Scene eben sogern ausgelassen haben, wenn man dem Leser nicht eine Idee von der berüchtigten Todtengräber-Scene hätte geben wollen«. Also hat er übersetzt, wenn auch ungern und gekürzt: »Hamlet. (Indem der Todtengräber immer singend einen Schedel aufgräbt.) Dieser Schedel hatte einst eine Zunge, und konnte singen.«

Vom Friedhof bei Shakespeare führt ein Weg nach Syrakus, allerdings über Riga. Vor der Stadt, am Düna-Strand, hatte Seume einst einen Totenkopf gefunden und darüber einen Text geschrieben, den er in seinen Bericht über die *Vorfälle in Polen 1794* einrückte:

> »Dieser Kasten enthielt vielleicht Systeme von Hirn-
> weben, so sinnreich und bunt, als sie je ein alter
> oder neuer Weiser oder Narr gesponnen.«

Nach der flüchtigen Anspielung auf Yoricks Narren-schädel beginnt Seume à la Hamlet zu sinnieren, wer in diesem hohlen Hirnkasten, den er nun in Händen hält, einst gelebt und gewebt, gedacht und gefühlt haben mag: Herr oder Sklave, Richter oder Gerichteter, Wohl-täter oder Unterdrücker oder

> »eine von den Millionen Nullen zwischen beiden.
> Du bist meiner Verwandtschaft, und bei uns ist das
> Äußerste erblich; wir sind Engel und Teufel. Ich
> weiß nicht, wo du jetzt bist; aber ich werde zu dir
> kommen.«

Der kleine Text taumelt zwischen Tiefsinn und Witz, kostet lüstern das Grauen aus bei der Vorstellung, dass einst Mädchenhände das Kopfgebein gestreichelt haben, macht Bocksprünge quer durch die Geschichte der Menschheit und schließlich hinüber ins Nichts nach dem Ende des eigenen Lebens. Zwischen den Zeilen steht Hamlet und grinst. Im *Spaziergang* nennt Seume ihn dann expressis verbis »einen seiner Lieblinge«.

Seume hat nicht nur seinen Shakespeare gekannt, und den von Wieland, sondern auch den *Tristram Shandy* und das Reisebuch von Mr. Yorick alias Sterne. Im *Spa-ziergang* wird Yorick einmal erwähnt – so beiläufig, dass die Stelle heute befremdet, sich damals aber bei der Berühmtheit Sternes/Yoricks von selbst verstand.

Nach dem kultischen Erfolg des *Tristram Shandy* wurde auch die *Sentimental Journey* nach dem Erscheinen 1768 zu einem europäischen Bestseller. Das Büchlein hat das Genre der Reiseliteratur auf den Kopf gestellt. Oder sollte man sagen: aufs Herz? Denn Empfindung und Gefühl bestimmten nun das erzählte Reisen, die Sachlage wurde nach Seelenlage geschildert. Der alternde Goethe hat das im Rückblick auf jene Jahre präzis zusammengefasst, auch um die Intention seiner eigenen, erst 1816/17 vollständig erschienenen *Italienischen Reise* davon abzugrenzen: »Seit Sternes unnachahmliche Sentimentale Reise den Ton gegeben und Nachahmer geweckt, waren Reisebeschreibungen fast durchgängig den Gefühlen und Ansichten des Reisenden gewidmet. Ich dagegen hatte die Maxime ergriffen, mich so viel als möglich zu verleugnen und das Objekt so rein als nur zu tun wäre in mich aufzunehmen.«

Goethe nimmt das von Sterne geschaffene englische Kunstgebilde »sentimental« auf Deutsch beim Wort. Doch verdankte es seinen Einfluss beim deutschen Publikum der von Lessing angeregten Übersetzung »empfindsam«. Dieses neue Wort passte so genau zu einer ebenfalls neuen, der alten Aufklärung überdrüssigen Geistes- und Gemütsstimmung, dass es heute als Epochenbegriff verwendet wird: »Empfindsamkeit« – meistens Arm in Arm mit »Sturm und Drang«.

Dem »Sturm und Drang« ist auch Goethes 1774 erschienener *Werther* zuzurechnen, den Seume während seiner eigenen Leipziger Sturm-und-Drang-Tage verschlungen hat. Das Echo des *Werther*-Sounds klingt noch durch die Vorrede des *Spaziergang*. Goethe ermunterte, »lass das Büchlein dein Freund sein«, und fügte süffisant hinzu: »wenn du aus Geschick oder eigener Schuld keinen nähern finden kannst.« Seume bittet zaghaft: »Ich hoffe, Du bist mein Freund oder wirst es werden«, und geht sofort in Deckung: »ist nicht das eine und wird nicht das andere, so bin ich so eigensinnig zu glauben, dass die Schuld nicht an mir liegt.«

Während die »Empfindsamkeit« auf Lessings glücklicher Eindeutschung des »sentimental« beruht, ist »Sturm und Drang« abgeleitet vom Titel eines Theaterstücks von Friedrich Maximilian Klinger, das zwei Jahre nach dem *Werther* Furore machte. 1803, im gleichen Jahr wie der *Spaziergang* und wie Seumes Reisebuch bei Hartknoch, erschienen Klingers *Betrachtungen und Gedanken über verschiedene Gegenstände der Welt und der Litteratur*, aus Angst vor der Zensur allerdings mit der fingierten Verlagsangabe Peter Hammer, Köln. Seume schrieb darüber in der *Zeitung für die elegante Welt*:

> »Der gute alte Peter Hammer von Köln muss jetzt manchem Wicht seinen Mantel leihen, seine geistigen Sterbelinge auf den literärischen Markt zu bringen, ehe die prämaturen [frühreifen] Dinger zu Hause absterben: aber hier hat ihn auch einmal ein Athlet umgehangen, den wir lieber ohne solche Hülle in seiner ganzen ursprünglichen Kraft sähen. […] Der Verfasser zeigt sich als Dichter und Weltmann in hohem Grade, und beide werden vom Denker beherrscht«.

Was den erfundenen Kölner Verleger Peter Hammer angeht, so stammten dessen ebenfalls erfundene Vorfahren aus Frankreich. Seit dem 17. Jahrhundert war »Pierre Marteau« der Deckmantel für Verleger unerlaubter Schriften. Dass man im Deutschland der Spätaufklärung die deutsche Übersetzung ins Impressum zensurbedrohter Bücher druckte, demonstriert lange gereiftes Selbstbewusstsein. Noch musste fingiert werden, wenn man sich keine Unannehmlichkeiten zuziehen wollte. Aber *dass* fingiert werden musste, wurde nicht mehr verborgen, sondern offen und anklagend zur Schau gestellt.

Klingers Buch hatte großen literarischen Einfluss auf die *Apokryphen*, an denen Seume in den letzten Lebensjahren arbeitete, obwohl Seumes persönliche Beziehung zu Klinger glücklos war, sowohl während seiner Kutschfahrt nach Norden im Jahr 1805 als auch bei den Bemühungen gegen Ende seines Lebens, doch noch eine Pension des Zaren für den Militärdienst in Polen zu erwirken.

Der Marsch nach Syrakus ist ohne Sturm, Drang und Empfindsamkeit denkbar, das Buch darüber nicht. Doch schlägt Seume weder den empfindelnden Ton an, der seit Sternes Tagen von der Mode zur Manier zur Masche herabgesunken war, noch markiert er das stürmische Kraftgenie. Er schreibt einfach darüber, was er beim Reisen von der Welt und über sich selbst erfahren hat.

Trotzdem ist er nicht ohne Vorbereitung nach Syrakus gelaufen. Bevor er vom Lektorenstuhl sprang und den Tornister packte, betreute er Karl Gottlob Küttners *Reise durch Deutschland, Dänemark, Schweden, Norwegen und einen Theil von Italien, in den Jahren 1797. 1798. 1799.* Diesem Werk, auf das er sich sowohl im *Spaziergang* als auch in *Mein Sommer* bezieht, verdankte er eine Reihe von sachdienlichen Hinweisen, von denen er während der Reise Gebrauch gemacht hat, wenn auch nicht immer beim Erzählen von ihr. Gleiches gilt von ungenannt bleibenden Kunstreiseführern wie von historischen Werken über die Geschichte Italiens.

Ausdrücklich erwähnt indessen sind die in drei Bänden von 1787 bis 1792 erschienenen *Briefe über Calabrien und Sizilien* von Johann Heinrich Barthel und die *Nach-*

richten von Neapel und Sizilien, auf einer Reise in den Jahren 1785 und 1786 gesammelt von Friedrich Münter (1790), den dann auch Barthels in der zweiten Auflage seiner *Briefe* anführt.

Alles in allem war Seume ein gut informierter Wanderer. Keineswegs ist er losmarschiert ohne ›Bücherwissen‹ im Kopf, nur mit antiken Klassikern im Sack:

> »als a) Ein alter Homer, b) ein abgenutzter Theokrit, c) ein funkelnagelneuer Anakreon, d) ein alter Plautus, e) ein Horaz, f) ein Vergil, g) ein Tacitus, h) ein Sueton, i) ein Terenz, k) ein Tibull, Catull und Properz in minima«.

So die Bestandsliste der Tornisterbibliothek, wie Seume sie während des Aufenthalts in Prag im Dezember 1801 für Göschen zusammenstellte.

Zum »kosmischen Verhältnis« in der Seume'schen Variante des gesunden Menschenverstands gehörte neben dem Erfahren der Welt und dem Selbstdenken auch das Lesen der Geschichte. Man sieht nicht nur mit den Augen, sondern mit dem ganzen Kopf, Erkennen setzt Wissen voraus. Die wünschenswerte Alternative zum erfahrungsresistenten Spazierenführen angelesener Vorurteile ist nicht das kenntnis- und zusammenhanglose Sammeln sinnlicher Eindrücke, sondern ein Verstehen, das der Fremde (und den Fremden) mit Herz und Kopf auf den Leib rückt. Alles was bloß Programm ist, und sei es ein aufklärerisches, führt dazu, dass im Erleben die Begriffe klappern; alles was bloß Haltung ist, und sei es eine empfindsame, verunklart das Wahrnehmen durch Sentimentalität.

Beide Fehler hat Seume vermieden und dafür den Preis einer koboldhaften Sprunghaftigkeit im Erzählen bezahlt, die einen im Lesesessel Reisenden je nach Naturell den Kopf schütteln oder ihm das Herz hüpfen

Fußwandeln als Lebenswandel

Seumes Philosophie der Fußgängerei ist eine Kutschengeburt. Er schrieb sie nieder, als er nicht mehr laufen konnte, jedenfalls nicht mehr weit.

»Diesmal habe ich nur den kleinsten Teil zu Fuße gemacht«, heißt es in der Vorrede zu *Mein Sommer 1805*. »Lieber wäre es mir und besser gewesen, wenn meine Zeit [und seine Gesundheit, die er unerwähnt lässt] mir erlaubt hätte, das Ganze abzuwandeln. Wer geht, sieht im Durchschnitt anthropologisch und kosmisch mehr, als wer fährt. [...] Ich halte den Gang für das Ehrenvollste und Selbständigste in dem Manne, und bin der Meinung, dass alles besser gehen würde, wenn man mehr ginge. Man kann fast überall bloß deswegen nicht recht auf die Beine kommen und auf den Beinen bleiben, weil man zu viel fährt. [...] Wo alles zu viel fährt, geht alles sehr schlecht: man sehe sich nur um. So wie man im Wagen sitzt, hat man sich sogleich einige Grade von der ursprünglichen Humanität entfernt. Man kann niemand mehr fest und rein ins Angesicht sehen, wie man soll: man tut notwendig zu viel oder zu wenig. Fahren zeigt Ohnmacht, Gehen Kraft.«

Was hätte Seume wohl zu Eisenbahnen gesagt? Oder zu Autos? Von Flugzeugen gar nicht zu reden. Wenn mit »ursprünglicher Humanität« die zweibeinige Fortbewegung gemeint ist, entfernen wir uns von ihr ohne auch nur einen Schritt zu tun rasend im Sitzen. An speziellen Orten kehren wir dann trainingshalber zum aufrechten Gang zurück. Man stelle sich Seume im Fitnessstudio vor: um sich herum schwitzende Leute, die auf Laufbändern rennen.

Vielleicht wäre in unserer Beschleunigungsepoche

dieses Laufen auf der Stelle die angemessene Daseins-
metapher, so wie jahrhundertelang die Pilgerschaft das
Sinnbild irdischen Lebens gewesen ist. Doch schon zu
Seumes Zeiten litt dieser Vergleich unter der Materialer-
müdung seiner ursprünglich religiösen Bedeutung. War
dem Erdenpilger das Leben eine Last, wurde nun dem
Erdenbürger das Wandern zur Lust. Und die romanti-
sche Schwärmerei des frühen 19. Jahrhunderts führte
über das Naturburschentum im frühen 20. Jahrhundert
in die folkloristische Eskapade. »Ich bin dann mal weg!«
Wer möchte das nicht hin und wieder von sich sagen?

Seume indessen hat keinen Urlaub gemacht, auch
nicht in kulturell wertvoller Form wie der von Weimarer Amtsgeschäften erschöpfte Goethe. Seume ist losmarschiert, Theokrit im Tornister, Wilhelmine Röder
im Herzen und die Unerfüllbarkeit aller Sehnsucht im
Sinn. Wer so lebt und geht macht keine Ansprüche auf
einen bürgerlichen Lebenslauf:

> »Und gleich ists auch, so deucht es mir, für andre,
> Ob ich dahin
> Hier oder dort durchs schale Leben wandre,
> Und Niete bin.«

lässt. Seume war nie als »bedächtiger Mann« unterwegs.
»Noch betracht' ich Kirch' und Palast, Ruinen und Säu-
len,/Wie ein bedächtiger Mann schicklich die Reise benutzt«, erklärt Goethe gravitätisch in der ersten *Römischen
Elegie*, bevor er genauso gravitätisch auf »Amors Tempel«
und die Liebe zu sprechen kommt, die ewig ist wie die
Stadt Rom. Seume macht nicht so viel Umstände. Sein
Amor-Tempel ist das »Körbchen« einer jungen »Sünderin«, die ihn in einem Mailänder Gasthaus zu verführen
suchte, vergeblich übrigens, was er im Rückblick bedau-

ert. Die Kirchen und Paläste wiederum stehen von vornherein nur am Rand seines Interesses. Er sei »nicht nach Italien gegangen, um vorzüglich Kabinette und Galerien zu sehen«. Ja, schimpfte Caroline Herder, sondern Wirtshäuser und Landstraßen. Es gilt eben, dass »ein jeder seinen eigenen Maßstab hat, wonach er die Dinge außer sich abmisst, und seinen eigenen Gesichtspunkt, woraus er die Gegenstände betrachtet«. So heißt es in der Vorrede zu den *Reisen eines Deutschen in England im Jahre 1782* von Karl Philipp Moritz. Aber der war Caroline ja auch suspekt.

Konnte man Seumes Herumtreiberei und das Schreiben darüber auch nicht »schicklich« nennen, so war es doch neu und wirkte auf vorurteilslose Leserinnen und Leser erfrischend. Sein Wirtshausrepublikanismus führte ihn an gemiedene Orte und an solche, die, wenn sie schon nicht gemieden werden konnten auf einer Reise, doch nicht der Rede und erst recht nicht der Schrift wert waren. An diesen Orten begegnete er Menschen, die beim Fahren in der Kutsche wie beim Lesen im Kabinett nur flüchtig wahrgenommen werden. Und dann gab er auch noch das Räsonnement dieser gewöhnlichen Leute wieder, die doch tatsächlich eine Meinung hatten, obwohl das die gewöhnlichen Intellektuellen im Deutschland jener Jahre als ein Privileg von ihresgleichen ansahen, als eine Sache der Journale, die man hielt, und der Debatten im Salon. Nicht nur den geistigen Repräsentanten am Musenhof in Weimar war ein altgriechischer Feldherr oder Philosoph gedanklich und menschlich näher als die Magd in der eigenen Küche.

Obwohl Seume seinen Weg geht, geht er nie so weit, sich gemein mit dem gemeinen Mann zu machen. Er ist eben doch ein studierter Herr, wenn auch kein feiner. In der ersten seiner vielen Wirtshausszenen, es sind fast so viele wie im *Don Quijote*, herrscht denn auch das Pittoreske vor, in dessen Modus nach Ansicht gebildeter Leute die einfachen ihr sogenanntes pralles Leben leben:

> »In der Budiner Wirtsstube [auf dem Weg nach Prag] war ein Quodlibet [Durcheinander] von Menschen, die einander ihre Schicksale erzählten und hier und da zur Verschönerung wahrscheinlich etwas dazu logen.«

Seume weiß, wovon er schreibt, er hatte damit seine eigene Erfahrung.

> »Einige österreichische Soldaten, Stallleute und ehemalige Stückknechte [an Artilleriegeschützen], die alle in der französischen Gefangenschaft gewesen waren, und einige Sachsen von dem Kontingent machten eine erbauliche Gruppe, und unterhielten die Nachbarn lang und breit von ihren ausgestandenen Leiden. Besonders machte einer der Soldaten eine so greuliche Beschreibung von den Läusen im Felde und in der Gefangenschaft, dass wir andern fast die Phthiriase [Filzläusebefall] davon hätten bekommen mögen. Mir war es nunmehr nur eine drollige Reminiszenz meiner ersten Seefahrt nach Amerika.«

Auf dem weiteren Weg durch Böhmen kommt es dann zum ersten Mal im *Spaziergang* zu jenem Ton, der sich angesichts der Not in Sizilien zu galliger Empörung steigert. Diese Aufwallungen sind so herzzerreißend wie hilflos, aber sie machen Seume unvergesslich in der beschämend schmalen Tradition sozialkritischer Schriftstellerei im Deutschland um 1800:

> »Die Dörfer lagen dünn, und waren arm; noch mehr als in dem Gebirge. Man drosch in den Her-

renhöfen auf vielen Tennen« – gezwungen von der Fron, die trotz der josephinischen Aufhebung der Leibeigenschaft 1781 immer noch geleistet werden musste – »und die Bauernhäuser waren leer und verfallen; die Einwohner schlichen so niederge-drückt herum, als ob sie noch an dem härtesten Joche der Sklaverei zögen. Mich deucht, sie sind durch Josephs wohltätige Absichten wenig gebes-sert [bessergestellt] worden, und höchst wahr-scheinlich sind sie hier noch schwerer durch die Fronen gedrückt als irgendwo.«

In Prag erhält Seume, noch in Begleitung seines Freun-des Schnorr von Carolsfeld, die erste Warnung vor We-gelagerern. Je weiter es nach Süden geht, desto ärmer werden die Landstriche, desto »gedrückter« die Leute, desto rabiater die Räuber. Zwischen Wien und Graz trifft er auf Dutzende Gefangene in Ketten, von einem starken Militärkommando bewacht; zwischen Triest und Venedig kündigt man ihm an, er werde »nun wohl ein bisschen tot geschlagen werden«; hinter Ancona »waren die Arme und Beine der Hingerichteten häufig genug hier und da zum Denkmal und zur schrecklichen War-nung an den Ulmen aufgehängt«; hinter Tolentino steigt er durch Schluchten, »und hier und da aufgehan-gene Menschenknochen machten eben nicht die beste Idylle«; hinter Spoleto »unterhielt man mich überall mit Räubergeschichten und Mordtaten«, auch, um ihm »einen Maulesel mit seinem Führer aufzuschwatzen«; bei Sessa sieht er »einige bis auf die Zähne abgedorrte Köpfe in eisernen Käfigen an dem Felsen befestigt«; auf dem Weg nach Caserta sagt man ihm, die Gefahr werde übertrieben; in Caserta wundert man sich, »dass ich den Räubern noch nicht in die Hände gefallen wäre«. Von Neapel lässt er sich mit dem Schiff nach Palermo übersetzen, und auf Sizilien, noch bevor er Syrakus erreicht, kommt es zu dem Überfall, den der Wanderer lange befürchtet und der Leser lange erwartet hat:

> »Man rief mir Halt! und da ich tat, als ob ich es nicht gleich verstanden hätte, ritt einer [der drei Räuber] mit Vehemenz auf mich zu, fasste mich beim Kragen und riss mich so heftig herum, dass das Schisma noch an meinem Rocke zu sehen ist. Wer seid Ihr? – Ein Reisender. – Wo woll Ihr hin? – Nach Syrakus. – Warum reitet Ihr nicht? – Es ist mir zu teuer, ich habe nicht Geld genug dazu.«

Die Banditen durchsuchen seinen Tornister und finden nichts als Bücher, trockenes Brot, harten Käse, zwei Hemden und ein Notizbuch. Das will der Chef des Trios an sich nehmen. Seume protestiert:

> »Aber das ist mein Tagebuch mit einigen Reisebemerkungen für meine Freunde.«

Zum Glück bekommt er das Bändchen zurück. Wie hätte Seume sonst »ein Büchelchen aus meinem Tagebuche« machen sollen, wie er Gleim bald nach seiner Rückkehr brieflich ankündigte. Der sizilianische Gauner hat sich wirklich um den *Spaziergang nach Syrakus* und die deutsche Literatur verdient gemacht. Seumes Uhr und sein Geld haben die Räuber gar nicht erst gefunden. Sehr professionell scheinen sie nicht gewesen zu sein, oder sie waren überzeugt: bei dem ist sowieso nichts zu holen. Sie laden den armen Schlucker zu einem Schluck aus der Flasche ein und lassen ihn laufen – erst nach Syrakus und dann nach Palermo. Von dort fährt Seume mit dem Schiff nach Neapel zurück, steigt in eine Kurierkutsche und rattert nach Rom. Unterwegs muss ein Rad repariert werden, Seume in seiner Rastlosigkeit läuft voraus und wird zum zweiten Mal überfallen. Die Banditen sind zu viert:

»Einer fasste mich bei der Krause, und setzte mir den Dolch an die Kehle, der andere am Arm, und setzte mir den Dolch auf die Brust; die beiden übrigen blieben dispositionsmäßig in einer kleinen Entfernung mit aufgezogenen Karabinern. In der Bestürzung sagte ich halb unwillkürlich auf Deutsch zu ihnen: Ei so nehmt denn ins Teufels Namen alles, was ich habe! Da machte einer eine doppelt grässliche Pantomime mit Gesicht und Dolch […] In Eile nahmen sie mir nun die Börse und etwas kleines Geld aus den Westentaschen […] Nun zogen sie mich mit der vehementesten Gewalt nach dem Gebüsche, und die Karabiner suchten mir durch richtige Schwenkung Willigkeit einzuflößen. Ich machte mich bloß so schwer als möglich, da weiter tätigen Widerstand zu tun der gewisse Tod gewesen wäre: man zerriss mir in der Anstrengung Weste und Hemd. […] In diesem kritischen Momente, denn das Ganze dauerte vielleicht kaum eine Minute, hörte man den Wagen von oben herabrollen und auch Stimmen von unten: sie ließen mich also los, und nahmen die Flucht in den Wald.«

Wieder kommt Seume davon, und mit noch mehr Glück als in Sizilien behält er auch diesmal die gut versteckte Uhr und das unter der Achsel in den Rock genähte Geld.

Es gab Leser, die das für eine Räuberpistole hielten. Aber Seume hat von dem Überfall häufiger berichtet, und trotz des renommierenden Abenteurertons stimmen die verschiedenen Varianten überein. Das kann man nicht von allen gefährlichen Geschichten sagen, die Seume in seinem nicht ungefährlichen Leben erzählte. An Göschen schrieb er im Mai 1802, nicht lange nach dem Überfall:

»Vier Kerle griffen mich an, zwei mit Dolchen, zwei mit Karabinern. Einer fasste mich am Kragen und setzte mir den Dolch an die Kehle, der zweite auf die Brust. Die zwei Schnapphähne hielten mit gespanntem Gewehr etwas von ferne. Das war gar pathetisch anzusehen, wie geschickt die Schurken die Kammerdiener machten.«

Seume wird später seine Briefe von der Reise für den Bericht über sie verwenden. Die Verwandlung der Reiseerlebnisse in eine Reiseerzählung integriert Texte, die unterwegs entstanden sind. Die gekonnte Kunstlosigkeit, mit der das geschieht, erzeugt im Verein mit den im Präsens gehaltenen direkten Anreden des Lesers eine Vertraulichkeit zwischen dem Reisenden auf den Straßen und dem im Sessel.

»Ich erzähle Dir nur freundschaftlich, was ich sehe, was mich vielleicht beschäftigt und wie es mir geht.«

»Ich weiß, dass mich Deine freundschaftlichen Wünsche begleiten, so wie Du überzeugt sein wirst, dass meine Seele oft bei meinen Freunden und also auch bei Dir ist.«

Diese Intimität zwischen Erzähler und Leser war keine Erfindung Seumes, sondern gepflegte literarische Form, die freundschaftliche Umgangsformen aufnahm, die wiederum von der Literatur des Freundschaftskultes präfiguriert waren.

Der sprunghafte Umgang mit Ort und Zeit, der keinem Kalkül folgt, sondern aus der raschen Niederschrift resultiert, verstärkt noch den Eindruck, nicht nur Seumes *Spaziergang* nachzulesen, sondern tatsächlich den Spaziergang Seumes mitzuerleben. Das Erzählen erfolgt entweder unmittelbar aus der erzählten Situation heraus oder es bedient sich der Rückblicke wie etwa in Rom, wo wir im Nachhinein die letzte Etappe des Weges dorthin erfahren. Des Öfteren befinden wir uns in einem Moment in der Gegenwart, machen im nächsten Satz einen Sprung nach vorn, holen im nächsten Absatz frühere Ereignisse nach, ziehen im übernächsten eine Extraschleife der Erinnerung an Erlebnisse vor der Reise und werden dann wieder in die gegenwärtige Szene zurückgestellt. Mitunter treibt es der Erzähler so toll, dass er sich selbst zur Ordnung ruft, nur um gleich darauf die Unordnung zu rechtfertigen:

> »Ich muss mich etwas fassen, dass ich Dich den Weg über den Berg und Taormina hierher [nach Messina] mit mir nicht gar zu unordentlich machen lasse; ob Du gleich Geduld genug wirst haben müssen, denn ich bin ein gar schlechter Systematiker.«

Ein roter Faden kommt auf diese Weise nicht zustande, nicht einmal ein Knäuel, das sich vom geduldigen Leser anstelle des kapriziös unsystematischen Autors entwirren ließe. Statt in zeitlicher Chronologie den Ereignissen nachgehen zu können wie ein Wanderer, der Wegmarkierungen folgt, wird man von Seume erzählerisch kreuz und quer durch den Raum geschubst. Ein Spaziergang ist die Reise nach Syrakus für den Leser nicht.

Dieser faszinierende und irritierende Effekt verstärkt sich noch, wenn der Erzähler seinen Posten verlässt, die Perspektive wechselt und plötzlich vom Beschreiben der Reise zum Beschreiben der Reisebeschreibung übergeht. Dann ist gänzlich unklar, ob wir uns in Syrakus befinden oder in einem Brief, den Seume aus Syrakus schickt. Oder in Seumes Schreibstube in Sachsen, wo wir ihm über die Schulter schauen und lesen, wie er so tut, als würde er uns aus Syrakus schreiben:

> »Wenn ich recht viel hätte schreiben wollen, hätte ich eben so gut zu Hause in meinem Polstersessel bleiben können« –

– schreibt Seume zu Hause in seinem Polstersessel, in dem er seine Reise nacherzählt, damit wir sie in unserem Sessel nacherleben können.

Dies alles geschieht weniger aus erzählerischer Raffinesse als aus schriftstellerischer Ungeduld. Seumes narrative Technik und Taktik sind in der akademischen Forschung lange unterschätzt worden, neuerdings wird eher überinterpretiert. Der Schriftsteller wollte schnell fertig werden mit seinem Bericht, so wie der Reisende rasch vorankommen wollte auf seinem Weg. Das eine wie das andere hatte mit der Bürde seiner Rastlosigkeit zu tun, aber auch mit der Leere seiner Börse. Als auf dem letzten Streckenabschnitt in Sizilien nach den Stichworten »Palermo« und »Agrigent« endlich »Syrakus« auftaucht, macht der Schriftsteller im Satz und der Reisende auf dem Absatz kehrt:

> »Dies ist also das Ziel meines Spazierganges, und nun gehe ich mit einigen kleinen Umschweifen wieder nach Hause.«

Die »kleinen Umschweife« führten Seume über Neapel, Rom, Florenz, Bologna, Mailand und den Gotthard nach Luzern, Zürich, Basel, Dijon und schließlich nach Paris:

> »Mein Aufenthalt ist zu kurz; ich bin nur ungefähr vierzehn Tage hier und mache mich schon wieder fertig abzusegeln.«

Über Nancy, Straßburg, Mainz, Frankfurt, Fulda ging es nach Vacha – wo der Abstecher zu Münchhausen erfolgt – und von dort über Weimar zur Mutter in Poserna:

> »Meiner alten guten Mutter […] war meine Erscheinung überraschend. Man hatte ihr den Vorfall von den Banditen schon erzählt, und Du kannst glauben, dass sie meinetwegen etwas besorgt war.«

Diese bemerkenswerte Notiz lässt vermuten, dass Seume seiner Mutter von unterwegs keine Briefe schrieb. Sonst hätte er sie über den Ausgang des Abenteuers beruhigen können, wie er es beispielsweise mit Göschen gehalten hatte.

Ein einziger weiterer Satz ist der Mutter gewidmet: Er vermeldet gerührt, sie habe sein Fortwandern nicht geduldet, sondern ihn »bedächtiglich in den Wagen packen« lassen. Dann folgen eine hastig abgehakte Wiedersehensszene mit Schnorr, ein kurzes Lob des Schuhmachers Heerdegen in Leipzig für die ausdauernden Stiefel und eine knappe Verabschiedung des Lesers. In ihr blendet Seume das Reisen und Schreiben, das Leben und Lesen noch einmal übereinander:

>   »Bald bin ich bei Dir, und dann wollen wir plaudern; von manchem mehr als ich geschrieben habe, von manchem weniger.«

Der *Spaziergang* ist Bericht einer Reise nach Italien und zugleich Bekenntnis einer Lebensreise, fragmentarisch das eine wie das andere:

>   »Nimm also mit Fragmenten vorlieb«, schreibt er seinem Leser, »aus denen am Ende doch unser ganzes Leben besteht.«

Das Leben selbst, nicht bloß das Schreiben darüber!

Dieses bekenntnishaft Fragmentarische einer Lebens- und Italienreise verbindet Seume mit politisch bekennerhafter Reportage. Im pittoresken, mitunter gar drolligen *Spaziergang* explodieren die Tretminen der Empörung:

>   »Nie habe ich eine solche Armut gesehen, und nie habe ich mir sie nur so entsetzlich denken können. Die Insel [Sizilien] sieht im Innern furchtbar aus. Hier und da sind einige Stellen bebaut; aber das Ganze ist eine Wüste, die ich in Amerika kaum so schrecklich gesehen habe. Zu Mittage war im Wirtshause durchaus kein Stückchen Brot zu haben. Die

Bettler kamen in den jämmerlichsten Erscheinungen, gegen welche die römischen auf der Treppe des spanischen Platzes noch Wohlhabenheit sind: sie bettelten nicht, sondern standen mit der ganzen Schau ihres Elends nur mit Blicken flehend in stummer Erwartung an der Türe. Erst küsste man das Brot, das ich gab, und dann meine Hand. Ich blickte fluchend rund um mich her über den reichen Boden, und hätte in diesem Augenblicke alle sicilischen Barone und Äbte mit den Ministern an ihrer Spitze ohne Barmherzigkeit vor die Kartätsche stellen können.«

Vergleicht man diesen Abschnitt mit der Passage über die Armut der böhmischen Bauern und beides wiederum mit den Beobachtungen, die Seume in Frankreich anstellt, lässt sich das soziale Gefälle in Europa ermessen – und vielleicht auch die materielle Grundlage der politischen Überlegenheit Frankreichs, dessen kontinentales Ausgreifen zum Zeitpunkt von Seumes Reise noch nicht absehbar war, obwohl sie im historischen Rückblick betrachtet unmittelbar bevorstand. Frankreich ging es gut, und deshalb ließ sich dort gut gehen:

»Nun ging ich über Besançon und Auxonne nach Dijon herunter. Es war ein Vergnügen zu wandeln, überall sah man Fleiß und zuweilen auch Wohlstand. Wenigstens war nirgends der drückende Mangel und die exorbitante Teuerung, die man jenseits der Alpen fand: und doch hatte hier die Revolution gewütet und der Krieg gezehrt.«

Die französischen Verhältnisse werden trotz der Revolution – nicht wegen ihr, wie ein Jakobiner argumentiert hätte, der Seume nie war – den erbärmlichen Zuständen in Italien gegenübergestellt. Arkadien ist verkommen, und auch wenn in diesem Land immer noch Zitronen und Orangen blühen, findet der nüchterne Blick auf die nackten Tatsachen kaum etwas zu loben. In Frankreich gedeiht der Wohlstand, selbst dort, wo es nur ein kleiner ist, und die Zukunft wächst heran. An ihr wird Seume während seiner letzten Lebensjahre die zersplitterte deutsche Gegenwart messen – mit einem Patriotismus ohne Vaterland.

Es gefällt Seume, durch Frankreich zu gehen, und es missfällt ihm, in Paris Napoleon zu sehen:

»Von Bonaparte sollte ich wohl lieber schweigen, da ich nicht sein Verehrer bin.«

Wegen dieser und weiterer antinapoleonischer Bemerkungen höhnte der französische Journalist Pierre Louis Roederer im *Journal de Paris*, Seume sei von englischem Geld bestochen und von deutschem Bier besoffen. Auf diesen Angriff kommt Seume an etwas merkwürdiger Stelle zurück, in seiner *Vorrede zu Robert Percivals »Beschreibung des Vorgebirges der Guten Hoffnung«*, das er gleich nach dem Erscheinen des Originals in London 1804 übersetzte:

»Mein Buch, der Spaziergang nach Syrakus, enthält nach meiner Überzeugung nur Wahrheit; und wenn ich darin über Wien und Rom, Neapel und Paris schrieb, so geschahe das ohne alle weitere Absicht, als weil ich eben dort war und sahe, was ich sahe, und darüber dachte wie ich dachte, und weil ein rechtlicher unbefangener Mann mit Anstand darüber seine Meinung freimütig zu äußern befugt ist. Wenigstens will ich mir dieses Recht nicht nehmen lassen, so lange ich das Wesentliche meiner Persönlichkeit fühle. Wenn Millionen vor einem einzigen Manne zittern und anbeten, so will ich weder das eine noch das andere; und wenn mich auch ein Schauerchen der Menschlichkeit [menschliche

Schwäche] überfiele, so soll es doch weder in Überzeugung noch Handlung etwas ändern. Ich werde
nie so verwegen sein, mir irgend einen Einfluss auf
öffentliche Dinge anzumaßen; aber auch nie so
kleinmütig, meine Begriffe von Freiheit und Gerechtigkeit durch despotische Willkür bestimmen
zu lassen. Schweigen kann ich sehr wohl, das wissen
alle, denen ich nahe bin, aber wenn ich rede, rede
ich nur, was ich denke.«

Diese Replik war Seume nicht wegen Roederer wichtig,
den sie kaum erreicht haben dürfte, sondern wegen seines Publikums in Leipzig und Weimar. Und dieser Zweck
wurde erfüllt, wie ein Brief Wielands an Göschen be-
zeugt: »Die Vorrede unseres Freundes Seume zur Übersetzung des Percivallischen Werks habe ich mit großem
Interesse gelesen. Es ist eine Freude, derbe Wahrheiten
so freimütig und kräftig und doch so manierlich gesagt
zu hören. Seume kann nun sicher sein, dass niemand
glauben noch sagen wird, dass englische Guineen […]
aus ihm sprechen.«

Seumes Alternative, entweder zu schweigen oder die
Wahrheit sagen zu müssen, ist nicht bloß persönliche
Haltung, sondern ein allgemeiner rhetorischer Gestus
in der Epoche der Aufklärung. Georg Forster beispielsweise benutzte in einem Brief aus dem revolutionären
Paris eine ähnliche Wendung: »Schweigen kann ich,
aber nicht gegen meine Überzeugung und Einsicht
schreiben.« Die Wahrheit kann zwar unterdrückt, aber
nicht mehr aus der Welt geschafft werden. Schweigen
heißt: biegsam sein, aber nicht, sich zu beugen. Dieses
Schweigen verleugnet die eigene Meinung nicht, sondern verschiebt nur ihre Äußerung.

Mit der Wahrheit wurde im 18. Jahrhundert ein großer
Kult getrieben, und oft genug wurde sie von Wahrhaf-

tigkeit nicht unterschieden. Auch von Seume nicht. Die Wahrhaftigkeit lag ihm immer am Herzen, auch wenn er die Wahrheit manchmal aus den Augen verlor. Wahrheitsliebe ist nicht gleich Faktentreue. Gleichwohl muss gelegentlich Treue zu den Fakten bewiesen werden, soll die Liebe zur Wahrheit glaubwürdig bleiben. Im Grunde jedoch kommt es auf die innere Haltung zur äußeren Wirklichkeit an. So jedenfalls setzt Rousseau es seinen Lesern im vierten Spaziergang seiner *Träumereien* auseinander und legt es sich dabei selbst zurecht: »Ich habe Leute gesehen, die man in der Welt wahrhaftig nennt. Ihre Wahrhaftigkeit erschöpft sich in müßigen Unterhaltungen darin, Ort, Zeit und Personen richtig anzuführen, sich keine Erdichtungen zu erlauben, keinen Umstand auszuschmücken, nichts zu übertreiben. Sie sind in ihren Erzählungen von unbestechlicher Treue, solange es nicht ihr eigenes Interesse berührt. Kommt es aber darauf an, von etwas zu handeln, das sie angeht, eine Begebenheit zu erzählen, die sie nahe betrifft, so werden alle Farben gebraucht, die Sache in dem für sie vorteilhaftesten Licht zu zeigen, und wenn die Lüge ihnen nützen kann, so enthalten sie sich zwar selbst, sie zu sagen, aber sie begünstigen sie geschickt und bewirken so, dass sie angenommen wird, ohne dass sie auf ihre Rechnung geschrieben werden kann.«

Dem äußeren Schein hält Rousseau die innere Wahrhaftigkeit entgegen: »Derjenige, den ich wahrheitsliebend nenne, tut gerade das Gegenteil. Bei völlig gleichgültigen Dingen rührt ihn die Wahrheit, um die sich der andere dann so emsig bemüht, sehr wenig, und er wird sich kein Gewissen daraus machen, eine Gesellschaft mit erdichteten Begebenheiten zu unterhalten [...] Jede Rede aber, die [...] Achtung oder Verachtung der Gerechtigkeit und Wahrheit zuwegebringen kann, ist eine

Lüge, die nie aus seinem Herzen, aus seinem Mund oder aus seiner Feder kommen wird.«

Faktentreue ohne Wahrheitsliebe hat keinen Sinn, Wahrheit ohne Gerechtigkeit keinen Wert: »Aber wie, wird man sagen, reimt sich diese Nachlässigkeit [bei gleichgültigen Dingen] mit der glühenden Wahrheitsliebe, die ich an ihm rühme? Dieser Eifer muss also unecht sein [...] Nein, er ist lauter und wahrhaft, er ist ein Ausfluss der Liebe zur Gerechtigkeit und will nie falsch sein, obgleich er sich oft Erdichtungen erlaubt. Gerechtigkeit und Wahrheit sind in seinem Geiste gleichbedeutende Worte, deren er sich ohne Unterschied bedient. Die geheiligte Wahrheit, der sein Herz anhängt, besteht bei ihm nicht in gleichgültigen Dingen und leeren Namen, sondern darin, einem jeden getreulich das, was ihm wahrhaftig gehört, zukommen zu lassen an [...] Ehre oder Tadel, Lob oder Missbilligung. [...] Seine eigene Achtung ist ihm vor allem wichtig, dies ist das Gut, das er am wenigsten entbehren kann, und er würde es als einen wirklichen Verlust empfinden, die Achtung anderer auf Kosten seiner eigenen zu erlangen.«

In dieser Rousseau'schen Träumerei ist Seumes gesamtes Wahrheitsprogramm enthalten, bis hin zu seiner Unterscheidung zwischen Ruhm (bei den anderen) und Ehre (vor sich selbst).

Seume und Rousseau

»Zu Fuß meinen Weg machen, bei schönem Wetter, in schöner Landschaft, ohne Eile, als Ziel meiner Reise vor mir etwas Angenehmes, diese Lebensweise ist am meisten von allen nach meinem Geschmack.« Dieser Satz könnte von Seume stammen, steht aber in den *Bekenntnissen* von Jean-Jacques Rousseau. Dieses Buch ekstatischer Aufrichtigkeit ist zugleich eines von eklatanter Unzuverlässigkeit. Was dies betrifft, hätte Seume kein besseres Vorbild haben können.

Die Entsprechungen zwischen dem Uhrmachersohn aus Genf und dem sächsischen Kleineleutekind sind zahlreich, bis hin zu frappierenden Ähnlichkeiten bei lebensgeschichtlichen Details. Beide waren große Spaziergänger und haben entsprechende Bücher geschrieben: Seume mit dem *Spaziergang nach Syrakus*, Rousseau mit den *Träumereien eines einsamen Spaziergängers*, ein Text, der in sieben »Spaziergänge« gegliedert ist und auf Deutsch unter dem Titel *J. J. Rousseau's Selbstgespräche auf einsamen Spaziergängen. Ein Anhang zu den Bekenntnissen* 1782 in Berlin erschien. Es ist äußerst unwahrscheinlich, dass Seume die Texte Rousseaus nicht gekannt hat.

Eine weitere Ähnlichkeit ist beider Vorliebe für Plutarch. Das war im 18. Jahrhundert nicht ungewöhnlich, doch ist die Intensität dieser Vorliebe erstaunlich: In den *Bekenntnissen* wird Plutarch schon auf den ersten Seiten erwähnt, und Seume hat in seinen letzten Jahren an einem Buch über Plutarch gearbeitet. In dieser Zeit litt Seume an der Nieren- und Blasenkrankheit, an der er gestorben ist, während Rousseau von Jugend an mit einem Blasenleiden kämpfte. Die Krankheiten waren medizinisch unterschiedlicher Natur, hatten aber psychologisch ähnliche Folgen, sowohl was die Pein als auch was die Peinlichkeit anging.

Beide waren kurzsichtig, der eine wurde trotzdem Soldat, der andere wäre es beinahe geworden. Auch Rousseau hätte um ein Haar die Uniform übergestreift, und zwar ähnlich wie bei Seume in Zusammenhang mit einer Erzieherstelle beim Neffen eines hohen Militärs. Daraus wurde nichts, doch dienten Rousseau und Seume als Sekretäre, der eine bei einem General in Warschau, der andere bei einem Gesandten in Venedig.

Beide berichten von einem Bruder, der auf und davon ging und verschollen blieb, »so vollständig«, schreibt Rousseau, »dass man nie erfahren hat, was aus ihm geworden ist«. Auch von Seumes Bruder erfuhr man nie, was aus ihm geworden ist. Er wurde erst zwei Jahrzehnte nach Seumes Ableben für tot erklärt.

Nicht nur die Brüder ergriffen die Flucht, sondern auch sie selbst. Rousseau war knapp sechzehn, als er nach einem Ausflug die Stadttore von Genf verschlossen fand und davonlief. Sein Weg führte den Genfer Calvinisten in den Schoß der katholischen Kirche und in die Arme von Madame de Warens. Seume war etwas über achtzehn, als er aus Leipzig floh und hessischen Werbern in die Hände fiel.

Beide berichten auch von schweren Demütigungen der Väter. Rousseaus Vater floh nach Händeln mit einem Aristokraten aus Genf, was Rousseau, dessen Mutter im Kindbett gestorben war, zum faktisch vaterlosen Gesellen machte. Die Demütigung von Seumes Vater durch die Fron war weniger dramatisch, brach dem Mann aber, jedenfalls nach Darstellung des mitleidenden (und im Vater mitgedemütigten) Sohnes den Lebenswillen.

Des Weiteren berichten beide von einem »Verbrechen«, dessen sie als Kinder angeklagt und für das sie bestraft wurden, ohne es begangen zu haben. Bei Rousseau handelte es sich um einen zerbrochenen Kamm, bei

Seume um einen gestohlenen Gulden. Die Züchtigung »war schrecklich«, wie es in Rousseaus *Bekenntnissen,* sie geschah auf »schreckliche Weise«, wie es in Seumes *Mein Leben* heißt. Solche Urszenen verletzter Gerechtigkeit werden bis heute viele Kinder erleben, und ihr seelischer Nachhall ist sicher vielen Erwachsenen nicht fremd. Die Übereinstimmung des erzählerischen Gestus zwischen Rousseau und Seume ist dennoch erstaunlich.

Auch zu Seumes Lieblingswendung, ohne Furcht und Hoffnung durchs Leben zu gehen, gibt es Entsprechungen bei Rousseau. Im ersten seiner »einsamen Spaziergänge« heißt es, er »habe für diese Welt nichts mehr zu hoffen, noch zu fürchten«. Und selbst noch beim Wollen des Nichtwollens stimmen die beiden überein. Garlieb Merkel erzählt davon, wie Seume, vom Freund wegen der mangelnden Energie zum Positiven ins Gebet genommen, unwirsch zugibt, nun einmal besser zu wissen, was er nicht wolle. Rousseau wiederum schreibt im ersten seiner vier Bekenntnisbriefe an Malesherbes: »Kurz, die Art des Glücks, das ich brauche, besteht nicht so sehr darin zu tun, was ich will, als nicht zu tun, was ich nicht will.«

Kutschfahrt nach Norden

Nach Syrakus lief Seume wegen Klopstock, Theokrit und Wilhelmina Röder; nach Polen und ins Baltikum, nach Russland, Skandinavien und Dänemark fuhr er wegen Zar Alexander und Johanna Loth. Die beiden Frauen waren vielleicht nicht die Hauptursachen, aber doch die Anschubmotivationen dieser Reisen. Zu Beginn von *Mein*

Sommer 1805, gleich nach einer radikalpolitischen Vorrede und einem sehr trüben Gedicht, in dem sich »Totenhügel« auf »Rabenflügel« reimen – gleich nach dieser erst aufbegehrenden, dann niedergedrückten Einstimmung erklärt er seinem alten Duz-Freund, dem Leser:

> »Dieses [Gedicht] nehme ich eben für dich aus meinem [auf der Reise geführten] Taschenbuche, mein Freund; und die Wahrheit jeder Silbe ohne Dichtung behauptet, will es weiter nichts sagen, als dass ich mit meiner Weisheit etwas in den Brüchen und in der Leidenschaft – leidenschaftlich war. Es gehören Jahre dazu, ehe ich weich werde; dann wirkt es vulkanisch: aber mit einem einzigen heroischen Streiche [eben dem Aufbruch nach Norden] ist auch die Kur vollendet; ich bin wieder der Alte, und halte nicht nur an dem Begriffe der Pflicht und der Männerwürde, sondern lebe auch kräftig darin.«

So schafft er es, dem »Geschlechtszauber« zu entrinnen und seine »drei platonischen Seelen« – als da wären: Begierde, Willenskraft und Vernunft – »wieder in ziemlich gute Ordnung« zu bringen:

> »Es geht nahe an der Zertrümmerung meines Wesens vorbei; aber es geht. Genug davon.«

Nur noch eine kleine Stelle aus einem Brief an Hartknoch vom Januar 1805:

> »Es ist in meinem innern moralischen Wesen ein kleiner Vorfall geschehen, der mich schnell bestimmt hat, mit dem Eintritt des Frühlings den Sommer über eine Ausflucht zu suchen. Da es jetzt in England nicht ganz ruhig ist [wegen der Kontinentalsperre Napoleons], werde ich nach Petersburg wandeln, wozu außerdem noch einige andere persönliche Rücksichten einladen.«

Mit diesen »persönlichen Rücksichten« ist der Versuch gemeint, bei Alexander eine Pension zu erwirken für seinen russischen Militärdienst in den 1790ern. In *Mein Sommer* erinnert er den Leser bei der Schilderung des Petersburger Aufenthaltes an dieses Vorhaben:

> »Ich war, wie dir bekannt ist, halb und halb mit der Absicht ausgegangen, hier Zutritt bei dem Kaiser zu suchen und ihn um einen kleinen Jahrgehalt zu bitten, den ich verdient zu haben glaube und mit Selbstgefühl erwarten könnte.«

Aber weil daraus nichts geworden ist – der Zugang zu Machthabern steht nicht allen jederzeit offen –, rafft er sich auf, wenigstens seinen Stolz zu behalten, der, wie so oft in seinem Leben, das Einzige ist, woran er sich halten kann:

> »Schon unterwegs hatte ich den Gedanken ziemlich aufgegeben, und hier fand ich den Monarchen durch die kritische Lage der öffentlichen Angelegenheiten so sehr von wichtigen auf keine Weise angenehmen Geschäften belagert, dass es mir nicht einfiel, einen Schritt deswegen zu tun. Es würde mir vielleicht so schwer nicht geworden sein: aber bei genauerer Prüfung fand ich, dass es doch wohl besser sei, aus eigenen Kräften durch mich so lange als möglich allein zu leben.«

So will er sich und den Leser glauben machen, er habe das, was er nicht erreichen konnte, gar nicht wirklich bekommen wollen. Später, in den allerletzten Lebensmonaten, wird er aus Not doch noch einen Vorstoß unternehmen müssen.

Trotz seiner prekären finanziellen Situation reiste Seume als anerkannte Persönlichkeit. Er hatte Böttiger am 13. März angekündigt, »zu Ende des Monats denke ich hier wegzutornistern«, und so wurde sein Aufbruch in der Zeitung angekündigt, nicht wie viele Jahre zuvor als Suchanzeige nach einem entlaufenen Studenten, sondern in Form einer Hommage seines publizistischen Freundes und, wie Caroline Herder gespottet hatte, »Herumbieters« Böttiger: »Unser wackerer Seume (wir Leipziger sind stolz auf den Besitz dieses Ehrenmannes, der immer wieder in unsere Mitte zurückkehrt, und nennen ihn gern den *unsern*, auch wenn er uns mitunter eine unvergoldete Pille zu schlucken gibt), der Spaziergänger nach Syrakus, ist auf einer neuen Wanderung begriffen. Es riss ihn unwiderstehlich fort; er musste den Wanderstab ergreifen.«

Fortgerissen hat es den »wackeren Seume«, aber den »Wanderstab ergriff« er nicht. Diesmal legte er den überwiegenden Teil der Strecke auf Rädern zurück. Sein Protest gegen das Straßen ruinierende Spurfahren der Kutscher im *Spaziergang* hätte eigentlich besser in *Mein Sommer 1805* gepasst – wie umgekehrt die Theorie der Fußgängerei, die er im Vorwort zu *Mein Sommer* entwickelt, eher zum *Spaziergang*.

Aber den legendären Tornister, in dem er den Thukydides nach Süden schleppte, hat er für die »nordische Reise« doch reaktiviert, und für Teilstrecken schlüpfte er trotz der Beschwerden, die ihm seine alte Fußverletzung machte, wieder unter die Riemen:

> »Von Dorpat aus nahm ich hohen Mutes meinen sicilianischen Seehundstornister wieder selbst auf eigene Schultern [...] Man fühlt sich nie mehr in seiner Kraft, als wenn man geht; und so möchte ich einmal abtreten. Es muss kein herrlicheres Ende sein, als der Tod in dem Gefühl seiner Kraft.«

Das war ihm nicht vergönnt. Seinen »letzten Gang« trat er keine fünf Jahre später im Liegen an, dahinsiechend

Du sollst nicht spuren

Während Seume nach Osten und Norden fuhr, philosophierte er über das »Fußwandeln«; während er nach Süden marschierte, dachte er über das Kutschenfahren nach. Unterwegs auf Schusters Rappen gerät er außer sich, wenn er die Spurrillen sieht, die schlecht gelenkte Pferde mit Fuhrwerken in die Straßen fahren:

> »Es ist mathematisch zu beweisen, dass die Gewohnheit des Spurfahrens, zumal der schweren Wagen, die beste, festeste Chaussee in kurzer Zeit durchaus verderben muss. Ist einmal der Einschnitt gemacht, so mag man schlagen und ausfüllen und klopfen und rammeln, so viel man will, man gewinnt nie wieder die vorige Festigkeit; die ersten Wagen fahren das Gleis wieder aus und machen das Übel ärger. Fängt man an, ein zweites Gleis zu machen, so ist dieses bald eben so ausgeleiert; und so geht es nach und nach mit mehrern, bis die ganze Straße ohne Hilfe zu Grunde gerichtet ist. Wenn aber der Weg nur einigermaßen in Ordnung ist und durchaus kein Wagen die Spur des vorherigen hält, so kann kein Gleis und kein Einschnitt entstehen, sondern jedes Rad versieht, so zu sagen, die Stelle eines Rammels und hilft durch die beständige Veränderung des Drucks die Straße bessern.«

Es mag einem kurios vorkommen, dass ein Fußgänger sich Gedanken um den Zustand der Straßen macht. Aber erstens drückt sich darin ein Interesse am Allgemeinen aus, das über die unmittelbaren eigenen Bedürfnisse hinausgeht; zweitens hat dieses Interesse am Allgemeinen dann doch Rückstoßeffekte auf das eigene:

> »Geleite und Wegegeld und Postregal haben durchaus keinen Sinn, wenn daraus nicht für den

Fürsten die Verbindlichkeit entspringt, für die Straßen zu sorgen.«

Wenn man schon Wegegeld entrichtet, dann sollen auch die Straßen in Ordnung sein. Modern ausgedrückt: Mautgebühren für Autobahnen mit Schlaglöchern will niemand zahlen. So gesehen ist Seumes Sorge schon viel weniger bizarr, trotz der komisch-drakonischen Bemerkung im nordischen Reisebericht:

»Wenn ich es je dahin bringen könnte, dass niemand Spur führe, dass man die hartnäckigen Spurfahrer endlich ins Zuchthaus steckte; so würde ich glauben, ich hätte eine Ehrensäule verdient.«

Das Spurfahren war ›polizeylich‹ untersagt, und für die Radbeschläge gab es Regeln. Nur kümmerte sich niemand darum, beklagt er im *Spaziergang*:

Von »Wegen darf ich mit meinen Landsleuten nicht sprechen; die sind wohl selten in einem andern Lande schlimmer und gewissenloser vernachlässigt, als bei uns in Sachsen.«

In ganz Deutschland mangelte es an befestigten Fernstrecken. Preußen mit seiner riesigen Armee hatte einige schlecht angelegte Heerstraßen, aber »beim Tode Friedrichs II. [1786] keine einzige ausgebaute Chaussee!«, wie Hans-Ulrich Wehler in seiner *Deutschen Gesellschaftsgeschichte* fassungslos konstatiert.

Seume pflegte in den Dörfern die gemauerten Schornsteine auf den Dächern zu zählen und daraus Rückschlüsse zu ziehen auf den Wohlstand der Regionen:

»Wenn man in Estland und Liefland [Lettland] nur selten einen Schornstein sieht, so hat hier [in Schweden] manches Bauerngut vier bis sechs Schornsteine, und viele schöne Nebengebäude.«

Beim Rezensieren der Straßen zwischen den Städten folgte er demselben Impuls konkreter Kritik.

in einem Wirtshausbett im Badeort Teplitz, dessen Heilwasser ihm nicht helfen konnte.

Die in *Mein Sommer* beschriebene Route führte über Dresden, Görlitz, Breslau nach Warschau, wo Seume elf Jahre zuvor den Osteraufstand gegen die russische Besatzung miterlebt hatte und in polnische Gefangenschaft geraten war. Den Aufstand erwähnt er, betrübt darüber, dass die Trümmer noch immer nicht beseitigt sind, als sollten die Ruinen der Häuser an die Ruinen der polnischen Nation erinnern. Die Gefangenschaft lässt er unerwähnt. In seinen 1796 veröffentlichten *Nachrichten über die Vorfälle in Polen* hat er ihre Dauer mit sieben Monaten angegeben, doch fügt sich diese Zeitspanne nicht passgenau in andere Lebensdaten.

Von Warschau ging es über Grodno (heute in Weißrussland), Kowno in Litauen nach Riga in Lettland, wo er General Igelström, dem alten Chef aus Warschauer Tagen, seine Aufwartung zu machen versuchte. Doch wurde er nicht vorgelassen, was den leicht kränkbaren Seume nachhaltig verärgerte.

Die nächste wichtige Reisestation war Dorpat (Tartu) im damals russisch beherrschten Estland. Kurz vor der Ankunft kam es zu einem Unfall:

>»Der Wagen jagte echt russisch reißend auf der ganz glatten Chaussee hin, als im Sturz die eiserne Achse brach, die große hohe Maschine umflog und meine ganze Poetik in einem Bogen von vielen Klaftern rechts hinab in den Graben schleuderte. Die Pferde machten vernünftig Stillstand, und wohlbehalten arbeitete ich mich mit meinem jungen Freunde aus dem Gepäcke heraus, und setzte mich mit einer nur kleinen Kontusion auf die Füße.«

Bei dem »jungen Freund« handelte es sich um einen

Heranwachsenden, den Seume in der Rolle eines reisenden Hofmeisters nach Dorpat zu bringen und bei Verwandten abzuliefern hatte. Aus Freude, diese Aufgabe glücklich erledigt zu haben, machte er nach Dorpat ein wenig Strecke mit dem Tornister, nicht weil er Angst vor brechenden Achsen hatte oder sich Sorgen um seine »Poetik« machte.

Von Dorpat ging es nach St. Petersburg, wo Seume unter anderen mit Klinger zusammentraf, dem Direktor des Petersburger Kadettencorps und Kurator der Universität Dorpat. Von Stockholm aus schrieb Seume darüber am 14. August an Göschen:

> »Klinger trug mir wiederholt eine Professur in Dorpat an und riet mir, meine Mutter dahin mitzunehmen. Aber ich halte es nicht mehr der Mühe wert, eine neue Lebensweise anzufangen: zumal da meine Mutter in ihren Jahren sich schwerlich entschließen würde, ihr Vaterland und ihre dortige Familie zu verlassen.«

Was das für eine Professur gewesen sein könnte, kann heute nicht mehr rekonstruiert werden. Aber die Begründung ihrer Ablehnung ist bemerkenswert: Als ob er geahnt hätte, dass ihm nur noch fünf Jahre bleiben, mag er sich nicht mehr die Mühe eines Neuanfangs machen. Und dann wird noch die Mutter im sächsischen Vaterland aufgeboten. Dabei weiß Göschen, und Seume erwähnt es doch auch selbst, dass sie untergebracht und versorgt ist. Seume hätte die Mutter also nicht mitnehmen müssen, sondern allein umsiedeln können. Die Vermutung, das habe er nicht gekonnt, weil er sich nicht von ihr trennen mochte, liegt nahe. Seume freilich lag das fern, jedenfalls fern genug, um von Grimma aus nur selten ins nahe gelegene Heimatdorf zu einem Besuch bei der Mutter zu kommen. Das Verhältnis zwischen den beiden dürfte weniger innig gewesen sein, als Seume vorgab, wenn er sich lebenspraktischen Zumutungen in Form pädagogischer Posten entziehen wollte. Er hing nicht an Mutters Rock, flüchtete aber hinter ihren Rücken, um den Verführungen und Verpflichtungen eines bürgerlichen Amtes zu entwischen. Dennoch war es ihm wichtig, seinem alten Chef Göschen von Klingers Angebot zu erzählen. Es sollte zu Hause nur ja niemand denken, es gäbe in der Welt kein Interesse an einem wie ihm.

In diesem Brief erwähnt Seume auch, er habe durch Klinger von Schillers Tod erfahren. Im Reisebuch schildert er die Szene so:

>»Eben war ich [...] in einer gemütlichen und traulichen Unterredung, da trat ein großer, ernster, charaktervoller Mann herein, mit finsterem, fast mürrischem Gesichte, warf seinen Federhut und Stock nachlässig auf einen Seitentisch und schritt schweigend einige Mal im Zimmer auf und ab. Der Mann war Klinger; er kam von der Kaiserin [Maria Fjodorowna, die Mutter des Zaren, zu deren Beraterkreis Klinger gehörte]. Kinder, sagte er mit dem Tone der tiefen männlichen Rührung: Schiller ist tot. Werter hätte mir Klinger in langer Zeit nicht werden können, als in diesem einzigen Moment durch diesen Ton; ob er mir gleich keine traurigere Nachricht hätte bringen können.«

Von Petersburg nach Moskau erlebte und erlitt Seume eine »Höllenfahrt«, die nur erlesen amüsant ist:

>»Der Weg ist das solideste, gröbste, etwas ausgefahrene Steinpflaster mit abwechselnden Knüppelbrücken; das Fuhrwerk gilt zwar für eine Postkibitke, ist aber bloß ein offener, sehr massiver, backtrogähnlicher Karren, Telege genannt, fest auf

der Achse liegend und bei jedem Stoß durch alle Sehnen dröhnend. Ich bat um Heu oder Stroh; da war aber selten etwas zu haben; so dass ich in der besten gewöhnlichen Richtung im Kasten auf der Achse saß, und nur die Wahl hatte, mich gelegentlich durch eine schlimmere Wendung auf kurze Zeit etwas zu verbessern. Nun jagt der gemeine Russe mit seinen Stahlknochen über kleine und große Steine polternd hinweg, dass die Haare fliegen, und fragt nicht, was Brust und Schenkel des Reisenden dabei empfinden. Das wirft und stößt und dröhnt von dem heiligen Bein bis in die Zirbeldrüse.«

Und in der sitzt, jedenfalls lehrte das Descartes, die Seele. Bei derart erschütternder Fortbewegung ist es kein Wunder, dass Seume gehen wollte – wenn es nur gegangen wäre mit der alten Verletzung am Fuß.

Von Moskau führte die Reise zurück nach Petersburg, wo er, vermutlich auf Empfehlung Klingers, von Maria Fjodorowna empfangen wurde:

»Das war mir nun unerwartet genug, und meine halbhuronische Personalität geriet doch einige Sekunden ins Betroffene. […] Die Kaiserin sprach mit mir ungefähr eine halbe Stunde, zuerst über mich selbst, meine kleinen Wanderungen und literarischen Arbeiten. […] Die Kaiserin fragte mich viel über Schiller, dessen Tod noch das Gespräch der Stadt war […] Da ich mit Schiller immer in freundschaftlichen Verhältnissen gewesen war, konnte ich mit wahrer Wärme von seinem Charakter sprechen. Der bessere Mensch in ihm ließ von den minder guten Momenten keine Flecken einrosten.«

Dann kommt die Fürstin auf das Angebot zu sprechen, das Klinger Seume gemacht hatte,

»und fragte, warum ich das nicht wollte? Ich sagte ihr sogleich mit Wahrheit den Hauptgrund, dass ich in meinem Vaterlande eine alte Mutter habe, der ich für meine Entfernung durch nichts Ersatz geben könne [...] Ihre Majestät werden das Gefühl gehörig würdigen, da Sie selbst Mutter sind. Dawider ist nichts zu sagen, dawider ist gar nichts zu sagen: sprach sie mit sichtbarer Zufriedenheit.«

Auch Seume ist mit der Begegnung sichtbar nachlesbar zufrieden. Von einem General, dem er einst gedient hatte, wurde er nicht vorgelassen, aber eine Fürstin hat ihn empfangen. Wie schon auf der Schifffahrt nach Halifax ist wieder die mittlere Macht zu tadeln, während die große ein Lob verdient:

»Man glaubt wohl mit Recht, dass in keinem Fürstenhause mehr Innigkeit und freundliche Humanität, mehr Güte und wahre Aufklärung herrscht, als in der hiesigen kaiserlichen Familie.«

Kein »Edelmann ist gerecht und vernünftig als solcher«, heißt es in den Passagen über Dorpat, »sondern nur in so fern er aufhört, es zu sein«. Die Könige und Kaiserinnen aber können bleiben, wer sie sind, und trotzdem »gerecht und vernünftig« sein.

Nach dem zweiten Petersburger Aufenthalt reiste Seume über Wiburg (Vyborg) nach Abo (Turku) in Finnland. Dann querte er den Bottnischen Meerbusen. Während der Überfahrt kommt es zu einem schlimmen Rückfall in seine »Erbsünde«, Seume bedichtet Schiller:

»Liebenswürdig war der Mann als Dichter;
Und der Dichter es noch mehr als Mann.
Glücklich wer wie er so viel Gesichter,
So viel Herzen, auch als strenger Richter,
Auf den guten Weg erheitern kann.«

In Schweden besuchte er Uppsala und Stockholm, querte den Sund nach Kopenhagen und kehrte über Kiel, Lübeck, Hamburg und Halberstadt nach Leipzig zurück. Am 30. September 1805 lässt er Hartknoch, den Verleger des *Spaziergang*, wissen,

>»dass ich wieder in meiner Klause zu St. Thomas [also der Thomasschule] in Leipzig angelangt bin. [...] Ich bin in einiger Verlegenheit, nicht um Geld, sondern über einen Fall im Leben und Handeln. [...] Sie sind mein Freund; Göschen ist es von noch älteren Zeiten her. Er war der erste, den ich kennen lernte, als ich als Halbhurone ziemlich verwildert aus Amerika kam: unsere guten Verhältnisse sind seitdem nie unterbrochen worden. [...] Er wünscht, wie ich merke, dass ich für ihn etwas schreiben möchte, und es würde sehr unfreundlich sein, wenn ich mich weigerte [...] Ich bin nicht ganz gewiss, ob ich Ihnen ein Versprechen gegeben habe oder nicht. Wort zu halten ist die erste Pflicht eines Mannes. Es würde mir lieb sein, wenn es mit Ihrer Genehmigung geschehen könnte, dass ich Göschen das Produkt meiner jetzigen Musestunden gäbe«,

also das Buch über die Reise nach Osten und Norden. Doch hat weder Göschen noch Hartknoch das Werk gedruckt. Im November 1806 berichtet Seume an Münchhausen:

>»Von meiner Reise nach dem Norden, die nun schon sehr alt ist, kann ich Ihnen wenig sagen. Ich ging nach Petersburg und Moskau, durch Finnland und den bothnischen Meerbusen nach Stockholm und von da über Kopenhagen und Hamburg nach Hause. Voilà tout. Das Ganze habe ich drucken lassen, ungefähr wie meinen Spaziergang nach Syra-

kus, und es ist betitelt: Mein Sommer 1805. [...]
Der Inhalt ist nach meiner Weise sehr fragmenta-
risch und freimütig über alles; Sitten, Gebräuche,
Statistik, Kultur und den ganzen Farrago [etwa:
Mischmasch] des menschlichen Lebens.«
Fragmentarisch und freimütig über alles – das ist eine
recht passende Selbstcharakterisierung von Seumes
Schriftstellerei. Und das Freimütige an ihr war der
Grund, warum die Formulierung, »das Ganze habe ich
drucken lassen«, wörtlich zu nehmen ist. Weder Göschen noch Hartknoch wollten das Risiko auf sich nehmen, Seumes *Sommer* zu publizieren. Das Buch wurde
bei Junker in Rudolstadt gedruckt, im Auftrag Göschens
und auf Seumes Rechnung. Es wurde in Russland, Österreich und in den französisch besetzten Gebieten Süd-
deutschlands verboten. Zu dezidiert antiklerikal und
antiaristokratisch war die Haltung des Autors, zu forciert
der kritische Ton des Textes.

Mein Sommer konnte im Unterschied zum *Spazier-
gang* kaum Wirkung entfalten. Doch gibt es über das
Buch eine anrührende Stelle in einem Brief Therese
Hubers an Göschen. Therese Huber, Tochter des Göt-
tinger Professors Christian Gottlob Heyne, war mit
Georg Forster verheiratet gewesen – in glückloser Ehe.
Als Forster 1794 in Paris starb, war das Paar schon in
Scheidung. Die Ehe mit ihrem zweiten Mann Ludwig
Ferdinand Huber dauerte bis zu dessen Tod 1804.
Sowohl im Haus ihres Vaters als auch in den Lebens-
abschnitten mit Forster und Huber spielten das Lesen
und Schreiben eine überragende Rolle. Therese selbst
veröffentlichte teilweise anonym, teilweise unter dem
Namen Ludwig Ferdinand Huber. Später musste sie
als Redakteurin aufreibende Emanzipationskämpfe im
männerdominierten Zeitschriftenwesen durchstehen.

Zum Zeitpunkt ihres Briefes an Göschen lebte sie bei der Familie ihrer zweiten Tochter: Wir »wünschten [...] Seumes Bekanntschaft zu machen, dessen Reise im Norden uns das höchste Interesse für seine Individualität einflößte. Sie kennen Seume, – wenn er je durch diese Gegend kommt, so soll er, sagen Sie es ihm, wie griesgrämig er auch sei, an unserm Herde seinen Platz einnehmen.«

Die Reaktion von Therese Huber auf *Mein Sommer* ist der von Caroline Herder auf den *Spaziergang* stracks entgegengesetzt. Und gewiss nicht nur deshalb, weil Therese einige Stationen von Seumes Reise aus eigener, wenn auch rund zwei Jahrzehnte zurückliegender Erfahrung kannte, hatte sie doch von 1785 bis 1787 mit Forster in Wilna gelebt. Die außergewöhnliche und vom Leben ziemlich herumgeschüttelte Frau ist neugierig auf Seume. Während Caroline sich wegen des südlichen Reisebuchs von dessen Persönlichkeit abgestoßen fühlt, empfindet Therese wegen des nördlichen Reisebuchs »Interesse für seine Individualität« – und das trotz Seumes legendär ungefälliger Art von Geselligkeit. Göschen wird die wohlwollende und Seume sicher auch wohltuende Einladung nicht verschwiegen haben. Aber zu einer Begegnung zwischen Seume und der nur um ein gutes Jahr jüngeren Therese ist es nicht gekommen. Schwer vorstellbar, wie sie verlaufen wäre.

Seume konnte nach seiner dritten weiten Reise keine großen Sprünge mehr machen. Es fehlte ihm an Geld und an Kraft, der Fuß tat ihm weh, und das Herz war ihm schwer. Die letzten Jahre seines Lebens verbrachte seine »Personalität« in Leipzig und sein Geist im alten Griechenland. Er gab Sprachunterricht und beugte sich über den Plutarch. Es kam, wie er es im letzten Satz von

Mein Sommer vorhergesehen und sich vorgeschrieben hatte:

> »Dann setze ich mich wieder zu meinem Griechischen, und verschulmeistere mein Amphibienleben so gut es geht.«

Drittes Kapitel
Menschenkenntnis

———— ❦ ————

Der Vater und die Väter – Die Mutter
und die Mädchen – Die Freunde und die Chefs

»Mein Vater Andreas war ein ehrlicher, ziemlich wohlhabender Landmann, der, wie ich, die Krankheit hatte, keine Ungerechtigkeit sehen zu können, ohne sich mit Unwillen und nicht selten mit Bitterkeit darüber zu äußern.«

– Mein Leben –

»Da meine Mutter durch eine gewöhnliche Vernachlässigung nach meiner Geburt an der Brust litt, und eine Amme damals in der Gegend etwas Ungewöhnliches war, wurde ich mit Kuhmilch aufgezogen.«

– Mein Leben –

»Freundliche Leute habe ich viele gefunden, aber Freunde sehr wenige.«

– Apokryphen –

Nicht jeder, der die Welt erfährt, lernt auch die Menschen kennen; und mancher, der zu Hause bleibt, hat Einblick in die Herzen. Seume war gleichzeitig ein guter und ein schlechter Menschenkenner. Es gelang ihm während seines ganzen Lebens unter allen Umständen – als Bauernjunge in der Stadtschule von Borna, als Soldat in Halifax, Emden und Warschau, als Grafenerzieher, Lektor und Schriftsteller und sogar noch als Sterbender in Teplitz – Leute zu gewinnen, die sich seiner annahmen. Er war nicht allein in der Welt – und doch hoffnungslos einsam. Denn das Spiel, das in dieser Welt gespielt wurde, verstand er nicht und wollte es nicht verstehen. Er fand viele Väter, nachdem der seine früh gestorben war, wurde aber selber keiner. Die Anhänglichkeit an die Mutter war eine Konstante, obgleich es eine Anhänglichkeit auf Distanz gewesen ist, ganz ähnlich wie seine Freundschaft mit Münchhausen eine aus der Ferne blieb. Auch den Mädchen kam er nicht nah. Es scheint, als habe er sich mit unbewusster Absicht so verliebt, dass mit einer ehelichen Institutionalisierung des Gefühls nicht ernsthaft gerechnet werden konnte (und musste). Sein Bildungsgang hatte ihn aus der Herkunftsfamilie in die große, sogenannte weite Welt gestoßen, und sein dennoch enger Lebensweg ließ für die Gründung einer eigenen Familie keinen Raum. Vielleicht ist Seume mit all seiner Welterfahrung menschlich gescheitert, jedenfalls nach bürgerlichen Maßstäben, auch denen seiner Zeit. Aber ohne dieses Scheitern wäre er nicht so erfolgreich »unser Seume« geworden, wie Böttiger, »Vater Gleim« und »Vater Wieland«, Freund Schnorr von Carolsfeld und Chef Göschen ihn nannten.

Der Vater und die Väter

In der eigentümlichen Schrift *Warum ist der Schmerz der Eltern bei dem Verluste kleiner Kinder größer und heftiger als bei dem Verluste erwachsener?* kommt Seume auch auf den umgekehrten Fall zu sprechen, den heftigeren Schmerz kleinerer Kinder beim Verlust eines Elternteils:

»Der gute Knabe, der seinen Vater in dieser Lebensepoche verliert, wird unsägliche Trauer trauern, wird für sein Gefühl keinen Rahmen haben: die Natur wird um ihn her in seinem Schmerz unter zu gehen scheinen; die Welt mit allen ihren Freuden wird ihm wie eine Leichengruppe sein. Ich berufe mich hier auf meine eigene Empfindung, auf Erfahrung. Mein Vater starb, als ich ungefähr dreizehn Jahre zählte. Ich hatte mir vorher den Fall als mit meinem Wesen zugleich möglich nicht zu denken vermocht, dass eines meiner Eltern sterben könnte. Noch bin ich mir dieses Gedankens völlig bewusst; die Vorstellung schlug mich ins Nichts zusammen. Als der Fall geschah, war die ganze Welt um mich her wie eingestürzt: mein Zustand war die ersten Tage unaussprechlich; ich hatte für ihn keine Vergleichung. In den Tod nachsinken zu können würde mir süße Wohltat gewesen sein. Kurze Zeit darauf war ich nicht allein getröstet, sondern sogar erheitert [im Sinne von aufgeheitert]. Ich wunderte mich selbst über die Veränderung meines Zustandes und machte mir Vorwürfe. Nur periodenweise kehrte die magische Melancholie zurück, wenn der Gedanke an den Verstorbenen sich in meine Seele drängte oder ich einsam an seinem Grabe stand.« Seume hatte nach dem frühen Verlust des leiblichen Vaters viele andere Väter, geistige, moralische, erzieherische.

Als Erster zu nennen ist Pfarrer Benjamin Traugott Schmidt, der dem Jungen das Schmiedehandwerk nicht zutraute und vor dem Lehrerberuf warnte, denn »ein Dorfschulmeister ist ein jämmerliches Tier«. Dann Graf von Hohenthal, der dem kleinen Dorfschulmeisterlein in spe seinen Bildungsweg ermöglichte. Seume hat ihm die *Nachrichten über die Vorfälle in Polen* gewidmet:

»Verehrungswürdiger Wohltäter!

Es war einer der schönsten Tage meines Lebens, als ein rechtschaffener Mann [eben der Pfarrer Schmidt] mich *Ihnen* einst mit den Worten empfahl: ›Er ist ein Knabe guter Art; der Segen seines Vaters ruhet auf ihm.‹ Seine Empfehlung galt; und noch jetzt tut dem Kriegsmanne die Erinnerung im Herzen so wohl, als sie dem Jüngling oft am Grabe des Vaters tat.«

An dieses Grab ist Seume als todkranker Mann während seiner *Ausflucht nach Weimar* ein letztes Mal zurückgekehrt. Als Graf von Hohenthal die Widmung in der Polenschrift las, konnte er nicht ahnen, dass er seinen Schützling überleben und in einer Leipziger Loge einen Nachruf auf ihn hören würde.

Als Seume sein Leben noch vor sich hatte, wie man jungen Leuten sagt, die es ›zu etwas bringen sollen‹, und von Hohenthal nach Borna auf die Stadtschule geschickt wurde, fand er beim Rektor Unterschlupf und in diesem Rektor den nächsten Wohltäter. Denn Johann

Friedrich Korbinsky zog den Frischling vom Land in die eigene Familie:

> »Der alte Herr nahm mich freundlich väterlich auf, und ist von allen meinen vielen Lehrern derjenige, dem ich am meisten verdankte. [...] Das Haus war patriarchalisch gut, und seine Frau mehr als meine zweite Mutter.«

Einer der Korbinsky-Söhne, der 1761 geborene Johann Gottlob, war ihm wie ein älterer Bruder und sein wichtigster Jugendfreund. Mit ihm teilte er nach der Übersiedlung nach Leipzig beim Rektor der Nikolaischule die Stube. Während Seume Rektor Martini nachdrücklich nicht unter die Väter rechnete und ihm die Zumutung, mit der Magd essen zu müssen, ein Leben lang nachtrug, widmete er – im Bösen wie im Guten nichts vergessend – dem 1796 gestorbenen Rektor Korbinsky in seinen im gleichen Jahr erschienenen *Obolen* ein Gedicht. Zehn Jahre zuvor hatte er als Normann aus Emden an dessen Sohn und seinen Milch-, richtiger gesagt Schulbruder geschrieben:

> »Ich verehre den Alten als Lehrer; das ist meine Pflicht: ich liebe ihn aber als Vater, denn er hat mein Herz gewonnen.«

Seume meldete sich als Normann aus Emden auch bei Pfarrer Schmidt mit einem Brief:

> »Dies Paquet wird Ihnen vielleicht aus dem Reiche der Toten kommen.«

Normanns wichtigster Adressat war jedoch Gleim, und Gleim blieb das für Seume ein Leben lang, beginnend mit der ersten Gedichtsendung von »Joh. Friedr. Normann« bis zu Seumes Besuch an Gleims Grab auf den letzten Seiten von *Mein Sommer 1805*:

> »In Halberstadt wallfahrete ich noch mit Sonnenuntergange hinaus in den Garten zu dem Grabe

meines väterlichen Freundes und Wohltäters, des alten Gleim.«

Und auf der Stelle wird Gleim mit Klopstock verglichen, mit dem Seume während seiner Lektorenzeit so viel philologische Scherereien hatte.

»Unten hatte ich an der Elbe an Klopstocks Grabe gestanden, und hatte dem Genius gehuldigt: hier [an Gleims Grab] tat ich mehr, ich opferte der reinen Herzlichkeit in heiliger Weihe. Hier in diesem Hause, hier auf der Stelle seines Denksteins hatte ich mit ihm selbst gesessen, und mich mit ihm warm gesprochen über das Gute und das Große. Stichle der Krittler seine kleinen Fehler auf; Gleim war ein edler Mann, wie es nur wenige sind.«

Dies wird durch Goethes unübertreffliche Charakterisierung Gleims im zehnten Buch von *Dichtung und Wahrheit* bestätigt, obwohl sie mit wohlberechneter Heimtücke von der Achtung des Menschen zur Verachtung des Dichters übergeht: Die »Fördernis junger Leute im literarischen Tun und Treiben, eine Lust, hoffnungsvolle, vom Glück nicht begünstigte Menschen vorwärts zu bringen und ihnen den Weg zu erleichtern, hat einen deutschen Mann verherrlicht, der, in Absicht auf Würde, die er sich selbst gab, wohl als der Zweite [nach Klopstock], in Absicht aber auf lebendige Wirkung, als der Erste genannt werden darf. [...] Im Besitz einer zwar dunkeln, aber einträglichen Stelle, wohnhaft an einem wohlgelegenen, nicht allzugroßen, durch militärische, bürgerliche, literarische Betriebsamkeit belebten Orte [...] fühlte er einen lebhaften produktiven Trieb in sich, der jedoch bei aller Stärke ihm nicht ganz genügte, deswegen er sich einem andern, vielleicht mächtigern Triebe hingab, dem nämlich, andere etwas hervorbringen zu machen. [...] Er hätte ebensowohl des Atemholens entbehrt als des Dichtens und Schenkens, und, indem er bedürftigen Talenten aller Art über frühere oder spätere Verlegenheiten hinaus und dadurch wirklich der Literatur zu Ehren half, gewann er sich so viele Freunde, Schuldner und Abhängige, dass man ihm seine breite Poesie gerne gelten ließ, weil man ihm für die reichlichen Wohltaten nichts zu erwidern vermochte als Duldung seiner Gedichte.«

Seume erfuhr das »andere etwas hervorbringen zu machen« ganz gern von Gleim, in literarischer, psychologischer und auch finanzieller Hinsicht. Doch würde er eine weitere Bemerkung Goethes über Gleim, diesmal in den *Annalen*, ebenfalls bestätigt haben: »Alles Revolutionäre dagegen, das in seinen älteren Tagen hervortritt, ist ihm höchlichst verhasst, so wie alles was früher Preußens großem Könige und seinem Reiche sich feindselig entgegenstellte.«

Der Barde von Halberstadt war ein großer Verehrer Friedrichs des Großen. Zu Lebzeiten des Königs hatte er Gedichte zu seinem Ruhm veröffentlicht, und nach dessen Tod begann er, einen bizarren Kult mit (angeblichen) Utensilien aus dem Nachlass zu treiben. Über diesen Kult hat sich Seume später – natürlich mit dem gebührenden Respekt – amüsiert und über Friedrichs Größe mit Gleim gestritten.

Den ersten Brief an den »verehrungswürdigen Mann« schrieb Seume auf den Tag genau zwei Monate nach Friedrichs Tod aus der preußischen Garnison in Emden unter dem schon im Briefwechsel mit Freund Korbinsky benutzten »Joh. Friedr. Normann«. Darin gibt es eine längere Passage, in der Seume versichert, gern für den preußischen König, den alten wie den neuen, zu sterben, ganz im Sinne jener *Preußischen Kriegslieder in den Feldzügen 1756 und 1757 von einem Grenadier*, die

Gleim als Dichter berühmt gemacht hatten. Der Dichter-ruhm hatte schon etwas Patina angesetzt, als Seume Jahrzehnte später seinen Brief schrieb, doch Gleims Ruf als Wohltäter war lebendig. Es war nicht unklug von Seume, auf Friedrich zu sprechen zu kommen, und auf die Lage, in der er sich zur preußischen Monarchie befand. Dass es sich um eine Zwangslage handelte, und dass er bereits schon einmal desertiert war, behielt er für sich, die Gründe für den erst noch bevorstehenden zweiten Versuch allerdings deutet er an:

>Meine Pflicht und mein Eifer vor Friedrichs Haus befehlen mir, künftig unsern neuen Monarchen mit gleicher unermüdeter Treue zu dienen. Gern wollte ich zehn Leben für den König und die Asche des Verstorbenen aufopfern, aber meine besten Tage, die Blüte meiner Jahre in eingeschlossener Untätigkeit hinter der Tasche zu verschlafen – setzen Sie sich an meine Stelle – das schmerzt, schmerzt tief.<

Im Mai 1798 gibt es erneut preußische Erwägungen. Der im Normann-Brief neue König (Friedrich Wilhelm II.) war im Vorjahr gestorben und seinerseits durch einen neuen König (Friedrich Wilhelm III.) ersetzt worden.

>Dass ihr Herz so väterlich für mich sorgt rührt mich unaussprechlich. Den jetzigen König verehre ich unaussprechlich; denn alles, was ich von ihm gehört habe, war gut und brav und menschlich, und wenn ich die Wahl hätte, irgendwo zu leben, so würde ich seine Staaten wählen.<

Aber bei dem von Gleim aus >väterlicher Sorge< offen-bar gemachten Vorschlag, Seume möge in preußischen Militärdienst treten, rudert der junge Mann zurück: Er sei schon 35 und könne sich nicht mehr als kleiner Leut-nant einstellen lassen – das war sein Rang beim Ausscheiden aus russischem Dienst. Auch möchte er nicht »tief nach Ostpreußen oder Ostfriesland« verschlagen werden. Überhaupt käme für ihn eine preußische Position nur infrage, wenn er »dem König selbst bekannt würde«. Damit ist die Sache erledigt. Wie sollte der nahezu unbekannte sächsische Schriftsteller an den preußischen König herankommen?

Seume hatte Gleim gewissermaßen als Vater adoptiert. Das rührte Gleim und behagte ihm, alles in allem, obwohl Seume zwar Briefe an den alten Mann schrieb, sich aber in Halberstadt einstweilen nicht sehen ließ – oder nur als Bild. Am 9. Mai 1798 erbat Gleim sich eines: »Was Sie, lieber Herr Seume, von Ihrer Lebensart mir sagen, beweist mir, dass sie glücklicher und reicher als ein König sind; also bitt ich mir Ihr Portrait in meinen kleinen Musen oder Freundschaftstempel, nach beigehendem Maße des Blindrahmens.«

Gleim trug im Lauf der Jahre eine Sammlung von Gemälden von Schriftstellern und Gelehrten zusammen, mit denen er korrespondierte. Die Formate sind normiert, und die Porträts hängen Rahmen an Rahmen an der Wand. Dieser einmalige Bildraum des Geistes im 18. Jahrhundert ist noch heute im Halberstädter Gleimhaus zu sehen. Goethe übrigens hängt nicht an der Wand. Er hätte ein Porträt sicher nur unter der Bedingung geschickt, dass es ein Zimmer für sich allein bekommt. Seume indessen kündigt Gleim schon einen Monat später die Erfüllung seiner Bitte an:

> »Mein Bild ist ziemlich fertig, und ich werde ehestens die Ehre haben, es Ihnen zu übersenden.«

Im gleichen Brief setzt er sich ausführlich mit der preußischen Politik, mit Russland und mit den Folgen der Französischen Revolution auseinander – »Verzeihen Sie, verehrungswürdiger Mann, diese Expektorationen!« –

und kommt in jedem einzelnen Punkt zu Ergebnissen, die Gleims Ansichten widersprechen. Dessen Antwort bleibt aus. Aufgeregt schreibt Seume Mitte Juli einen neuen Brief:

>»Verehrungswürdiger Vater Gleim,

sehr oft werde ich ängstlich bei dem Gedanken an Sie, ohne dass ich mir deutliche Rechenschaft geben kann. Sie sind immer so gütig väterlich gegen mich; und mich däucht, Sie würden mir einige Zeilen geschrieben haben, wenn alles wäre wie es sein sollte. Die Furcht, Sie vielleicht beleidiget zu haben beunruhigt mich, aber noch mehr die Furcht, dass Sie vielleicht nicht gesund sind. Ich weiß kaum, welches von beiden schlimmer wäre. Der Himmel verhüte aber nur das letzte; das erste wäre durch Ihre Großmut und meine Aufrichtigkeit zu bessern. Wenn Ihnen einige meiner Äußerungen oder wenigstens in ihrer Art missfallen haben, so bedenken Sie, dass es mir doch nicht so erniedrigend sein würde, Ihre Missbilligung zu tragen, als mich vor Ihnen zu verstecken und Sie zu hintergehen.

Hier schicke ich Ihnen mein Bild mit mancherlei Empfindungen. Die Hauptempfindung ist Dank und kindliche Verehrung gegen den Mann, der mit so lebhafter Freundschaft gegen einen Unbekannten denken und handeln kann, dessen Kopf und Herzen er einiges Gute zutraut.«

Dieser beklemmende Brief zeigt, dass Seume es nie wagen konnte, sich eines anderen völlig sicher zu sein, nicht einmal bei Vater Gleim. Weitere vier Wochen später, Mitte August, schreibt er an den ›amerikanischen‹ Freund:

>»Lieber Münchhausen,

Mich däucht, Sie haben ein Recht, mit mir zu zürnen, und wenn Sie nicht auch die Pflicht fühlen, mir zu vergeben [weil Seume länger nicht geschrieben hat], so weiß ich mir freilich nicht zu helfen.«

Nach dieser ganz unbesorgten Bitte um Nachsicht spricht er besorgt über Gleims Unnachsichtigkeit:

»Ich komme, merk ich, hier und da in Kollisionen mit meinen Meinungen. Gleim hat mir eine ziemliche Anzahl Briefe, voll der wärmsten, herzlichsten Freundschaft geschrieben. Seit ich über einige Punkte vielleicht etwas zu offenherzig mich expektorierte, habe ich keine Silbe gesehen. Er verlangte mein Bild, ich habe es ihm geschickt, und seit einem Monat auf nur 15 Meilen Entfernung keine Antwort. Er befindet sich wohl, das haben mich andere versichert, die ihn in der Zeit sahen. Da sehen Sie, ich krieche wieder zurück in meine Nussschale, werde aber schwerlich anders.«

Am 30. August kann er sich erleichtert bei Gleim melden, endlich:

»Vorgestern erhielt ich Ihren so gütigen, väterlichen Brief vom 12ten Juni datiert. Ich bin seit einiger Zeit in großer Angst gewesen, und machte mir mancherlei Vorstellungen, von denen keine sehr tröstlich war. Wo der Brief über neun Wochen kann gelegen haben, ist mir freilich unbegreiflich; doch bin ich nun schon beruhiget.«

Im Oktober kommt es dann zur ersten Begegnung zwischen den beiden. Seume fährt unangemeldet nach Halberstadt und wird vom Hausdiener, dem er seinen Namen nicht nennt, ins Galeriezimmer geführt. Zwei frisch eingetroffene Gemälde stehen an die Wand gelehnt auf einem Tisch. Das eine zeigt Adam Friedrich Oeser, den Direktor der Leipziger Kunstakademie und Freund Seumes – doch kam Seume nach Oesers Tod

1799 der Bitte, dessen Biographie zu schreiben, nicht nach. Das zweite Bild zeigt Seume.

>»Als ich mich rund herum unter der Menge [der Leute auf den Bildern] etwas orientierte, kam Er: die Rührung versagte mir im Augenblick schickliche Worte, ich ging auf ihn zu, sahe ihn fest an, fasste seine Hand und wollte sie zum Munde führen. Ach mein Gott, Sie sind Seume, sagte er, fiel mir um den Hals und führte mich auf das Sofa.«

Gleim starb am 18. Februar 1803, und die Passage entstammt dem Nachruf *Einige Blumen auf Gleims Urne*, den Seume in der *Zeitung für die elegante Welt* veröffentlichte – nicht im Weimarer *Neuen Teutschen Merkur*, obwohl Böttiger dafür um einen Text gebeten hatte.

>»Als Leipziger«, beschied Seume, »muss ich doch billig etwas in ein Leipziger Blatt geben; […] Wenn Sie mich dann und wann als Dichter aufnehmen wollen, werde ich mich sehr geehrt finden; den Prosaiker will ich hier behalten.«

Durch den Dichter Seume hatte Böttiger überhaupt erst von Gleims Ableben erfahren, denn veranlasst durch den Todesfall hatte Seume das Gedicht *Den Manen Gleims* (im Originaldruck *Gleim's*!) eingeschickt. Dessen letzte Strophe lautet:

>»Wenn ich als Greis am Knotenstocke wanke,
>Zurück und vorwärts blicke, gibt
>Mir Jugendfreude der Gedanke,
>Dass *Gleim* und *Weiße* mich geliebt.«

Christian Felix Weiße galt als der Leipziger ›Pate‹ Seumes. Der Jugendschriftsteller und ehemalige Herausgeber der Zeitschrift *Der Kinderfreund* (1775 bis 1782) war über Jahrzehnte eine Zelebrität in der Buchstadt, dort so weltberühmt wie Gleim in Halberstadt. Er hat vieles und viele vermittelt: dem jungen Böttiger zum Beispiel eine Hofmeisterstelle und Seume sowohl die Übersetzung eines englischen Romans für Göschen als auch eine Stelle als Erzieher und Reisebegleiter des jungen Grafen Gustav Andreas Otto von Igelström. Diese Position wiederum brachte Seume mit seinem ersten großen Chef in Verbindung: jenen General Igelström, in dessen Dienst er die russische Besetzung Polens er- und den polnischen Aufstand überlebte.

Über Weiße äußerte sich Seume in einem 1800 im *Neuen Teutschen Merkur* abgedruckten Lebensbild seines Freundes und zeitweiligen Begleiters auf dem Weg nach Syrakus, Veit Hanns Schnorr von Carolsfeld:

> »Weiße, in nähern und fernern Kreisen der väterliche Ratgeber und Unterstützer jedes aufkeimenden Talents, das sich ihm nähert, verschaffte ihm [Schnorr] manche Bekanntschaft.«

Ebendies galt auch für das Verhältnis zwischen Seume und Weiße.

Der letzte ›Vater‹ (und Übervater) in Seumes Leben ist Christoph Martin Wieland gewesen, der poetisch eleganteste und in seiner kritischen Prosa liebenswürdigste aller deutschen Schriftsteller der Aufklärung. Wieland gehörte für die Zeitgenossen neben Herder und Goethe zum Triumvirat des Weimarer Kulturbetriebs. Er war kein Kraftgenie wie die jungen Wilden des *Sturm und Drang*, die sich gut mit ihm verstanden, nachdem sie sich – auch an ihm – die Hörner abgestoßen hatten. Und er war kein verzückter Weltentrückter wie einige der Romantiker, die in ihm nur den literarischen Tanzmeister des Rokoko sehen wollten. Wieland hat ein erfolgreiches Leben geführt, in Amt und Würden und auch auf dem Markt, was damals nicht vielen gelang. Seine von Göschen verlegten *Sämtlichen Werke* brachten ihm so viel ein, dass er 150 Hektar von Gut Oßmannstedt in der Nähe von Weimar erwerben, wenn auch auf lange Sicht nicht halten konnte. »Ich hätte dies Gut nie kaufen sollen, sagte der ehrwürdige Wieland«, kolportierte Böttiger später.

Seume war bei Göschen mit der Betreuung der letzten Bände dieser Werkausgabe befasst, mit wesentlich mehr Freude an der Arbeit als bei den *Oden* des herablassend hoheitsvollen Klopstock. Dabei schrieb Wieland ebenfalls verstimmte, wenn auch milde Briefe an Göschen wegen der vielen Satzfehler, die Seume übersehen hatte.

Zur ersten persönlichen Begegnung zwischen dem kleinen Korrektor und dem Großschriftsteller ist es erst spät gekommen, zu einem Zeitpunkt, als der Korrektor schon auf dem Sprung war, nach Süden zu marschieren und sich literarisch in den »Spaziergänger« zu verwandeln, als den Wieland ihn dann so sehr ins Herz schloss. Am 20. November 1801, Wielands Frau war knapp zwei Wochen zuvor gestorben, tauchte Seume in Weimar auf, zusammen mit seinem Malerfreund Schnorr von Carolsfeld und einem reisenden Engländer mit Namen Henry Crabb Robinson. Auch bei Goethe sind sie ein Halbstündlein gewesen.

Den zweiten Besuch bei Wieland stattete Seume im August 1802 ab, auf dem Rückweg der sizilianischen Reise, den dritten im Herbst 1805 und den vierten und letzten im Mai 1810, während seiner *Ausflucht nach Weimar*.

Nach Seumes Tod bezeugte Wieland in einem Brief an Böttiger seine Freundschaft mit dem Verstorbenen. In den letzten Jahren habe es »eine so enge Verbindung unsrer Gemüter« gegeben, »als ob wir schon zwanzig Jahre in einer immer wachsenden Vertraulichkeit mit einander gelebt hätten«. An Göschen schrieb er – oder sollte man sagen, schrie er: »Gott! Welch ein Geist, welch ein Herz, welch ein Charakter ist mit diesem seltnen Mann aus der Welt verschwunden! Dass sein Verlust für *mich* unersetzlich ist, ist das Wenigste: die *Menschheit* hat an ihm eine ihrer größten – leider! unerkannten Zierden verloren!« Wie rührend diese Ausrufezeichen sind, stammen sie doch von einem großen Mann, der um einen kleinen trauert.

Seume war immer bewusst, wie schwer es ist, über sich und seine Herkunft hinauszugehen und doch bei sich selbst zu bleiben. In *Kampf gegen Marbona,* dem von Christian August Tiedge ohne Seumes Wissen verlegten autobiographischen Gedicht, dankt er denen, die ihm ermöglicht hatten, sich auf den Weg zu machen:

> »Hohenthal, der Mann von alter Sitte,
> Nahm sich mild des Waisenknaben an,
> Lenkte freundlich meine ersten Schritte
> Auf des Erdenrunds verschlungner Bahn.
>
> Meine Freunde waren Gleim und Weiße,
> Waren stets wie gute Väter mir.
> Trat der Jüngling aus dem rechten Gleise,
> Schalt mit edelm Zorn der Grenadier.«

Mit dem »Grenadier« ist Gleim gemeint, der nie einer war, sondern mit seinen *Kriegsliedern* nur ein wenig so getan hat. Dass Seume »Grenadier« auf »mir« reimt, klingt nicht nur komisch, sondern ist es auch: Denn nicht Gleim war einfacher Soldat gewesen, sondern Seume, obwohl Seume wie Gleim im Militärdienst nicht geschossen, sondern geschrieben hat. Außer dem »Grenadier« Gleim und dem »Kinderfreund« Weiße zollt Seume auch Wieland poetisch Tribut (»Vater Wieland winkte voll Vertrauen,/Wenn er seinen alten Pilger sah«) – und den Eltern:

»Ehrlich muss ich an dem Pilgerstabe
Frei bekennen, kindlich dankbar sein,
Alles, was ich Gutes an mir habe,
Pflanzten sorgsam mir die Eltern ein.«

In *Mein Leben* ist der väterliche Elternteil durch die alten Griechen ersetzt:

>»Oft pflegte ich und pflege noch jetzt halb im Scherz halb im Ernst zu sagen: Was ich Gutes an und in mir habe, verdanke ich meiner Mutter und dem Griechischen.«

Die Mutter und die Mädchen

In der Schrift über den *Schmerz der Eltern bei dem Verlust kleiner Kinder* kommt Seume in unmittelbarem Anschluss an die Passage über den Vater auch auf die Mutter zu sprechen. In einer Art Komparatistik der Trauer vergleicht er den Schmerz des dreizehnjährigen Jungen beim Tod des Vaters mit demjenigen, den er als erwachsener Mann beim (noch bevorstehenden) Tod der Mutter empfinden würde:

>»Wenn meine gute Mutter stürbe, die ich liebe und achte, der ich jede solidere Richtung meines Charakters zu danken habe, und wegen welcher das Erdenleben noch das meiste Interesse für mich hat; ich würde bei ihrem Tode vermutlich nicht so unaussprechlich schmerzlich trauern, obgleich meine Trauer gewiss länger und tiefer sein würde.«

Das Verhältnis Seumes zur Mutter war nicht einfach, genau wie das zu den Mädchen und zur Frau überhaupt.

Er war ein ungestilltes Kind und ein Mann von unstillbarer Sehnsucht. Eine psychoanalytische Deutung seiner Persönlichkeit könnte ihre Reize haben. Aber Leute, die seit Jahrhunderten im Grab liegen, bettet man nicht um auf die Couch. Im Übrigen käme im Fall Seume statt der Freud'schen Hermeneutik eher die moderne Bindungstheorie infrage, wollte man schon von nekropsychologischer Diagnostik nicht lassen. Nach ihr hätte Seume als ›unsicher gebunden‹ zu gelten.

Wie wichtig die ersten Lebensjahre für den Seelencharakter eines Menschen sind, ist keine Erkenntnis der Bindungstheorie zu Beginn des 21. Jahrhunderts oder der Psychoanalyse um die Wende vom 19ten zum 20sten. Im ersten Drittel des 18. Jahrhunderts schrieb Johann Christoph Gottsched unter dem Pseudonym »Calliste« in seiner »moralischen Wochenschrift« *Die vernünfftigen Tadlerinnen*: In der »Morgenröte unseres Lebens ist, meines Erachtens, von unzähligen Eigenschaften unseres Gemütes und Körpers der Grund zu suchen. Hier bildet sich diejenige Beschaffenheit unsers Wesens, welche man das Naturell zu nennen pflegt.«

Zu Seumes »Naturell« gehörte das Sich-binden-wollen-und-nicht-können. Daraus erwuchs die frustrierte Freiheit des Mannes mit den vielen Vätern. Einem von ihnen, Graf von Hohenthal, schrieb er kurz vor der Verschiffung nach Amerika, er halte seine Lage »noch nicht vor [für] unglücklich, nur vor fatal«. Wie es ausgehe, müsse sich erst noch zeigen. Dann bricht ins Begrübeln des künftigen Schicksals ein Gefühl, aber ein Pflichtgefühl:

> »Meine Mutter. Dies ist das Härteste! Wenn Sie mich noch nicht vor ganz verwildert, vor ganz verdorben halten, so sein Sie versichert, dass Kindespflicht mir das erste, heiligste Gefühl ist.«

Im ersten Brief an Freund Korbinsky einige Wochen zuvor steht zu lesen:

»Meine Mutter, ach! ich darf nicht als mit der größten Verwundung meines kindlichen Herzens an sie denken, – auch diese soll [wie zu diesem Zeitpunkt noch Hohenthal und Schmidt] nichts von mir wissen: es macht ihr mehr Sorge.«

Ob er, wie an Hohenthal zweieinhalb Monate und an Schmidt vier Jahre später, seiner Mutter von unterwegs doch noch geschrieben hat, ist unklar. Der erste von insgesamt drei überlieferten Briefen stammt aus seiner zweiten Leipziger Studienzeit und ist nichts weiter als ein Begleitschreiben, kurz und sehr nüchtern:

»Liebe Mutter,

Ich habe versprochen, heute dem Manne [offenbar aus dem Dorf der Mutter], ich habe seinen Namen vergessen, seine kleine Rede an Erndekranztage [Erntedankfest] zu schicken; hier ist sie. Habt die Güte, sie ihm zu geben. Er soll sie ordentlich lernen, so wird sie erträglich sein. Ich habe sehr wenig Zeit, sonst hätte ich auch noch an den Herrn Magister [gemeint ist Pfarrer Schmidt] geschrieben.

Lebt wohl

Euer

gehorsamer

Sohn

J. G. Seume«

Der zweite überlieferte Brief an die Mutter liegt einem Paket Wäsche bei, das er bald gewaschen zurückerbittet.

»Ich wünschte Euch wohl selbst zu sprechen, habe aber jetzt nicht Zeit hinauszukommen.«

Der dritte ist vom April 1803. Seume hat seinen alten Gönner besucht und will über Ostern nach Dresden wandern, für Mutter und Schwester fehlt ihm wieder die Zeit:

>Vorigen Sonntag war ich bei dem Grafen Hohen-
thal [...] und hörte da von [...] der Schwester Nie-
derkunft, aber auch zugleich von Eurer Krankheit.
Zu der ersten wünsche ich Glück, und hoffe, dass
die andere bald wieder vorüber gehen wird. [...]
Wenn ich nicht längst versprochen hätte, diese
Ostertage einen Gang nach Dresden zu machen,
würde ich wohl ein wenig zu Euch kommen.«

Nach weiteren Ermunterungen (»Rafft nur Eure Kräfte
zusammen und haltet Euch«) folgt mit »wahrer Liebe und
Hochachtung« der Gruß und darauf die Begütigung:

>Zwischen Ostern und Pfingsten komme ich schon
irgend einen Sonntag einmal einige Stunden hinaus.«

Es ist zu spüren, dass er sich verpflichtet fühlt – und dass
es keine angenehme Verpflichtung ist. Dafür gibt es
sogar einen Zeugen, ebenjenen Henry Crabb Robinson,
der Seume im November 1801 auf der Reise nach Weimar begleitete. Unterwegs schaute man auch in Poserna
bei Seumes Mutter vorbei: She »did not express much
delight at seeing her Son who on his part seemed to be
cold and indifferent«.

Gleichwohl schrieb Seume Anfang Februar 1802, nun
schon in Venedig, an Gleim:

>Es hat mir niemand ein größeres Fest machen
können, als wenn er mit mir zu meiner Mutter ging
oder fuhr.«

Weil ihm das lieber war, als ihr allein gegenüberzutre-
ten? Eine Bemerkung in einem Brief an Göschen vom
Oktober 1800 hört sich ganz danach an:

>Den Sonnabend der Zahlwoche geben Sie mir
wohl eine freundliche patriarchalische Herberge;
und desto besser, wenn wir den Sonntag zusammen
zu meiner Mutter wallfahren können.«

Im August 1803 wiederum schlug er Garlieb Merkels Angebot einer redaktionellen Mitarbeit am *Freimüthigen* in Berlin mit der Begründung aus, weder die Stadt noch das Geld locke ihn, außerdem sei es seiner alten Mutter ein Bedürfnis, ihn »alle Vierteljahre einmal zu sehen«. Als August von Kotzebue, der Mitherausgeber der Zeitschrift, nachhakend eine Redakteursstelle anbietet, antwortet Seume:

> »Außer den Gründen, die ich meinem Freunde Merkel schon angeführt habe […] würde mir auch die sitzende Lebensart nicht bekommen. […] Die stärkste Ursache meines Hierbleibens ist unstreitig, weil es mir Pflicht ist, mich ohne Not nicht zu weit von meiner alten Mutter zu entfernen, für welche meine Nähe Beruhigung ist, und die ich von Berlin aus vielleicht kaum würde wiedersehen können.«

Schon im Sommer 1799 war es die Mutter gewesen, die Seume – einstweilen – zu Hause hielt, als er unglücklich in der Liebe zu Wilhelmine Röder und unzufrieden im Dienst Göschens an der Kette zerrte:

> »Ihnen die Wahrheit offenherzig zu bekennen, muss ich sagen, dass mein Geist ziemlich unruhig wird, etwas wieder in die Welt hineinzuschauen. Meine alte Mutter fesselt mich, und ich ehre und liebe das Band. […] Nächst dieser ist fast niemand, den ich kindlicher ehrte und liebte als meinen guten Vater Gleim.«

Gleim zeigte sich gerührt und verglich Seume ausgerechnet mit Friedrich den Zweiten von Preußen, den er »seinen Einzigen« zu titulieren pflegte:

> »Diesen Augenblick, Morgen zehn Uhr, erhalt ich, lieber braver Mann, Ihr Schreiben […] Dass dieser liebe Mann seine alte Mutter mit solcher Kindesliebe, wie mein Einziger die Seinige liebte, liebt,

das macht ihn mir zu einem Ähnlichen meines Einzigen.«

In den *Apokryphen*, entstanden zwischen April 1806 und Juli 1807, macht Seume im Rückblick auf sein glückloses Leben und die beiden unglücklichen Lieben zu Wilhelmine Röder und Johanna Loth die trübe Bemerkung:

> »Wenn meine Mutter nicht wäre, lebte ich wahrscheinlich nicht mehr; denn es gehört eine große Pflicht dazu, um diese allgemeine Weggeworfenheit zu dulden.«

Seumes Mutter starb am 13. Dezember 1807, und Seume hat sie wirklich nicht lange überlebt, obwohl er den angedeuteten Selbstmordgedanken widerstanden hat.

> »Zwei Mal war ich nahe an dem Entschlusse, mich dem Tode zu geben«, heißt es in den *Apokryphen*, »beide Male für ein Weib oder aus Wahnsinn für sie. Das erste Mal hing die Ausführung von einem kleinen bedingten Umstande ab, der nicht eintrat; das zweite Mal überwog der Gedanke an meine Mutter.«

Aber wenn schon nicht aus dem Leben scheiden, dann wenigstens von Leipzig. So war es wegen Wilhelmine bei der Reise nach Süden, und so war es wegen Johanna bei der Reise nach Norden.

Wilhelmine Röder hatte Seume durch seinen Freund Schnorr von Carolsfeld kennengelernt, der die 19-jährige Kaufmannstochter im Zeichnen unterrichtete. Von Schnorr, der auch ein Aquarell von Seumes Mutter angefertigt hatte, stammte jenes Medaillonbildchen, das sich Seume auf dem Monte Pellegrino vom Halse schaffte. Gerade noch hatte er in einer Kapelle eine freie Stelle auf der heiligen Rosalie gesucht, um wie andere touristische Schmierfinken seinen Namen zu hinterlassen. Die Heilige war schon über und über beschriftet, nur auf der

Hexe Hip

Einem Rosenmädchen hat er seinen Namen aufs Näschen verab-seumt. Zum Mädchen aus Marmor hob er
den Blick »von süßem Rausche trunken«. Aber Melan-
cholia schmiegt er sich in die Arme zum »süßen traurigen Vergnügen«. Im Gedicht *An die Schwermut* blickt das
lyrische Ich, wie es germanistisch korrekt heißen muss,
auch wenn dieses Ich ohne jeden Zweifel das verzwei-
felte von Seume selber ist – dieses Ich also schaut an der
Seite der »Göttin mit dem tiefen schwarzen Schleier«
herab auf Menschenwerk und Menschheitsgeschichte:
Blinder Potentatenehrgeiz häuft »Knochenhügel« auf,
von den »Klostertürmen« funkelt »des Aberglaubens
Gaukelei«, an »umgeworfnen Leichensteinen« weinen
die Waisen, »der Armen Kummerschweiß« düngt die
Gärten, »wo der Schwelger singet«. Überall Mord und
Totschlag, Unterdrückung und Raub, Krieg und Ver-
heerung, Brand und Zerstörung.

Seumes Blick auf die Geschichte ist der des Spätaufklärers. »Führe mich zu deiner Abendfeier«, heißt es
in der ersten Zeile des Gedichts. Die Sonne der Aufklärung geht unter, aus dem Halbdunkel tritt das Grauen
hervor. Der Fortschritt ist über Leichen gegangen, der
Optimismus war eine Narrenlehre, das Licht der Erkenntnis flackert trübe. Die Neuzeit ist alt geworden
und die Zukunft längst vergangen.

> »Leite mich, Geliebte, wenn ich sinke,
> Dass ich Kraft aus deinem Auge trinke,
> Wenn der Zweifel wühlend auf mich rückt,
> Wenn ich vor dem großen Vorhang stehe,
> Und mit Zittern in die Tiefe sehe,
> Dass mich nicht Verzweiflung niederdrückt.«

Das ist historisch und politisch zu nehmen, aber auch
persönlich. Schließlich sind die Verse 1796, in der Zeit

seiner unglücklichen Liebe zu Wihelmine Röder, entstanden. Im Oktober dieses Jahres versichert er Garlieb Merkel, wie leid es ihm tue, seinen neu gewonnenen Freund in die »Erbsünde der Hypochondrie geworfen« zu sehen, und im Mai 1797 schreibt er:

> »Ich rate Ihnen, Freund, sich die Hexe Hip vom
> Halse zu schaffen.«

Das ist Freundeserziehung und zugleich Selbstermahnung. Hing doch auch Seume der Hexe ein Leben lang am Gängelband: Zehn Jahre vor dem Schwermutsgedicht ließ er »Bruder« Korbinsky wissen:

> »... ich habe Epochen, wo meine Seele finstrer ist
> als Shakespeares schwarzestes Trauerspiel.«

1794 betastet er in poetischer Prosa *Einen an der Düna bei Riga gefundenen Totenkopf,* als befände er sich in der Friedhofsszene des *Hamlet.* 1796 rückt er das Gedicht *Mein Geburtstag* in die *Obolen,* seinen ersten Lyrikband.

> »Vater, hilf die Stunden mir gewinnen,
> Bis der Urne letzte Tropfen rinnen;
> Dass ich dann in meines Lebens Buche
> Nicht vergebens meine Werke suche.«

Im Dezember 1797 reimt er Schnorr von Carolsfeld brieflich die Bitte zurecht:

> »Sodann noch eins. Es ist uns fast
> Das Leben ohne Ton zur Last:
> Drum schafft uns doch in unsern Nöten
> Nur eine von den alten Flöten,
> Damit, wenn uns die Grillen hudeln,
> Wir doch ein Stückchen können nudeln.«

Im Januar 1803 bedauert er, dass er einen Brief Böttigers immer noch nicht beantwortet hat:

> »... ich habe nicht einmal eine andere Entschuldigung als meine Faulheit und die Dame Hyp.«

Und das Eingangsgedicht von *Mein Sommer 1805* klagt:

> »Mir wird's so dunkel und so abgestorben,
> Und menschenleer,
> Bin ich es, oder ist die Welt verdorben
> Rund um mich her?«

Nasenspitze, ausgerechnet, war noch ein Plätzchen frei, wenn wir Leser das sentimentale Anekdötchen glauben wollen, und dort hatte der Wanderer seinen Seume dem »Rosenmädchen« appliziert. Beim Rückweg stolpert er, stürzt und holt sich eine blutige Nase. Eine Rache der Rosalie, fragt der naseweise Wanderer und fasst sich mit kapriziöser Selbstironie ein Herz, um es vor dem Leser auszuschütten:

Dieses »war mir wohl ehedem etwas enge gewesen; jetzt war ihm längst wieder leicht. Ich hatte aus Gewohnheit noch ein kleines, niedliches Madonnenbildchen [mit Rödergesicht] an einer seidenen Schnur am Halse hangen [...] Das Orginal hatte mich königlich betrogen. Jetzt nahm ich es [nicht das Original, das Bildchen] unwillkürlich von der linken Seite [die – angebliche – Herzseite], nach welcher sich das Idolchen immer neigte; schloss unwillkürlich das Glas auf, nahm das elfenbeinerne Täfelchen heraus und erschrak, als ich es heftig unwillkürlich in zehn Stücke zersplittert zwischen den Daumen hielt. [...] Ich hielt die Trümmerchen in der Hand; Freund Schnorr mag verzeihen: er hatte mit Liebe an dem Bildchen gepinselt. Einige Minuten hielt mich Phantasus noch mit Wehmut am Original; ich [...] sah es im Geist an der Spree im goldenen Wagen rollen. Rolle zu; und so flogen die

Stücke mit der goldenen Einfassung den Abgrund hinunter. Ehemals wäre ich dem Bildchen nachgesprungen; noch jetzt dem Original.«

Wilhelmine Röder lebte gut verheiratet in Berlin, daher der goldene Wagen an der Spree. Der Sarkasmus im Märchenton entringt sich einem, der auf Schusters Rappen unterwegs ist, nicht mit Kutschen durch die Gegend fährt, der schlecht und recht mit Worten handelt, nicht mit Seide, wie der erfolgreiche Rivale.

Die Heirat zwischen Wilhelmine und dem hugenottischen Kaufmannssohn George Henri Favreau lag bereits fünf Jahre zurück, als der *Spaziergang* im Mai 1803 bei Hartknoch erschien. Und noch in *Mein Sommer* findet sich eine Reminiszenz an Wilhelmine, obwohl die (fort) treibende Kraft dieser Reise Johanna Loth gewesen ist. Johanna muss aber erst ausgerechnet werden, was nur den Eingeweihten unter Seumes Leserinnen und Lesern möglich war:

»Jeder Mensch hat seine eigenen Heiligentage [...] Ehemals war einer meiner großen Heiligentage der fünf und zwanzigste April [Wilhelmines Geburtstag]. Die Ursache liegt bei mir ziemlich tief in der Sakristei der Seele, die ich Dir gelegentlich wohl aufschließen kann. Der Aprilheiligentag ist nun etwas obsolet geworden, vermutlich weil er – April war; nicht eben durch meine Schuld. Nun überraschte mich ein solcher Tag [also ein anderer ›Heiligentag‹] in Holkaberg. Du kannst zwischen dem fünf und zwanzigsten und siebzehnten [am 17. September hatte Seumes Mutter Geburtstag] aussuchen, welchen Du willst, und wirst in der Mitte wohl nicht sehr irren.«

Zieht man vom Geburtstag Wilhelmines vier Tage ab oder zählt man zum Geburtstag der Mutter vier Tage zu, ergibt das den einundzwanzigsten, und am 21. August hatte Johanna Loth Geburtstag.

Wie mögen Wilhelmine und ihr Mann diese Passage aufgenommen haben? Allerdings hatten beide schon ganz anderes von Seume zu hören und zu lesen bekommen: Wilhelmine Liebesbriefe und Vorwürfe, ihr Mann eine unverschämte Epistel mit Belehrungen. Anfang Dezember 1796 reimt Seume vor dem Schlafengehen (»es ist recht spät, und ich bin recht müde«):

»Und wenn ich hundert Jahre schriebe
Ich schriebe doch Dir nichts als Liebe.
Der Puls, der Dir nicht Liebe schlägt,
Der Wunsch, der mich zu Dir nicht trägt,
Gehöret nicht zu meinem Wesen,
Ist meiner Seele fremd gewesen.
Die Liebe nur belebt mein Herz
Und hebet froh es himmelwärts;
Die Liebe, die Du mir zum Leben
Und für die Ewigkeit gegeben.«

Die Ewigkeit dauerte indessen bloß hundert Tage. Auf wenige Wochen Seligkeit folgten für Seume Tage selbstmörderischer Düsternis und Jahre verzehrender Trauer. Es hat den Anschein, als sei die Liebe für Seume eine Erlösung von sich selbst gewesen, eine Öffnung zum Leben hin.

»Jetzt Wilhelmine, lieb ich Dich
Und alles wird nun froh um mich.«

So reimt er in einem weiteren Briefgedicht und verrät mit dem Wörtchen »nun« die unfrohe Wahrheit, wie er sich vor seiner Liebe zu Wilhelmine in der Welt fühlte. Ungefähr zur gleichen Zeit erkundigt er sich bei Göschen, wie er es anstellen solle, eine bürgerliche Existenz zu gründen. Allein würde er »sorglos den Strom der Welt hinunterschwimmen […] ohne Hoffnung und Furcht«, wie er in seinem gekünstelten Stoizismus gern und allzu gern beteuert. Hätte er »die Wahl gehabt«, bekennt er, »hätte ich wohl meine Freiheit behalten und mich um die ganze Weiberwelt nichts bekümmert«. Aber nun:

>»Ich liebe: ich hätte nie geglaubt, mich je mit festem Ernst in einem solchen Falle zu finden. [...] Ich bin arm, habe nichts als meine Ehrlichkeit; aber darauf bin ich stolz, vielleicht etwas zu sehr. Solange ich allein da stand, war dieses wohl gar nicht zu tadeln. Wenn ich mich aber in Verbindung mit mehrern Personen denke, die ich sodann durchaus in keiner Rücksicht von mir trennen kann, so möchte dieses Gefühl mir manche Streiche spielen. Mein Mädchen ist ziemlich reich, eine Qualität, die sonst die Liebhaber eben nicht in Verlegenheit setzt, die mir aber viele Unruhe macht. Was soll ich tun?«

Für eine akademische Laufbahn fehle es ihm an gründlichen Kenntnissen und an der dafür unvermeidlichen »Biegsamkeit«; das »Soldatenwesen taugt für Familienverhältnisse noch weniger«; nach Russland will er trotz seiner alten Verbindungen nicht gehen, denn dort treibe »nur dann und wann ein Fragment von Menschlichkeit auf dem Ozeane der Barbarei« herum.

>»Ich habe eine Menge Entwürfe gemacht, und sie wieder verworfen. Nun ist mir der Gedanke eingefallen, Buchhändler zu werden. [...] Es ist mir nicht um den Buchhandel, nicht um Geld, nicht um Ruhm, ich bin sehr offenherzig, um nichts zu tun, als um das Mädchen; und nur darum um ein leidliches Auskommen zu einer sehr frugalen Ökonomie.«

Auch in einem Brief an Wilhelmine spricht er das Problem an:

>»Die Welt wird Dich sehr tadeln, wenn sie Deine

Wahl erfährt; aber ich will Dich rechtfertigen dadurch, dass ich ihr zeige, ein Weib könne an meiner Seite wohl so glücklich sein als in einem goldnen Wagen.«

Da rollt sie schon, die sinnbildliche Kutsche des Reichtums, in der er auf dem Monte Pellegrino in gekränkter Phantasie das für ihn verlorene Mädchen durch die Stadt und durchs Leben fahren sieht. Auf dem Berg reißt er sich das Bildnis vom Hals und endlich die Liebe aus dem Herzen. In seinem letzten, beinahe fünf Jahre zurückliegenden Brief an Wilhelmine hatte er geschrieben:

»Ich bin glücklich gewesen, in meinem Wahn glücklich gewesen, das danke ich Dir. Du kannst stolz sein, es hat mich kein weibliches Geschöpf glücklich gemacht, als Du; Du kannst sehr stolz sein, es wird mich keines wieder glücklich machen.«

Diese trotzige Versicherung widerlegte er später mit Johanna Loth. Aber im Januar 1797 war die schwer heilende und erst auf dem sizilianischen Marsch vernarbende Wunde noch ganz frisch:

»Ich versichere Dich, Liebe, ich werde Dich nicht aus meiner Seele verlieren. [...] Wilhelmine, Du hättest redlicher mit mir handeln sollen; bei Gott, ich hätte Dir alles aufgeopfert. Wirst du glücklich sein, wenn ich bei Deiner Hochzeit ein Trauerlied singe, dass meine Freunde mit mir weinen?«

Als er im Mai 1798 dann tatsächlich von ihrer Hochzeit hört, kann er das kaum verkraften und schreibt an Gleim:

»Ihr Brief ist meiner Seele ein wahrer Balsam gewesen. Ich erhielt ihn an einem Abend, der mir einer der bösesten meines Lebens war, noch schlimmer als der hinter den Tonnen in Warschau [wo er als Soldat in russischem Dienst den Aufstand der

Polen überlebte]. Es war mir eben zufällig gemeldet worden, dass es der Trauungstag des Mädchens war, der mein Herz zu viel getraut hatte, und ich fühlte mich in meiner ganzen Schwäche. Doch stille davon! Männer müssen Männer sein, auch wenn die Laute Wehmut tönt.«

Auch an Wilhelmines Gatten schrieb Seume einen Brief. »Ich vergebe ihr gern und wünsche ihr Glück«, verkündet er so großartig wie ungefragt, bevor er den rund elf Jahre jüngeren, frisch vermählten Ehemann erst rügt und dann mit Erkenntnissen über den Charakter von dessen Gattin aufwartet:

»Sie selbst, mein Herr, haben bei der Sache als ein junger, nicht ganz ernsthafter Mann gehandelt. Ich wünsche Ihnen Glück; Sie haben das nötig. Ihre Frau ist gut, ich habe sie tief beobachtet, und würde nicht im Stande gewesen sein, mein Herz an eine Unwürdige zu verlieren. Dass zwischen uns nichts Strafbares vorgefallen ist, dafür muss Ihnen mein Charakter und meine jetzige Handlungsweise bürgen. Sie hat Fehler: sie kann hassen, verzeiht nicht leicht und ist leichtsinnig. Sie haben also keinen leichten Gang mit ihr. Sie müssen ihr manchen Fehler vergeben, und selbst keinen begehen. […] Sie sind ein Mann; von Ihnen hängt alles ab. Wenn Wilhelmine je von ihrem Charakter sinken könnte, ich würde den meinigen fürchterlich rächen. Verzeihen Sie und halten das nicht für Impertinenz.«

Das ist schon für sich genommen ein starkes Stück. Doch dann verlangt er auch noch:

»Wenn Sie selbst Ihre Pflichten immer erfüllen, so führen Sie ihr immer in einer ernsthaften Stunde mein Andenken wieder zu. Es kann ihr heilsam werden, und soll Ihnen nicht schaden.«

Zu Wilhelmine selbst hat er zum Zeitpunkt dieses Briefes seit über einem Jahr keinen Kontakt mehr. Aber in einer Mischung aus Treue und Verbohrtheit lässt er weiterhin nichts auf sie kommen. Nicht einmal von Vater Gleim:

»Sie haben das Mädchen nicht gekannt und dürfen also kein Urteil über sie sprechen. Es soll ihr wohl gehen; ich werde sie wahrscheinlich nie wieder sehen; aber verdammen lasse ich sie nicht; und sollte ich noch jetzt mein Leben für sie opfern. So glücklich werde ich nie wieder werden, als ich einige Monate in dem schönen Traum war. […] Ich habe Kraft genug, jeder Schickung mutig entgegen zu sehen; aber ich will mir selbst die Schattenbilder der Vergangenheit nicht nehmen lassen. Sie sollen meine leere Zukunft ausfüllen. Mit dem Nestbauen wird es nunmehr wohl bei mir getan sein.«

Aber nachdem er sich die Liebe zu Wilhelmine aus dem Leib gelaufen hatte, gab es doch noch einen Nestbauversuch. Wieder handelte es sich um ein ›reiches‹ Mädchen, wieder hatte Seume wohl von vornherein keine Chance, wieder geriet er an den Rand des Selbstmords, als er von der Verbindung der jungen Frau mit einem anderen erfuhr, und wieder ging er auf und davon, obwohl er diesmal mehr fahren musste als laufen konnte.

Seume war ein gern gesehener Gast in der Familie Göschen, und wenn er von Grimma zum nahe gelegenen Landgut Göschens bei Hohnstädt wanderte und dem Verleger danach einen Brief schrieb, war darin nicht nur die Rede davon, wie es um die *Oden* Klopstocks stand, sondern auch um die Kohlköpfe auf den Äckern des Chefs. Durch die Göschens hatte Seume Zugang zur Familie Loth, und dort verliebte er sich 1804 in Johanna, die mit ihren zwanzig Jahren halb so alt war wie er. Im Unterschied seiner Bindung an Wilhelmine, die mit Wissen und Einverständnis des Mädchens geschah, spielte sich die Liebesgeschichte dieses Mal hauptsächlich in seinem Kopf ab, oder in seinem Herzen. An Weihnachten 1804 erfuhr er im Familienkreis der Göschen und Loth ganz nebenbei von Johannas Verlobung mit dem Kaufmann Johann-Emanuel Devrient – und schrieb prompt einen Brief an ihren Vater, einen schwer bewölkten, obwohl er für den Vater aus heiterem Himmel gekommen sein dürfte:

> »Dieser Brief wird Sie unstreitig überraschen, vielleicht auch nicht; […] Ich darf und werde nicht mehr in Ihr Haus kommen und jede Gelegenheit sorgfältig vermeiden, Ihre Tochter zu sehen. […] Meine Seele hat seit langer Zeit große Abgötterei mit dem Mädchen getrieben, und ich bin in eine Stimmung geraten, wo ich Gefahr laufe, ein Raub meiner Empfindungen zu werden. […] Das Mädchen weiß nichts; wenigstens nicht mehr, als was sie vielleicht mit ihrem feinen Takt erraten kann. […] Sie war freilich die Ursache manches Besuchs, den ich in Ihrem Hause machte; sie war aber auch oft die Ursache, dass ich nicht kam. Ich wollte meine Empfindung niederkämpfen; aber das geht nun, wie ich wohl merke, ohne heroische Mittel nicht. […] Ihr Herr Sohn hat mir gestern eine Eröffnung gemacht, die meinen schwankenden Entschluss festsetzen muss, ehe ich von meiner Schwachheit zuviel verrate. Ich will gute Verhältnisse nicht stören, und sollte ich darüber mit meinem Wesen zu Trümmern gehen. Es ist freilich traurig, dass ich nun wieder einsam und freudenleer sein werde; aber ich muss in mich selbst zurückgehen und mit mir allein leben. Es bleibt mir nichts als das Bewusstsein eines ehrlichen Mannes, das zwar endlich

sicher, aber trostlos kalt ist. Ich bin zur Verwaisung geboren und bezahle meine höhere Bildung etwas teuer. In meinem Herzen liegt ein unendlicher Reichtum, mit dem ich und niemand etwas anzufangen weiß; ich werde nun bei den Toten leben.«

Dies war nicht die Ankündigung eines Selbstmords, sondern die eines Rückzugs zu den ›Alten‹, den griechischen und römischen Autoren, deren Schriften in Jahrhunderten und Jahrtausenden so gut abgehangen waren, dass man sich ohne Furcht und Hoffnung über sie beugen konnte.

Auch an Johanna selbst hat Seume in diesem Winter seiner Seele geschrieben, ziemlich genau acht Jahre nach den Dezemberbriefen an Wilhelmine:

»Liebe, liebe Freundin,

Es ist das erste und höchst wahrscheinlich das letzte mal, dass ich diese vertrauliche Sprache des Herzens zu Ihnen spreche, auf die ich mir durch meine reinsten Gesinnungen gewiss ein Recht erworben habe. Meine Entfernung aus dem Hause Ihres Vaters kann Sie über meine Seelenstimmung nicht in Ungewissheit gelassen haben, und wenn es auch nicht großmütig ist, so ist es doch sehr menschlich, dass ich mich nicht so ganz ohne etwas freundlichen Abschied von Ihnen trenne. […] Ich bin freilich bei der Sache ein etwas unbesonnener Knabe gewesen, der die Dinge rund um sich her nicht überlegt hat, und ich büße die Sorglosigkeit jetzt sehr hart; […] Dass Sie ein reiches junges Mädchen sind, daran habe ich leider wenig gedacht; ich empfand nur, dass Sie schön und liebenswürdig sind. […] Ich bekenne meine Schwachheit; die Nachricht [von Johannas Verlobung] fasste mich bis zur Zerrüttung. […] Sie wären die Seligkeit meines Lebens gewesen, und ich bin mir durchaus bewusst, ich würde Ihnen keinen Ihrer schönen Tage verdorben haben. Ich habe Kraft und Mut zu arbeiten und würde mit Frohsinn gearbeitet haben, bis die Fingerspitzen geblutet hätten. Eine Frau hätte ich selbst ernähren können, aber freilich keine Dame, und leider sind in unsrer Konvenienz die Frauen seltener als die Damen. Doch wozu leidige Äußerungen? Wenn Sie gewiss sind, dass der Mann, den Sie wählen wollen, Ihre ganze herzliche, uneingeschränkte Teilnahme verdient hat und verdient, dass Sie Ihr Glück unbedingt in seine Hände legen können, dass Sie unverrückt beständig mit zärtlicher Hingebung sich an seinen Charakter zu halten hoffen dürfen, so eilen Sie, die Verbindung zu schließen, die Ihr Herz wünscht; fühlen Sie aber Bedenklichkeiten, die der Ernst rechtfertigt, so gehen Sie behutsam und langsam, damit Sie nicht eine solche Übereilung mit dem Unglück Ihres Lebens büßen. [...] Ich sehe Sie wahrscheinlich nie wieder; das Gebein schauert mir bei dem Gedanken. Sehen Sie, wie gut es gewesen wäre, wenn meine Seele ohne allen Ton zärtlicher Empfindungen wäre? Ohne meine Mutter wäre ich längst fort, hinaus in die wildesten Elemente.«

Eines dieser »wilden Elemente« ist der Tod selbst:

»Wenn mich die Pflicht nicht leben hieße, würde ich den Tod suchen, einen Freund, mit dem ich nicht [erst] seit ehegestern bekannt bin.«

An seinen Verleger Johann Friedrich Hartknoch schrieb er noch im Januar, »es fehlte nicht viel, so hätte ich zu den kleinen runden Schnapphähnen an der Wand gegriffen«, womit die beiden Pistolen auf seiner Stube gemeint sind.

Im Unterschied zu Wilhelmine brach der Kontakt zu Johanna Loth nur vorübergehend ab. Später kam es zu einer freundschaftlichen Wiederannäherung, und Seume widmete der nunmehr verheirateten Frau Devrient ein Gedicht:

»Aus Deinen Blicken trink' ich Begeisterung;
Mein ganzes Wesen atmet die Huldigung,
Die mich in Deinen Zauber hüllet
Und mit Entzücken die Seele füllet.«

Nach weiteren Strophen mit Nachtigallen und Frühlingsfreuden werden wieder unverbrüchliche Treue und durch nichts zu erschütternde Opferbereitschaft beschworen:

»Es bleibet, Freundin, stets mit Bescheidenheit
Dir meine Seele bis in den Tod geweiht;
Und Dir die Ruhe zu erwerben,
Könnt' ich noch heute mit Freuden sterben.«

Im Winter 1804 hatte er in seinem langen Brief an Johanna geschrieben, nur die Pflicht gegenüber der Mutter halte ihn am Leben. Als sie am 18. Dezember 1807 verstarb, wandte er sich wiederum an Johanna:

»Ich bin kaum im Stande, mir meine Mutter als abwesend zu denken, so sehr war sie in alle meine Gedanken verwebt. Die Zeit wird das ihrige tun und die Gefühle mildern; töten wird und soll sie sie nie. Ihre Freundlichkeit liegt wieder ganz in den Zügen Ihrer Schrift, und eine Träne, halb des Schmerzes und halb der süßen Rührung, zitterte mir von der Wimper.«

Ein paar Tage später reagiert Seume in seinem Weihnachtsbrief beunruhigt auf finanzielle Schwierigkeiten von Johannas Mann, von denen er gehört hat. Wie er seinerzeit an den Gatten von Wilhelmine schrieb, um ihm den Charakter von dessen Eheweib zu erklären, so schreibt er nun an Johanna, um sie vor allzu großer finanzieller Opferbereitschaft zugunsten ihres Gatten zu warnen. Wieder spürt er selbst das Ungehörige, das »Impertinente« an diesem Brief; und wieder setzt er sich mit viel Pathos über die eigenen Bedenken hinweg:

> »Ich hätte mich gewiss stillschweigend entfernt, wenn nicht Ihre jetzige Lage mir es zur Pflicht zu machen schiene, Ihnen einige ernste Worte zu sagen. Misskennen [missverstehen] Sie den Beweggrund, so hülle ich mich in mein Bewusstsein und gehe traurig weiter. Sie können von einem Manne nicht verlangen, das, was er auf der Welt am zärtlichsten liebt, in Gefahr zu glauben und nichts dabei zu tun.«

Nach den gut gemeinten und schlecht gerechtfertigten Ratschlägen, die niemand, am wenigsten Johanna, von ihm erbeten hatte, kommt er noch einmal auf den Tod der Mutter zu sprechen:

> »Ich ging mit voller, unruhiger Seele das letzte mal von Ihnen, traurig und bekümmert ohne fest bestimmte Ursache; den andern Tag erhielt ich einen Boten mit der Nachricht, meine Mutter, die ich noch ziemlich gesund glaubte, sei gestorben.«

Da die Mutter in Poserna unweit von Grimma bei Seumes Schwester wohnte, hätte Seume eigentlich besser über ihren Gesundheitszustand informiert sein können.

> »Dieses Gefühl [der Trauer] verschlang nun alle übrigen; ich habe wenige so wehmütige Momente meines Lebens gehabt. Auch dieses ergriff mich mehr, als ich gefürchtet hatte. Als Sie mir schrieben, begrub ich meine Mutter, eine vortreffliche alte Frau, der ich das meiste Gute in mir verdanke. Die Loskettung von der Pflicht hat in meinem Wesen eine traurige Leere gelassen, die an Vernichtung grenzt.«

Es berührt seltsam, wie Seume, der religiöse Schwär-
merei immer schwungvoll verachtet hat, sich in seiner
Seelennot ausgerechnet an einem alten pietistischen
Begriff festhält, dem der »Vernichtung«, der vom vielen
Gebrauch in den zurückliegenden Jahrzehnten emp-
findsamer Frömmelei ganz abgenutzt war.

Wenige Wochen später sandte Seume Madame de
Staëls Liebesroman *Corinne* in der deutschen Übersetzung von Dorothea Schlegel an Johanna, wieder als
selbst ernannter Lehrmeister, aber diesmal wenigstens
auf eigenem, nicht finanziellem, sondern literarischem
Gebiet. Der Roman war mit ausgiebigen Anmerkungen
Seumes verziert. Im Begleitschreiben bietet er alles an
schriftstellerischen Berühmtheiten auf, was ihm möglich
ist, um zu demonstrieren, wie wenig sie auf der Waag-
schale der Liebe bedeuten:

»So ernsthaft Sie mich kennen, weiß ich doch,
dass ich über einem Blatt von Wieland vom Tische
aufgesprungen bin und die Verse im Zimmer ab-
getanzt habe; [...] Gleim war mein Freund, und
Herder und Schiller und Weiße, und Wieland ist es;
und Goethe ist mir nicht abhold. Das könnte meiner Eitelkeit genug sein, und ich wollte doch jeden
Gedanken hingeben, womit ich die Schätzung dieser Männer gewonnen habe, wenn – wenn – –
Schweigen soll ich, will ich, werd' ich, Liebe;
Wenn Du zürntest, scheuchte mich ein Wort,
Als ob man mein Todesurteil schriebe,
In ein freudenleeres Leben fort.

Fort von neuem durch empörte Meere,
Wo die Woge furchtbar heulend bricht.
Schweigen will ich, wenn's zum Tode wäre;
Aber anders werden kann ich nicht.«

Das war auch nicht nötig. Johanna blieb Seume freundlich und freundschaftlich verbunden, obwohl er gelegentlich Gründe hatte, sich über Vernachlässigung zu beklagen. Ein Vierteljahr vor seinem Tod, nur die »letzte Ausflucht Weimar« und die Reise zur vergeblichen Kur nach Teplitz standen noch aus, beklagte er sich »ohne Scherz«, doch Kapriolen schlagend:

> »Sie mögen sehen, wie Sie es mit Ihrem Gewissen ausmachen, dass Sie mich armen, kranken Teufel so lange hartherzig ohne eine freundliche Silbe haben liegen lassen. Da sind doch Mad. Göschen und die Frau Doktor Braune ein wenig großmütiger gewesen. Aber ich bin doch wohl ein recht undankbarer Geselle. Sie schreiben mir nun so gütig freundlich; und ich zanke wie ein Eisbär.«

Dieser Brief ist von einer ganz unseumigen Gelassenheit, geschrieben schon aus Todesnähe. Deshalb greift er trotz historischer Ferne heute noch ans Herz. Das Schreiben endet mit dem – im besten, wahrsten und schönsten Sinne – frommen Wunsch:

> »Der Himmel nehme Sie in seinen heiligen Schutz und erhalte mir Ihr Wohlwollen.«

Die großmütige Frau Braune übrigens war die Ehegattin des mit Seume befreundeten, nicht weniger großmütigen Leipziger Arztes Christian Gottfried Carl Braune. Er behandelte den »armen, kranken Teufel« unentgeltlich und erhielt dafür von Seume das Manuskript der unvollendeten Autobiographie, die von Göschen und Clodius fortgeschrieben und als *Mein Leben* veröffentlicht wurde. In dieser Fortsetzung gibt es auch eine Passage über Seume und die Mädchen: »Seume hatte Empfänglichkeit für die Reize des schönen Geschlechts, er war mehrere Male wirklich verliebt mit der ganzen Stärke und Heftigkeit seines Gemüts. Ich würde dieses

[...] gar nicht erwähnen [...] wenn es nicht auffallend gewesen wäre, dass die beiden letzten Gegenstände seiner Liebe« – also hat es doch nicht nur Wilhelmine und Johanna gegeben? – »reiche Mädchen waren. Er suchte ihren Reichtum nicht, aber da sie reich waren, ließ er sich hier gehen, und strebte nach einer ehelichen Verbindung mit dem Gegenstand seiner Liebe [...] Gewiss haben mehrere Mädchen Eindruck auf ihn gemacht« – in den *Apokryphen* findet sich die Notiz »Je älter ich werde, desto schöner sind die Mädchen.« –, »aber wenn sie arm waren, so suchte er gleich Anfangs Herr über eine solche Liebe zu werden, und ihrer Macht zu entgehen.«

Mit den armen Mädchen wollte er, mit den reichen sollte er kein Glück haben. Mit einem aus Marmor lief es besser, sogar in dichterischer Hinsicht. Hat Göttin Hebe auch ein Herz aus Stein, sie schenkt immer Ambrosia aus, ewige Mundschenkin des Glücks. Von »süßem Rausche trunken, wie in ein Meer von Seligkeit versunken«, schaute Seume im Februar 1802 in Venedig zu ihr auf. Das Gedicht auf Canovas Statue ist in seiner jubelnden Hingerissenheit eines von Seumes schönsten. Im Unterschied zu den lyrischen Liebeserklärungen, die er den wirklichen Mädchen schickte, ist die Bewunderungspoesie auf die Marmorgöttin frei vom leidenden Seume'schen Grundton. Hier ist alles freudiges Entzücken. Im Angesicht von Canovas gemeißelter Schönheit darf Seume sich frei fühlen von Furcht und Hoffnung, die ihn bei Frauen aus Fleisch und Blut quälten. Doch hatte er es in Venedig nicht nur mit Hebe zu tun:

> »Ich zählte für den Tag meinem Lohnbedienten sein Geld in die Hand [...], da kamen, weiß der Himmel, ob meine Figur, mein Gesicht oder meine Handvoll Liren sie angelockt, ein Paar allerliebst

freche Venezianische Dirnchen und lehnten sich freundlich an Schulter und Ellbogen und plauderten wer weiß welchen frommen oder gottlosen Unsinn her.«

Man merkt beim Lesen dieses Briefs an Göschen noch heute, wie gut ihm das getan und wie sehr es ihm gefallen hat. Dennoch begann er, »so stark als möglich russisch zu fluchen«, legte sein »Gesicht in die gröbsten Sackfalten« und blieb »ungehudelt«, wie er sich ausdrückt. Auch im *Spaziergang* berichtet er das Erlebnis und schmückt es noch hübscher aus:

> »Ich zahlte dem Bedienten jeden Abend sein Geld; [...] dieses geschah diesen Abend, da es noch ganz hell war, auf dem Markusplatze. Einige Mädchen der Aphrodite Pandemos mochten bemerkt haben, dass ich bei der Abzahlung des Menschen eine ziemliche Handvoll silberner Liren aus der Tasche gezogen hatte.«

Figur und Gesicht lässt er diesmal weg und konzentriert sich, realistischer, auf das, was Aphrodite Pandemos, die käufliche Göttin fürs Volk, wirklich lockt: Lire. Die Mädchen

> »legten sich, als der Bediente fort war und ich allein gemächlich nach Hause schlenderte, ganz freundlich und gefällig an meinen Arm. Ich blieb stehen und sie taten das nämliche. Man gruppierte sich um uns herum, und ich bat sie höflich, sich nicht die Mühe zu geben, mich zu inkommodieren. Sie fuhren mit ihrer artigen Vertraulichkeit fort, und ich ward ernst. Sie waren beide ganz hübsche Sünderinnen, und trugen sich ganz niedlich und anständig mit der feineren Klasse. Ich demonstrierte in meinem gebrochenen Italienisch so gut ich konnte, sie möchten mich in

Ruhe lassen. Es half nichts; [...] Eine von den beiden Nymphchen schmiegte sich endlich so schmeichelnd als möglich an mich an. Da ward ich heiß und fing in meinem stärksten Baßtone auf gut russisch zu fluchen, mischte so etwas wie Impudenza [Unverschämtheit] und senza vergogna [schamlos] dazu, und stampfte mit meinem Knotenstocke so emphatisch auf das Pflaster, dass die [...] erschrockenen Geschöpfchen ihren Weg gingen.«

Nach dieser Episode folgt im übernächsten Absatz wie zufällig und doch in gekonntem Kontrast die Begegnung mit der Marmorgöttin:

»Jetzt ist meine Seele voll von einem einzigen Gegenstande, von Canovas Hebe.«

In Mailand kommt es erneut zum Verführungsversuch einer »schönen Sünderin«:

»Ich saß an einem Sonntag Morgen recht ruhig in meinem Zimmer und las wirklich zufällig etwas in den Libertinagen Katulls [Liebeslyrik des römischen Dichters]; da klopfte es, und auf meinen Ruf trat ein Mädchen ins Zimmer, das die sechste Bitte [im *Vaterunser:* ›... und führe uns nicht in Versuchung‹] auch ohne Katull stark genug dargestellt hätte. Die junge, schöne Sünderin schien ihre Erscheinung mit den feinsten Hetärenkünsten berechnet zu haben. [...] *Signore comanda qualche cosa?* [›Befehlen der Herr etwas?‹] fragte sie in lieblich lispelndem Ton, indem sie die niedliche Hand an einem Körbchen spielen ließ und Miene machte, es zu öffnen. Ich sah sie etwas betroffen an und brauchte einige Augenblicke, ehe ich etwas unschlüssig *No* antwortete. *Niente?* fragte sie, und der Teufel muss ihr im Ton Unterricht gegeben haben. Ich warf den Katull ins Fenster [auf die Fensterbank] und war höchst wahrscheinlich im Begriff, eine Sottise zu sagen oder zu begehen, als mir schnell die ernstere Philosophie still eine Ohrfeige gab. *Niente*, brummte ich grämelnd, halb mit mir selbst in Zwist; und die Versucherin nahm mit unbeschreiblicher Grazie Abschied. Wer weiß, ob ich nicht das Körbchen« – hätte Freud nicht seine Freude daran gehabt? – »etwas näher untersucht hätte, wenn die Teufelin zum dritten Mal« – kräht im Evangelium nicht dreimal der Hahn, während Petrus gefragt wird, ob er zu den Jüngern Jesu gehört, und es leugnet? – »mit der nämlichen Stimme gefragt hätte, ob gar nichts gefiele.«

Seume hat widerstanden, wenn auch mit Bedauern. Und für den Fall, dass Freund Leser auf die Idee kommt, die Sache werde im Buch anders erzählt, als sie im Leben gewesen ist, fügt Seume hinzu:

»So war die Sache, mein Freund; und wäre sie anders gewesen, so bin ich nicht so engbrüstig [engherzig] und könnte sie Dir anders oder gar nicht erzählt haben.«

Im gleichen Jahr, 1803, in dem Seumes *Spaziergang* erschien, veröffentlichte Schiller seine 1785 entstandene Ode *An die Freude*. In diesem späteren Beethoven-Hit und europäischen Vereinigungsschlager umschlingt der Chor die ganze Menschheit – und stößt doch, was gern überhört wird, einzelne Menschen, solche wie Seume etwa, grausam aus:

»Seid umschlungen, Millionen!/Diesen Kuss der ganzen Welt!/Brüder – überm Sternenzelt/Muss ein lieber Vater wohnen.//Wem der große Wurf gelungen,/Eines Freundes Feund zu sein;/Wer ein holdes Weib errungen,/Mische seinen Jubel ein!/Ja – wer auch nur *eine*

Seele/*Sein* nennt auf dem Erdenrund!/Und wers nie gekonnt, der stehle/Weinend sich aus diesem Bund!«

Eine der wenigen Seelen, die Seume sein nennen konnte, war Baron Freiherr von Münchhausen, der Freund aus den »huronischen« Tagen in Halifax. Im Gedicht *Abschiedsschreiben* erteilt Seume ihm Ratschläge für eine gute Lebensführung. Das Gedicht wurde zuerst 1792 in Schillers *Thalia* veröffentlicht und von Münchhausen dann in die 1797 erschienenen *Rückerinnerungen* aufgenommen. Darin gibt es eine Warnung »vor dem Weibe«, die sich anhört, als nehme sie schon 1792 die wilhelminasche Liebesverwundung von 1796 vorweg:

»Flieh vor dem Weibe, Freund; in ihren Netzen
Ist erst Berauschung und sodann Entsetzen;
Und in der ganzen Schöpfung liegt
Kein Wesen, das mit allen Engelgaben,
An denen sich die blinden Opfer laben,
Am Ende grausamer betrügt.«

In seinem *Nachruf an Seume* dichtet Münchhausen zurück und wendet sich an den »Sohn des Unmuts«: »Du gibst als Freund mir wohlgemeinte Lehren;/Ich danke Dir. Auch sie von mir zu hören,/Entadelt Deine Weisheit nicht./Nimm nun auch Du mein Herz in Lehren wieder/Und hör' ein Wort in diesem meiner Lieder,/Ein Wort, das meine Seele spricht.//Flieh nicht das ganze menschliche Geschlechte,/Damit Du nicht im angemessnen Rechte/Den Namen Menschenhasser trägst./Sieh nicht im Weib das Krokodil vom Nile/Und mach' es nicht zu Deines Grolles Ziele,/Worauf Du Deine Pfeile jägst.«

Die Freunde und die Chefs

»Die Liebe, sagt man«, schrieb Adolph von Knigge 1788 in *Über den Umgang mit Menschen,* »sei blind; sie fessle durch unerklärbaren Instinkt Herzen aneinander, die dem kalten Beobachter gar nicht füreinander geschaffen zu sein schienen, und da sie nur durch Gefühle, nicht durch Vernunft geleitet werde, so fallen bei ihr alle Rücksichten des Abstandes, den äußere Umstände erzeugen, weg. Die Freundschaft hingegen beruhe auf Harmonie in Grundsätzen und Neigungen; nun aber habe jedes Alter sowie jeder Stand seine ihm eigene Stimmung, nach der Verschiedenheit der Erziehung und Erfahrungen, und desfalls finde unter Personen von ungleichen Jahren und ungleichen bürgerlichen Verhältnissen keine so vollkommene Harmonie statt, als zur Knüpfung des Freundschaftsbandes erfordert werde.«

Mit ihrem Alter passten Seume und Münchhausen, nur etwa vier Jahre getrennt, gut zusammen. Doch was den bürgerlichen Stand und die soziale Lage betraf, hätte es zwischen dem übers Meer verschlagenen Kleineleutekind und dem ehrgeizigen Freiherrn nie und nimmer zur Freundschaft kommen können. Knigge fährt allerdings fort: »Diese Bemerkungen enthalten viel Wahres, doch habe ich schon zärtliche und dauerhafte Freundschaften unter Leuten wahrgenommen, die weder dem Alter noch dem Stande sich ähnlich waren.«

Im Lauf des 18. Jahrhunderts entwickelte sich in der aufgeklärten Ständegesellschaft vor allem in bürgerlichen Kreisen ein Kult der Freundschaft, der mit seinen künstlichen und manchmal kunstvollen Gefühlsergüssen, seiner öffentlich ausgelebten Empfindsamkeit und seinem nie enden wollenden Bereden in Briefen, Romanen und Gedichten geradezu hysterische Züge annahm. Zusammen mit anderen Schlag- oder vielleicht besser gesagt: Koseworten der Menschlichkeit war ›Freundschaft‹ eine schnell zirkulierende (und recht abgegriffene) Münze im persönlichen und publizistischen Austausch, ähnlich der ›Humanität‹, der ›Empfindsamkeit‹, der ›Philanthropie‹ und – gut deutsch gesagt, denn das griechische ›philos‹ heißt Freund, ›anthropos‹ ist der Mensch – der ›Menschenfreundlichkeit‹.

Auf Münchhausens freundschaftlicher Warnung, Seume müsse aufpassen, dass er nicht zum »Menschenhasser« werde, lastete epochales Gewicht. Viele Briefe und Bücher wurden über Freundschaftsthemen geschrieben, viele Zeitschriften konkurrierten um Abonnenten. Die ›Menschenfreundlichkeit‹ brachte es sogar zu allen drei titelmöglichen Varianten: *Der Menschenfreund* (Hamburg 1737–39), *Der Mensch* (Halle 1751–56), *Der Freund* (Ansbach 1754–56). Allerdings erschien auch ein *Hypochondrist* auf dem literarischen Marktplatz, aber nur kurz, 1762, und nur im nordisch gemütsdüsteren Schleswig.

Auch Bücher sollten Freunde sein oder welche werben. Ölgemälde und Scherenschnitte hielten Freundesantlitz und Freundschaftsprofil gegenwärtig. Die Pfarrer predigten von Freundschaft. Die Pietisten trieben die Innerlichkeit auf die Spitze und wurden mit dem Jesuskind intim, die Pädagogen wollten Freunde ihrer Schüler sein. Erziehungsanstalten, die aus Kindern lesende Menschen machen sollten, zum Beispiel durch das Verfüttern von Lebkuchenbuchstaben, gaben und nannten sich philanthropisch. 1774, im gleichen Jahr, in dem Goethe mit den fingierten präsuizidalen Briefen

Werthers an einen Freund zum literarischen Star avancierte, gründete Johann Bernhard Basedow in Dessau die Erziehungsanstalt Philanthropinum und veröffentlichte sein mit prachtvollen Kupferstichen von Chodowiecki geschmücktes vierbändiges *Elementarwerk.* Dieses philanthropische, ›menschenfreundliche‹ pädagogische Kompendium annonciert sein Programm schon in seinem Untertitel: »Ein geordneter Vorrat aller nötigen Erkenntnis. Zum Unterricht der Jugend, von Anfang bis ins akademische Alter, zur Belehrung der Eltern, Schullehrer und Hofmeister, zum Nutzen eines jeden Lesers, die Erkenntnis zu vervollkommnen.«

Der Dichter Gleim pflegte ebenfalls den Freundschaftskult und richtete in einem Zimmer seines Hauses in Halberstadt einen ›Freundschaftstempel‹ ein. Er sammelte Porträts von Zeitgenossen, mit denen er korrespondierte, und wenn er einen seiner zahlreichen Briefe zu schreiben hatte, rückte er das Schreibpult vor das Bild, das vom Adressaten an seiner Wand hing.

Göschen wiederum ließ einen Freundschaftspavillon in den Hohenstädter Hauspark setzen, und wenn Besucher die Treppe zu ihm emporstiegen, hatten sie die Giebelinschrift »Amicitiae« im Blick: »der Freundschaft«.

Der symbolische und emotionale Überschuss, der das Knüpfen und Pflegen von Freundschaften über das auch damals schon übliche ›networking‹ hinaus ins Kultische trieb, rührte von einem Mangel her: von einem Mangel an offenen Herzen und offenen sozialen Räumen. Das gesellschaftliche System aus der alten Zeit wurde Menschen mit neuen geselligen Bedürfnissen zu eng. Was politisch nicht zu überwinden war, wurde persönlich überspielt. Der wahre Menschenfreund weiß im freundschaftlichen Umgang die sozialen Schranken zu heben.

Aber oft sollten diese Schranken eben nur gehoben, auf keinen Fall abgeschafft werden. Man wollte mehr Humanität bekommen und doch seine Privilegien behalten. So wurde das, was sich in der Unschuld der frühen Tage als Menschlichkeit Bahn brach, im Lauf der Jahre ritualisiert und in Konventionen gebannt. Die Empfindung verkünstelte zur »Empfindeley«, Schwärmerei erstickte das wahre Gefühl, und Affektiertheit umrauschte den Einklang der Herzen wie ein Ballkleid die schmale Taille der Tänzerin.

Der tatsächliche, wirkliche Freund aus Fleisch und Blut verschwand hinter dem Bild, das sich die Einbildungskraft von ihm machte. Der nicht präsente Freund war der präsentabelste. Karl Philipp Moritz, einer der großen Bekenner der Literatur des 18. Jahrhunderts und in seinen Selbstauskünften direkter (und naiver) als Rousseau in den literarisch meisterhaft inszenierten *Bekenntnissen*, brachte die seelische Spannung, die zwischen Abwesenheit und Präsenz des Freundes entstehen kann, recht trocken auf den Punkt. In dem von ihm gegründeten *Magazin zur Erfahrungsseelenkunde*, der ersten empirisch-psychologischen Zeitschrift im deutschen Sprachraum, heißt es: »Der abwesende Freund ist mir mehrenteils wichtiger und interessanter, meine Empfindungen für ihn zärter, zuweilen gar enthusiastisch, als der Freund, mit dem ich eben spreche.«

Das freundschaftliche Wort nahm leicht überhand, wenn man die Feder ergriff, um es auf Brief- oder Manuskriptblätter zu schreiben, kam aber nur schwer über die Lippen, wenn es darum ging, es vor einem anwesenden Gegenüber in den Raum zu stellen. Denn dort stand es dann ungeschickt herum und war allen peinlich.

Auch die Freundschaft zwischen Seume und Münchhausen war zärtlich auf weite Distanz. Auf diese Weise blieb sie dauerhaft, trotz des einen, missglückten Besuchs Seumes bei Münchhausen, und obwohl sie nahezu ein Vierteljahrhundert nach Seumes Tod doch noch zerbrach, als Münchhausen mit erstaunlicher Verzögerung *Mein Leben* las. Geschlossen in Halifax, wurde der Freundschaftsbund zwischen den beiden bekräftigt durch die 1797 in den *Rückerinnerungen* dokumentierte lyrische Zwiesprache. Das Bändchen eröffnet mit einer Vorrede Münchhausens: »Mein Leser! Hier hast Du ein Büchlein. Es enthält einige Harfenschläge der Freundschaft von mir und meinem Freunde Seume. Kannst Du irgend eine gute, biedere Seele Dein nennen; weißt Du, was echte, wahre Freundschaft ist, und wie wohl sie dem Herzen tut, so lies es; wo nicht [so stehle Dich weinend aus diesem Bund?], so lege es wieder hin.«

Nachdem der Leser in die Freundesrunde aufgenommen ist, folgt ein Gedicht Münchhausens, dessen erstes Wort »Seume!« lautet, Seume mit vorwurfsvollem Ausrufezeichen. Dann folgen Fragen (»Wars Gelübde der Freundschaft, oder was war er, der Schwur?«) und Zweifel (»Schweige, Gefühl der Liebe; verstumme, Stimme der Freundschaft; Denn der Schwärmer verlernte diese vertrauliche Sprache.«).

Seume antwortet mit *Meinem Münchhausen zum Denkmal*. Das lyrische Ich, der fingierte Sprecher des Gedichts ist nicht einfach mit Seume identisch, sondern von diesem erfunden und an ein Dichtergrab gestellt, und zwar mit ästhetischer Wirkungsabsicht an dasjenige Gellerts, dessen Lyrik Seume mit Münchhausen in Halifax gelesen hatte:

»So wahr ich lebe, Freund, und hier am Staube
Des großen Menschenfreundes steh,
Und froh in Sternenregionen seh,
So wahr ich an den Wert der Tugend glaube:

176

Mein Herz zwar hart und arm, doch gut und bieder,
War einst so folgsam, als du mir
Am Felsen riefst, und sendet jetzo Dir
Dein Echo aus der tiefsten Falte wieder.«

Der Band enthält insgesamt sechs Gedichte, gerecht verteilt zwischen den beiden Autoren. Das wichtigste und sicher auch wertvollste von ihnen ist Seumes *Abschiedsschreiben* mit seinen Freundschaftsbeteuerungen, denen dann – »Jetzt lebe wohl und höre von dem Freunde,/ Als ob er scheidend dir im Arme weinte,/Ein Wort, das meine Seele spricht« – eine lyrische Strophenkette voller Ermahnungen folgt. Das Gedicht stand ursprünglich im Zusammenhang mit Seumes Entscheidung von 1792, gegen Münchhausens Ratschlag in russischen Militärdienst zu treten und Abschied vom »Vaterland« wie vom Freund zu nehmen.

Sechs Jahre später, Seume ist längst wieder in Leipzig und inzwischen kein ganz unbekannter Autor mehr, schreibt er an Münchhausen:

»Ich weiß wohl, dass ich in der Welt nicht viel tauge, dass ich für die meisten Lagen des Lebens etwas verstimmt bin; aber das weiß ich doch auch, dass ich wahrhaft Ihr Freund bin und es zu sein verdiene. Wenn ich nicht immer so bin, wie Sie mich haben wollen, so kann ich nicht dafür. Unsere Individualität ist fast nie in unserer Gewalt; am allerwenigsten, wenn ihr ganzer Stempel schon geschlagen ist.«

Dann erklärt er, noch nicht zu wissen, was er aus sich oder das Schicksal aus ihm machen werde, und kommt auf Gleim und die *Rückerinnerungen* zu sprechen:

»Gleim lässt Sie grüßen. Er hat von ungefähr unsere Rückerinnerungen gesehen, und schrieb mir eine ganze Seite voll Erkundigungen nach Ihnen in seinem letzten Briefe. Wenn Sie nicht weiter von mir wären als der Alte Patriarch Gleim, so würde ich längst einmal zu Ihnen geflogen sein.«

Gleim wunderte sich in der Tat darüber, »wie's möglich ist, dass Ihr Amerikaner Euch in Europa noch nicht gesehen habt!«. Seume erklärte es ihm:

>»Dass wir, Münchhausen und ich, uns in der alten Welt noch nicht gesehen haben, daran sind wohl nur unsere Lagen und im geringsten nicht unsere Gesinnungen schuld. [In *Mein Leben* wird Seume das glatte Gegenteil behaupten.] Wir sind 50 Meilen von einander entfernt, und in seinen und meinen Verhältnissen kann man nicht so viel Zeit ersparen, um eine solche Ausflucht zu machen. Ich bin aber gesonnen, sobald als möglich ihn eben so zu überraschen, wie ich glaube, dass ich den Vater Gleim überrascht habe.«

Diese Überraschung ist Seume auf dem Rückweg von Syrakus wirklich gelungen. Im Oktober 1802 schreibt er darüber an Sophie von La Roche:

>»Er erkannte mich nicht, und erst, nachdem ich ihm mein Introduktionsschreiben, einen Ring mit seinem Bildnisse vorhielt, sank er, wie von einem elektrischen Funken gerührt, in meine Arme, und führte mich zu seiner jungen Frau als seinen alten Freund.«

Aber schon mit dem nächsten Satz verlässt Seume den alten Freund im Briefbericht und geht zur Weimarer Station seiner Rückreise über. Im *Spaziergang* hingegen hat er die Wiederbegegnung etwas ausgeschmückt:

>»Hier habe ich ein kleines Empfehlungsschreiben, sagte ich, indem ich ihm meinen Finger hinhielt, an dem sein Bild von ihm selbst in einem Ringe war. Es war, als ob ihn ein elektrischer Schlag rührte, er fiel mir mit meinem Namen um den Hals und führt

mich im Jubel zu seiner Frau. Dieses war wieder einer der schönsten Momente meines Lebens. Einige Tage blieb ich bei ihm und seinen Freunden, und genoss, so weit mir meine ernstere Stimmung erlaubte, der frohen Heiterkeit der Gesellschaft.«
Die Einschränkung wegen der »ernsteren Stimmung« ist wohl berechtigt. Jedenfalls war Münchhausen über Seumes Benehmen deutlich verärgert: »Seume, vor einigen Monaten war er bei mir«, schrieb er an einen anderen Freund, »hat mir aber nicht mehr gefallen. Er kam von seiner Reise aus Italien zurück u. war – ganz *italienische Reise u. Original Mensch* in *seinem* Sinn. Meiner Frau, die doch sonst so schonend richtet, tat es leid, dass er gekommen war, als er ging: denn er nahm ihr die hohe Idee mit fort, die sie vorher von ihm hatte.«

Münchhausen beschwerte sich auch bei Seume über Seume, der missmutig seinen Missmut während des Besuchs zu rechtfertigen versucht:

»Es ist möglich, dass ich irgend wo das Ansehen der Hartnäckigkeit und Anmaßlichkeit gehabt habe, es ist aber auch schwer, dieses nicht zu haben, wenn man oft auf meine heiligsten Überzeugungen stößt und den Menschen aus seinem Innersten weckt. Vielleicht haben mich die Leute nicht erkannt, vielleicht verdienen sie nicht, mich zu kennen; vielleicht habe ich auch selbst in der Art meines Ausdrucks gefehlt: denn meine Verhältnisse erlaubten mir nicht – den Grazien genug zu opfern. Es gehört schon etwas Stärke dazu, alle die Misskennungen zu ertragen, die ich ertragen habe, und doch kein Murrkopf zu werden. Gegen Sie bin ich wohl zuweilen etwas anmaßlich gewesen; das wurde vielleicht durch meine Freundschaft gerechtfertigt oder wenigstens entschuldigt.«

Von den Grazien, denen Seume nicht genug zu opfern wusste, hat sich eine zu Wort gemeldet: die Dichterin Arnoldine Wolf: »Münchhausen war nicht zufrieden mit ihm. Jüngst erst zurückgekehrt vom Altare, an welchem der priesterliche Segen seine feurige Liebe krönte, konnte er die ruhige Kälte seines ältern Freundes [Münchausen, Jahrgang 1759, war der Ältere!] nicht begreifen, der seine junge schöne Frau nicht mit der erwarteten freundschaftlichen Wärme und ihn nicht mit der gehörigen Teilnahme an seinem Glück begrüßt hatte.«

»Flieh' vor dem Weibe«, hatte Seume Freund Münchhausen im *Abschiedsschreiben* zugerufen, und offenbar hielt er beim Wiedersehen das Weib immer noch für ein »Krokodil vom Nil«, wie Münchhausen in seinem Antwortgedicht befürchtet hatte.

Das missglückte Wiedersehen dieser poetisch inszenierten Freundschaft hatte ein wiederum poetisches Nachspiel. Wahrscheinlich veranlasst durch Münchhausen, schickte Arnoldine Wolf »Nach gemachter persönlicher Bekanntschaft« ein so betiteltes Gedicht an Seume, in dem sie die Vermutung äußert, seine Ungefälligkeit rühre daher, dass eine Frau ihn einmal tief verletzt habe. Seume antwortete seinerseits mit einem Gedicht, das sowohl vom Freundesbesuch als auch von der Liebesverletzung handelt:

>»Ich kam, und war so herzlich froh, und dachte,
>Dass ich dem Freund gewiss Vergnügen machte;
>Und nun zerstört man mir den süßen Wahn.
>So hätt' ich denn mit meinem ganzen vollen
>Gefühl für ihn vorüber pilgern sollen!
>Das hätt' ich dann als euer Mann getan.«

Zwei Strophen später:

>»Nun ja, man [Wilhelmine] hat mir Liebe vorge
>logen;

Darüber ist mein schöner Lenz verflogen:
Doch dies macht mich nicht dunkler als ich war.«
Wolf wiederum reagierte mit einem Sonett: *Meine Rechtfertigung an Seume*. Gegen Ende von Seumes Leben, er
war schon schwer krank, bat Arnoldine um die Rück-
gabe ihrer Gedichte und um die Erlaubnis, sie mit dem
Seumes veröffentlichen zu dürfen. Seume antwortete:

>»Hier folgen die Verse zurück. Ich gebe Ihnen Er-
laubnis, damit zu tun, was Ihnen beliebt. Ich bin
meines Taktes so gewiss, dass mein *Charakter* [Her-
vorhebung von Seume, er meint: im Unterschied
zum Dichter] nichts wagt, wenn auch jede Zeile
meiner Hand gedruckt wird. [...] Um den gewöhnlichen Beifall bekümmere ich mich nicht viel und
um die Kritiker noch weniger, da ich bloß dem Bedürfnis meiner Seele lebe.«

Gegen Ende des Briefes kommt er noch einmal auf
Münchhausen zu sprechen:

>»Münchhausen ist mir durch den Sturm der Zeit
entrückt, und die Männergedanken über diesen
Gegenstand sind zu schwarzer Farbe, als dass es für
mich oder ihn gut sein sollte, darüber eine neue
Mitteilung anzustimmen. Er lebt freundlich in meinem Geiste, wie ich hoffentlich in dem seinigen.«

Arnoldine Wolf hat die Gedichte nach Seumes Tod in
einem der damals beliebten Jahresalmanache veröffentlicht. Er trug den Titel *Taschenbuch für das Jahr 1811. Der
Liebe und Freundschaft gewidmet*. Der Gedichtwechsel erinnert ein wenig an den lyrischen Dialog der *Rückerinnerungen* so viele Jahre zuvor.

Dessen Kerngedicht, Seumes *Abschiedsschreiben*, fiel
Veit Schnorr von Carolsfeld in die Hände, und Schnorr
wurde einer jener seltenen Freunde, mit denen Seume
nicht bloß poetisierte oder abenteuerte, sondern auch

alltäglichen Umgang hatte. Der nur wenig jüngere Schnorr fungierte sogar als Liebesbote (zwischen Wilhelmine und Seume) und Geldbote (zwischen Göschen und Seume).

In seinen Erinnerungen berichtet er, wie ein Bekannter ihn auf ein Heft von Schillers *Horen* (Schnorr verwechselt sie mit Schillers bei Göschen erscheinender *Neue Thalia*, die das *Abschiedsschreiben* 1792 gedruckt hatte) aufmerksam machte: »Dieses Gedicht ergriff und bewegte meine Seele gewaltig. [...] Und – was Seume sagte, – schien mir so wahr aus einem von tiefer Einsicht für Humanität und Menschenwert erfüllten Herzen in großer Kraft hervorgegangen zu sein; an Gedicht und Kunst dachte ich gar nicht. Mit einem Worte; ich hatte von diesem Moment an keinen anderen Wunsch, als den Verfasser persönlich kennen zu lernen.«

Seume scheint es bei Schnorr im Unterschied zu Münchhausen nicht gestört zu haben, dass auch Schnorr nicht »vor dem Weibe« geflohen war. Jedenfalls ist Seume nett genug, seinem frischen Freund zu schreiben:

»Sie müssen durchaus ein großer Künstler werden, da Sie enthusiastisch glücklich geheiratet haben. Wenn ich ein Nebengeschöpfchen dieser Art in meinem Vaterlande fände, so könnte ich auch wohl noch Buße tun et numen agnoscere [das ›göttliche Wirken anerkennen‹] Aber da habe ich Dummkopf nun nichts gelernt, ein Weib zu ernähren.«

Diese vernünftige Selbsteinschätzung hielt Seume nicht davon ab, sich Hals über Kopf in Wilhelmine zu verlieben, und Schnorr nicht, den Liebesboten zwischen dem »reichen Mädchen« und seinem armen Freund zu spielen. In seinen Erinnerungen schreibt er: »Ich gab in R[öders] Hause [Zeichen-]Unterricht und musste das Abgeben der wechselnden Briefe übernehmen. – Mein

Freund drang mehr als einmal in das heißgeliebte Mädchen, den Vater von diesem Verhältnis in Kenntnis zu setzen, oder es ihm selbst zu gestatten. – Allein Wilhelmine wusste ihn immer noch zu beschwichtigen: noch sei es nicht ratsam. – Der Mann litt furchtbar dabei; da heimliches Wesen seiner ganzen Seele zuwider war. – Und doch musste er nachgeben. – Wilh. war wirklich ein interessantes Wesen. Aus ihren schwarzen Augen leuchteten Geist und Tiefe.«

Anders als mit Schnorr, dem Seume endlich einmal wohltuend normalmenschlich verbunden gewesen zu sein scheint, pflegte er mit Garlieb Merkel eine eklatant politische Freundschaft. In einer Rezension von dessen aufsehenerregendem, 1797 in Leipzig erschienenen Buch *Die Letten vorzüglich in Liefland am Ende des philosophischen Jahrhunderts* erzählt Seume von dieser Freundschaft:

> »Wir schlossen uns in Leipzig bald an einander an, fanden uns zusammen wohl, nahmen uns beide einander als ehrliche Leute, stritten und vereinigten uns über manche Dinge, oder blieben freundschaftlich nach verschiedenen Gründen verschiedener Meinung.«

Merkel und Seume empörten sich über die gleichen Missstände, vor allem was die Privilegien des Adels betraf, und äußerten ihre Kritik in ähnlicher Schärfe. In ihrer Gemütslage waren sie ebenfalls Wahlverwandte, beiden drückte die Schwermut aufs Herz, beiden saß Hexe Hip auf der Schulter. Vielleicht hat niemand Seumes innere Verfassung besser verstanden als Merkel. In seinem dreißig Jahre nach dem Tod des Freundes publizierten zweiten Band der *Darstellungen und Charakteristiken aus meinem Leben* schrieb er über dessen persönliche wie politische Haltung: »Seumes Charakter gehörte zu den reinsten, edelsten, festesten, die ich gekannt habe; aber er war zugleich derjenige, an dem mir der Unterschied zwischen Stärke und Kraft, das heißt zwischen dem Vermögen, zu widerstehen, und jenem, zu wirken oder zu schaffen, am hellsten eingeleuchtet hat.« Dann erzählt Merkel eine treffliche Anekdote: »In einem unserer vertrauten Gespräche macht' ich ihm einst freundschaftliche, ziemlich lebhafte Vorwürfe darüber, dass er in allen Verhältnissen seines Lebens immer und immer *nur* damit beschäftigt gewesen sei, seine moralische Individualität zu retten. Ich ging so weit, zu behaupten, dass es Grösse sei, allenfalls selbst jene Individualität der Ausführung einer großen wohltätigen Idee zu opfern. Er stritt heftig; endlich aber schüttelte er mit jener sonderbaren Weise, die seine Freunde wohl alle an ihm gekannt haben, murrend den Kopf und rief: ›Lassen Sie mich in Ruhe! Ich gehöre nun einmal zu den Menschen, die nur: Ich will *nicht!* sagen können.‹«

Das bekam auch Göschen zu spüren, als Seume definitiv nicht mehr in die Offizin in Grimma, sondern bloß noch nach Italien wollte. Der Verleger war einer der geduldigsten, ausdauerndsten und verständnisvollsten Freunde, die Seume jemals hatte, obwohl es die Freundschaft zwischen einem Untergebenen und seinem Chef gewesen ist. Und im Unterschied zu Vater Gleim oder zum Jugendfreund Münchhausen bekam Göschen es nicht nur mit den teils melancholischen, teils schnurrigen Briefen Seumes zu tun, sondern mit dem Mann selbst und seinem »Murrsinn«, wie Seume es – nur halb bedauernd – ausdrückt, mit seiner das Unhöfliche mehr als streifenden Schroffheit und seiner überstrapazierten, wie ein Abwehrschild vor sich her getragenen Aufrichtigkeit.

Seume hatte bei Göschens Familienanschluss, er

wurde auch nach Beendigung des Angestelltenverhält-
nisses unterstützt, und er stieß bei dem vielbeschäftigten
Verleger stets auf ein offenes Ohr. Dafür hatte dieser Verleger dann das letzte Wort – und ließ sich nicht nehmen,
es in der Fortsetzung von Seumes *Mein Leben* auch zu
schreiben. Sogar über Seumes militärischen Chef, General Otto Heinrich von Igelström: »Igelström und Seume!
Das war eine Verbindung eigener Art. Der alte Hof- und
Staatsmann war üppig, prachtliebend, sinnlich, verstän-
dig und klug; aus Diensteifer ein tüchtiger politischer
Despot, übrigens ein braver Soldat, großmütig und gut-
mütig. [...] Diesem Manne stand Seume zur Seite, wie
wir ihn kennen; Seume, der immer die Wahrheit unver-
hohlen sagte und von den polnischen Angelegenheiten
ganz andre Ansichten hatte, als der General und die Kaiserin. Demohngeachtet bewies Igelström seinem Sekretär privatim und öffentlich die größte Achtung und ein
aufrichtiges Wohlwollen.«
Was hier der literarische Chef über den militärischen
schreibt, beruht sicher auf dem, was Seume über den
militärischen Chef dem literarischen erzählt hatte. Zwischen beiden lagen Welten. Der General war Seume anders als der Verleger nicht bloß familiär und finanziell
überlegen, sondern von einem Rang und Namen, der
einen sächsischen Bauernjungen, studiert oder nicht,
trotz allen persönlichen Wohlwollens sozial zu einem
Niemand machte. Igelström entstammte einer deutsch-
baltischen, ursprünglich schwedischen Familie, war mit
einer Polin verheiratet, machte aber trotz seiner polnischen Verbindungen im russischen Militär Karriere.
Seume arbeitete Anfang der 90er Jahre in Leipzig als
Erzieher von dessen Neffen Gustav Andreas. Nach dem
Abschluss des zweiten Studiums mit einer lateinischen
Schrift über die Bewaffnung bei »den Alten«, gewid-

met Johann Jakob Igelström, dem Vater seines Zöglings und Bruder seines künftigen Chefs, reiste er im August 1792 nach Riga und von dort ins russische Pleskow, wo er beim General eine Adjutantenstelle annahm. Das erscheint heute ungewöhnlicher als es damals war. Hatte nicht dreißig Jahre zuvor sogar ein Lessing als Sekretär eines Generals gedient, wenn auch eines preußischen und in Breslau?

Als Igelström zum Oberkommandierenden der russischen Besatzungstruppen in Warschau ernannt wurde, begleitete ihn Seume und widmete ihm die in Warschau erschienene Schrift über *Prüfung und Bestimmung junger Leute zum Militair*. Nach der Niederschlagung des polnischen Aufstandes arbeitete er mit Igelström an einer Denkschrift für Zarin Katharina, um Igelströms Verhalten zu rechtfertigen. 1795 sollte er im Auftrag Igelströms den schwer kranken jungen russischen Major Muromzow auf einer Reise nach Italien begleiten. Die von Napoleon durcheinandergewirbelten Verhältnisse in Italien erzwangen den Abbruch der Reise in Leipzig.

Zehn Jahre später sucht Seume den General in Riga auf, wird jedoch nicht empfangen, wie er in *Mein Sommer 1805* erzählt:

> »Ich ließ mich melden, bloß um dem alten Herrn als meinem ehemaligen Chef meine Achtung zu bezeigen: eine andere Absicht konnte ich durchaus nicht haben.«

Hinter einem Dementi steckt immer die Furcht, oder zumindest die Vorsicht. Seume scheint zu fürchten, die Leser könnten doch »andere Absichten« vermuten. Immerhin war ein Ziel der Reise von 1805 auch das Erwirken einer Pension für seine russische Dienstzeit. Allerdings hätte in dieser Sache Igelström ohnehin nichts für Seume tun können.

»Er ließ mich ziemlich lange stehen und mir endlich sagen: Er sei krank; wenn er wohl sein werde,
wolle er mich sehen. Sein Arzt und sein Neffe hatte
mich vorher seines hinlänglichen Wohlseins versichert. Ich ging und kam natürlich nicht wieder;
denn ich war nicht hingegangen, um den Hof zu
machen.«

Der frühere Untergebene zeigt sich gekränkt von der
Krankheit des Chefs, über dessen »hinlängliches Wohl-
sein« er sich »versichert« glaubt, und erinnert auf der
Stelle an seine früheren Verdienste:

»Es war eine Zeit, wo er mir alle Geheimnisse seiner öffentlichen Ämter und seiner Privatverhält-
nisse anvertraute, ein Vertrauen, das ich nie missbrauchte, wo ich wochenlang an seinem Bette saß
und arbeitete, wo er mich wie einen vertrauten
Freund behandelte und sich dann mit meinen Pa-
pieren vor der Monarchin rechtfertigte.«

In einem langen Lehrbrief, den Seume 1792 nach der
Beendigung seiner Hofmeisterstelle an den jungen
Igelström richtete, erteilte er neben vielen anderen Rat-
schlägen auch diesen:

»Begegnen Sie immer Ihren Untergebenen und
Bedienten mit Güte und Freundlichkeit, selten
oder nie mit Vertraulichkeit und Freundschaft.«

Der General ging mit Seume nicht so um, wie dieser
dem Neffen einst den Umgang mit Untergebenen emp-
fohlen hatte. Zur echten Freundschaft zwischen dem
Leutnant ohne Stand und dem General von altem Adel
konnte es dennoch nicht kommen.

Pedrillo
oder
Zwischenspiel über Ressentiment

———— ⚬❦⚬ ————

In Wielands heiter verspieltem Roman *Die Abenteuer des Don Sylvio von Rosalva*, in erster Fassung 1764 und in einer Ausgabe letzter Hand 1795 im Rahmen der von Göschen publizierten Werkausgabe erschienen, erlebt ein junger Mann in Spanien allerhand Geschichten mit Feen und Zauberern, die sämtlich in seinem Kopf stattfinden, so ähnlich, wie im *Don Quijote* ein alter Knabe allerhand Geschichten mit Rittern und Ungeheuern erlebt. Was dem einen Don sein Sancho Pansa, ist dem anderen sein Pedrillo. Nur mit dem Unterschied, dass Sancho Pansa im Laufe der Begebenheiten nicht nur an Leibesfülle, sondern auch an persönlichem wie literarischem Format zunimmt, während Pedrillo der lustige Luftspringer bleibt, der er von Anfang an war. Wie in der Oper das Buffo-Paar, soll er für Erholung zwischen den Belehrungen sorgen und sich nach hochgestimmten Passagen am Kopf (oder weiter unten) kratzen. Das Publikum ergötzt sich immer an den Pedrillos, macht sich aber nie mit ihnen gemein. So ist es in der Wirklichkeit, und so ist es im Roman, erläutert der Erzähler: »Pedrillo kommt also oder geht, plaudert oder schweigt, ist geschäftig oder müßig oder gar unsichtbar, je nachdem es die Natur seines Dienstes oder sein Verhältnis gegen seinen Herrn mit sich bringt. Da er ihn auf seiner wundervollen [= wunderbaren] Wanderschaft begleitete, so hatte er das Recht zu plaudern, wie und was er wollte, so lange Don Sylvio keine bessere Gesellschaft hatte; und er tritt ab und zieht sich in die Lakaien-Stube [...] zurück, so bald sein Herr bessere Gesellschaft hat.«

War Seume nicht von seinem Herrn, General Igelström, wie ein »vertrauter Freund« ans Bett gerufen worden, als man ihn brauchte, und später in Riga, als man ihn nicht mehr brauchte, im Vorzimmer stehen gelassen worden? Durfte Seume nicht in Leipzig Ellbogen an Ellbogen mit Söhnen aus besserem Haus die Schulbank drücken und wurde daheim beim Rektor Martini doch von der Magd verköstigt?

Die Pedrillos in den Romanen und die Papagenos auf der Opernbühne spüren die Demütigungen nicht, die ihnen zugefügt werden, und dürfen sie nicht spüren, das wäre dem höheren Publikum zu rebellisch. Wenn man im wirklichen Leben in die »Lakaien-Stube zurück geschickt« wird, fühlt sich die Sache anders an. Es senkt sich ein Stachel in die Seele, der nur schwer wieder herauszuziehen ist.

Ressentiments haben immer die Schwachen: Ressentiments hat der kleine Mann angesichts des Großen, hat der Bürger im Vorzimmer des Edelmanns, der Hofmeister in der aristokratischen Kinderstube, der gemeine Soldat ohne Aussicht aufs Offizierspatent, der ränzeltragende Wirtshauswanderer mit höheren geistigen Ansprüchen, der zweitrangige Schriftsteller bei Audienz im Weimarer Olymp, der Korrektur lesende Handlanger im Umgang mit der betreuten Koryphäe, der Fußgänger beim Beiseitespringen vor heranpreschenden Herrenreitern, der chancenlos in reiche Mädchen verliebte

Habenichts, der todkrank um sein Leben schreibende Autor.

Seume hat sich in allen diesen Rollen gefunden, präziser müsste es heißen: verloren. Und aus allen hat er sich wieder herausgewunden, nur aus der letzten nicht. Vor dem »Mörder aller Leute«, wie einst der »Ackermann aus Böhmen« dem »Schnitter Tod« fluchte, hat jeder Ressentiment, der noch ein bißchen leben will – doch entkommt ihm keiner. Seume hat gern so getan, besonders, wenn er gerade unglücklich verliebt war, als wäre der Tod ein Freund, dem man erschöpft in die Arme sinkt, wenn man nicht mehr weiterweiß und kaum noch weiterkann. Aber das war Theorie – oder Poesie, und schlecht gereimte noch dazu.

Glückliche Menschen leiden selten an den sogenannten Verhältnissen, mögen diese Verhältnisse auch nicht aufs Beste bestellt sein. Erst wen die Lebensumstände unglücklich machen, ergreift das Leid; erst wen das Dasein glücklos lässt, drückt der Jammer nieder. Mit den dramatisch Unglücklichen haben die Glücksbegabten gerne Mitleid, denn wer kann schon etwas für sein Schicksal. Die gewöhnlichen Glücklosen indessen werden beargwöhnt, um sie herum liegt immer der Verdacht in der Luft, sie seien selber schuld – an sich, an dem, was ihnen fehlt, und daran, wie sie sich immerzu haben und wie sie sich geben.

Sagt ein Glückloser und Unfroher seine Meinung über glücklose Verhältnisse, lässt sich die unfrohe Botschaft leicht mit der Unterstellung desavouieren, sie resultiere aus dem unguten Naturell dessen, der die schlechte Botschaft bringt. Aber diese Anlastung von Ressentiments hat selber welche. Und eine Wahrheit, die ein bitterer Mund sagt, wird dadurch nicht zur Lüge.

Seume war mit dieser psychologisch-politischen Gefechtslage bestens vertraut. In seiner Rezension von Garlieb Merkels *Letten* schrieb er:

> »Dem guten Mann Merkel wünsche ich aus Freundschaft für ihn, und noch mehr aus allgemeiner Menschenfreundschaft, vorzüglich ein immer stetes festes Wohlbefinden, ununterbrochen durch Verdruss, Grille und Misslaune; damit nicht seine und seiner Sache Feinde den Prätext nehmen, ihn zu beschuldigen: die Hypochondrie habe aus ihm gesprochen. Dieser Gedanke sollte ihn doppelt aufmerksam auf sich selbst machen. Sie wissen, wie sehr man geneigt ist, die Person mit der Sache zu vermengen, wie sehr man zumal bei Punkten dieser Art das Publikum mit Glaukomen und Sophismen zu bestricken sucht.«

Seume schickte die Rezension an Böttiger, der damals Wielands *Neuen Teutschen Merkur* redigierte. Böttiger schien die Sache und vor allem die Sprache zu heiß zu sein, denn sie prangerte die Lebensverhältnisse der Bauern in den baltischen Staaten, in Russland und in manchen deutschen Fürstentümern als sklavisch an. Merkel wiederum glaubte, der Artikel würde sich nachteilig für Seume selbst auswirken. Der Text blieb unveröffentlicht. Seume bedauerte das in einem Brief an Böttiger, doch wurden durch den Vorgang die Freundschaft mit Merkel und die guten Beziehungen zu Böttiger nicht belastet. Auch in einem Brief an Gleim – in ebenjenem, in dem er dessen Vorschlag ablehnte, in Preußischen Dienst zu treten – äußerte er sich über Merkel:

> »Von diesem wünsche ich vorzüglich, dass er sich wohl befindet; denn sonst sagen seine und seiner Sache Feinde, der Mann habe alles aus Hypochondrie getan. Seine Letten sind ihm gewiss bekannt. […] Merkel zeigte mir seine Papiere und fragte

Seume auf einem Stich von A. W. Böhm, gefertigt nach einer
Zeichnung des Malers Veit Hanns Schnorr von Carolsfeld. Der
1764 geborene Maler war seit 1793 eng mit Seume befreundet.
Im November 1801 brachen die beiden gemeinsam nach Syrakus
auf. In Wien kehrte der Familienvater Schnorr auf Anraten Seumes wegen der gefährlichen Lage in Italien um.

Seumes Mutter, Regina Christina Seume, geb. Liebig (1738 bis 1807). Stich nach einem Aquarell von Schnorr von Carolsfeld.

Seumes Geburtshaus im sächsischen Poserna auf einer Zeichnung von etwa 1835. Das Gebäude ist nicht erhalten.

Aquarelle von Göschenhaus und Göschenhausgarten von Franz Wilhelm Adolf Ludwig Susemihl(1787 bis 1816), dem Pflegesohn Göschens. Im unteren Bild (linker Bildrand) ist der Gedenkstein zu sehen, den Göschen bereits 1801 zu Beginn von Seumes Reise an dessen Lieblingsplatz hatte aufstellen lassen, da er nicht sicher war, ob Seume die Reise überleben würde.

Cura fugit Multo diluiturque mero.

SPAZIERGANG NACH SYRAKUS

im Jahre 1802.

VON

I . G . SEUME .

*Veritatem sequi et colere, tueri justitiam, æque omnibus
bene velle ac facere, nil extimescere.*

BRAUNSCHWEIG UND LEIPZIG.

1803.

Spießrutenlauf, auch als »Gassenlaufen« bezeichnet. Radierung
von Daniel Chodowiecki von 1778.

Lesender Bauer. Stich von Chodowiecki von 1757.

Frontispiz der zweiten Auflage des *Spaziergang*. Der Stich von A. W. Böhm nach einer Zeichnung von Schnorr von Carolsfeld zeigt den Verführungsversuch durch eine Wirtshausschöne, den Seume in seinem Reisebericht schildert.

Die Zeichnung von C. G. H. Geißler zeigt Seume im Jahr 1808,
wurde aber vermutlich erst nach Seumes Tod aus dem Gedächt-
nis angefertigt.

mich um Rat. [...] Ich teilte ihm noch einige kleine Bemerkungen mit und sagte: wenn Sie Mut haben in das Wespennest zu stoßen, so ist das brav: aber es kann Ihnen Ihr Vaterland kosten. Darauf war er gefasst. Sein Supplement ist ziemlich heftig und persönlich, aber auch wahr und gerecht.«

Die Entwertung einer politischen Position durch die soziale Position dessen, der sie vertritt, kann aber nicht nur dem Benachteiligten zu schaffen machen, der seine Unzufriedenheit äußert, sondern auch dem Bevorzugten, der, selbst zufrieden, aber gar nicht unbedingt selbstzufrieden, sich mit der Unzufriedenheit des Gegenübers konfrontiert sieht. Münchhausen hat das erleben müssen, auch bei manchem Brief, in dem Seume aristokratische Privilegien kritisierte, wohl wissend, dass er damit den Empfänger, der über ebendiese verfügte, am Zopf zog oder ernsthaft verärgerte. Über die Jahre, die zwischen der Trennung bei der Rückschiffung nach Europa und der lyrischen Kontaktaufnahme durch Münchhausen vergingen, schrieb Münchhausen in seinem *Rückblick auf verlebte Tage*: »War er tot oder hatte er mich vergessen? [...] War er ein wichtiger Mann geworden und der gewesene Fähnrich [also Münchhausen] ihm zu wenig, oder konnte der Bauernsohn dem Ritter keine Freundschaft erwidern – ?? Das eine war schlimmer als das andere. Es gibt solcher Menschen nicht wenige, die zwar nicht eben den Mann, aber doch den Stand hassen. [...] War etwa auch Seume einer von diesen gewesen?«

Als Münchhausen sich in seinen Memoiren an diese Zeit der Fragen erinnerte, war Seume schon lange gestorben. Trotzdem kannte er dessen posthum veröffentlichtes *Mein Leben* noch nicht. Erst im Juli 1835, ein Vierteljahrhundert nach Seumes Tod und am Ende seines eigenen Lebens, reimte sich Münchhausen nach der

Lektüre von Seumes Halbautobiographie erbittert eine Abrechnung zusammen.

Nach einer persönlichen Kränkung kehren stets die sozialen Ressentiments zurück. Die Sympathie hat sie nicht beseitigt, nur überdeckt, und nach deren Erlöschen kommen sie wieder zum Vorschein, trotz all der vergangenen Jahrzehnte frisch wie am ersten Tag. Münchhausens Gedicht ist wie ein Strick, zum Zerreißen gespannt zwischen dem »entlaufenen Studenten« am Anfang und dem »Edelmann« am Ende: »Da les' ich von einem verloff'nen Studenten, / Sogar von einem der Theologie –, / Verflickt mit Hochmut zu hundert Prozenten – / Die lumpigste Lügen-Biographie. [...] Ich trank mit ihm aus einem Becher, / Ich aß mit ihm von einem Brot, / Und teilte mit dem – Lügen-Sprecher – / Was mir das karge Schicksal bot. / Ich nahm ihn auf in meinem Zelte / Ich lud ihn in mein Winter-Haus, / Und wenn der Hund des Mangels bellte, / Da half ich ihm wie Bruder aus.«

Erwiesene Wohltaten sind wie Leichen im Keller – der Seele von jenen, die sie erhalten, wie derjenigen, die sie gewähren. »Nein, bei der Bowl' am Scheide-Mahle / Was war's wohl, was er da geweint? / War's Trug, wie bei Graf Hohenthale? / Der's auch so treu als ich gemeint? [...] Nichts hat er, nichts von dem vollendet, / Was er beim Abschied mir verhieß, / Nicht eine Zeile mir gesendet, / der mich zehn Jahre suchen ließ! [...] Doch da nach Jahren mir's gelungen, / Dass ich ihn endlich aufgespürt, / Was hat ich Großes mir errungen? / Ein Markt-Vieh, das zum Trog man führt.«

Ressentiments sind Kapseln zum Speichern von Hassenergie. Wird diese Energie freigesetzt, schärft das Verletzungsverlangen die Beobachtungsgabe wie die des Jägers auf der Pirsch nach dem Wild. Aber der Jäger selbst hinterlässt auch Spuren. Der Rittergutbesitzer wirft dem Bauernsohn vor, ein Markt-Vieh zu sein, sich mit seiner Ware, den Worten, feilbieten zu müssen, während er selbst, ganz aristokratisch, Leute hat, die für ihn arbeiten und das Erarbeitete für ihn auf den Markt bringen. »Jetzt – nach dem Semis vom Jahrhundert [dem halben Jahrhundert seit der ersten Begegnung zwischen den beiden]/Les ich die Lüg-Biographie –/Da hab ich fast mich tot gewundert/Ob Hochmut und Demagogie.//Die Data sämtlich ganz erlogen,/Die noch dazu er plump ersann;//So hat er seinen Freund betrogen,/Der war ihm nichts als – Edelmann!!«

Viertes Kapitel
Militärwesen

———⚯———

Kampflos in der Neuen
Welt – Aufstand in Warschau –
Soldat und Söldner

»Unser Bataillon sah aus buntscheckig, wie eine Har-
lekinsjacke, da es aus den Uniformen aller Regimenter
bestand. Wir hatten weder Fahnen noch Kanonen, da es
täglich hieß, wir sollten zu unsern Regimentern stoßen.«

– Mein Leben –

»Das Blutbad brach den grünen Donnerstag aus.«

– Einige Nachrichten über die Vorfälle in Polen im Jahre 1794 –

»Soldat heißt seinem ersten Ursprung nach wohl eigentlich weiter nichts als Söldner, Dukatenkerl, und ist selten
etwas anders als Handlanger der Despotie gewesen.«

– Mein Sommer 1805 –

Wenige Tage nach dem Ende des Siebenjährigen Krieges geboren und deshalb vom Vater mit dem Namen Gottfried geschmückt, lebte Seume in kriegerischer Zeit. Sie war global durch die merkantile und militärische Konkurrenz zwischen England und Frankreich geprägt und lokal, in Mitteleuropa, durch den deutschen Konflikt zwischen dem Emporkömmling Preußen und dem saturierten Reich des Hauses Habsburg. Mit Napoleons Aufstieg und seiner nationalen Mobilisierung der Massen zu Eroberungsfeldzügen begann eine neue Epoche der Kriegführung.

Seume hatte an allen Fronten zu tun, aber an keiner zu kämpfen. In Neuschottland waren die Kriegshandlungen vorüber, als er mit anderem menschlichen Nachschubmaterial dort angeliefert wurde. Den preußischen Zwangsdienst leistete er in der Garnison. In russischem Dienst überlebte er eine Revolte, knapp und mit viel Glück, aber ohne töten zu müssen und trotz seiner Gefangenschaft ohne verletzt zu werden. Den Aufstieg Napoleons beklagte er, konnte ihn aber publizistisch kaum und militärisch gar nicht bekämpfen,

Noch im Januar 1810, wenige Monate vor seinem Tod, bezeichnete Seume sich in einem Brief an Wieland als »militärisch literärisches Amphibion«. Dazu bemerken Göschen und Clodius in der Fortsetzung von *Mein Leben*: »Man kann nicht mit Gewissheit entscheiden, ob die Natur Seumen mehr Anlage zum Militärstande oder für die Wissenschaften gegeben habe.« Dennoch treffen die beiden eine Entscheidung, wenn auch ohne Gewissheit: Weil Seume zur militärischen Mathematik kein Talent gehabt habe, sei er eher ein Mann der Philosophie und Philologie. So wurde der soldatische Nichtkämpfer posthum des militärischen Feldes verwiesen – zur Feder.

Kampflos in der Neuen Welt

Der Kampf um die Neue Welt wurde zwischen England und Frankreich geführt und zog sich Jahrzehnte hin. Aus globaler Perspektive war sogar der Siebenjährige Krieg von 1756 bis 1763, der mit dem Aufstieg Preußens zur mitteleuropäischen Großmacht endete, eine Nebenhandlung – wenn auch keine unwichtige. »Kanada wird in Schlesien gewonnen«, soll der englische Premier William Pitt gesagt haben, als es um die Subsidien ging, die Pitt im Parlament für Friedrich erwirkte. Der preußische König sollte mit dem Raub Schlesiens die Franzosen auf dem Kontinent beschäftigen und dort militärische Kräfte binden, die ihnen dann in Übersee fehlten.

Diese Konstellation, die im preußisch-deutschen Geschichtsprovinzialismus mit ihrer friderizianischen Fixierung bis heute gern ausgeblendet wird, hatten damals alle Gebildeten klar vor Augen, auch der König selbst. In der *Rechtfertigung meines politischen Verhaltens* vom Juli 1757 schrieb Friedrich während einer für Preußen äußerst kritischen Phase des Krieges: »Jedermann weiß, dass die Wirren, die Europa aufwühlen, ihren Anfang in Amerika genommen haben, dass der zwischen Engländern und Franzosen ausgebrochene Streit um den Stockfischfang und um einige unbebaute Gebiete in Kanada den Anstoß zu dem blutigen Kriege gegeben hat, der unseren Erdteil in Trauer versetzt.«

Obwohl der verächtliche Hinweis auf Fischfang und Handelsinteressen die Tatsache überspielen soll, dass die Schlesischen Kriege nicht zwangsläufig aus der Weltlage entstanden, sondern durch Friedrichs Willkür veranlasst worden sind, bleibt der Hinweis auf die Gesamtkonstellation doch richtig. Und so blieben, als England seine Ziele erreicht hatte und Pitt 1761 stürzte, auch die britischen Subsidien für die preußische Kriegsführung aus.

Die amerikanische Unabhängigkeitsbewegung führte schließlich dazu, dass die Arrangements, die England mit Frankreich in Kanada getroffen hatte, die dreizehn Kolonien auf den Plan rief, denen es nicht bloß um Tee und Steuern in den eigenen Häfen, sondern auch um die Expansion über ihre bisherigen Grenzen ging. Das Ausklingen der Kampfhandlungen in der letzten Phase des Unabhängigkeitskrieges 1782 – der eigentliche Friedensvertrag wurde am 3. September 1783 in Paris unterzeichnet – bewirkte, dass die 1782 vom europäischen Festland nach Halifax verschifften Söldner zurückverfrachtet wurden, ohne gekämpft zu haben. Seume, einer von ihnen, hat viele Jahre später in der Vorrede zu seiner Übersetzung von Robert Percivals *Beschreibung des Vorgebirges der Guten Hoffnung* den Kettenschluss der britischen Übersee-Interessen drastisch vorgeführt:

»Unser Mann [Percival] sagt ohne Scheu geradezu, wenn wir das Vorgebirge haben, beherrschen wir den Handel Indiens, folglich den Handel der Welt, folglich – die Folgen sind alle klar. Das ist echt britisch; *Britannia, rule the waves*, und durch die Wogen mache den Erdball zinsbar! Freilich kann ein Brite nicht wünschen, dass das Kap in den Händen der Franzosen bleibe, […] aber ob irgend eine andere Nation zu wünschen Ursache habe, dass es in den Händen der Engländer sei, ist eine andere Frage.«

Als Seume sich noch nicht an seinem Leipziger Schreibtisch über die Analyse der Weltlage beugte, sondern selbst in dieser Welt herumgeschubst wurde, musste er sich ganz andere Gedanken machen: Wo bekommt man sauberes Wasser her? Wie stellt man Zelte so auf, dass sie nicht vom ersten Windstoß gleich wieder umgeblasen werden? Wie lernt man die wichtigsten Bewegungsabläufe beim Exerzieren und wie bringt man sie, falls man auf einmal Sergeant wird, den anderen frischgebackenen (frischgepresst wäre der genauere Ausdruck) Soldaten bei? Wie organisiert, verwaltet und verteilt man die knappen Lebensmittel, falls man Fourier, also Quartiermeister, wird? Wie teilt man seinen Tagesablauf ein, falls man auch noch Regimentsschreiber wird?

»Ich tat abwechselnd Dienste, nach dem Behuf, als Korporal, Sergeant, Fourier und Feldwebel, so daß ich alle Süssigkeiten des kleinen Soldatenlebens gehörig auskosten konnte.«

Das Zeltaufschlagen und Exerzieren brachte ihm ein graubärtiger preußischer Grenadier bei. Von dem »alten Satyr«, wie Seume ihn nennt, lernte der junge Sergeant die »kleinen Evolutionen« am Gewehr, die genau vorgeschriebenen Bewegungsabläufe beim Handhaben der Waffe. Beim Exerzieren ging es nicht bloß um eine Art des Übens wie etwa beim Erlernen eines Musikinstruments. Im Krieg war der Soldat selbst das Instrument, Teil einer riesigen Maschine, der Armee, die wiederum als Teil einer noch größeren Maschine, des Staates, aufgefasst wurde. In diese Maschine in der Maschine musste der Soldat eingefügt werden; und zwar so, dass seine Kreatürlichkeit so weit wie möglich zurückgedrängt wurde.

Wenn Soldaten mit gleichem Schritt in geordneter Linie auf den Feind zumarschieren, kommt immer der Punkt, an dem die trainierte kollektive Kampfmaschine in lauter angsterfüllte Einzelkörper auseinanderfällt. Dieser Vorgang ist auf dem Schlachtfeld nicht zu vermeiden, aber hinauszuzögern. Die preußischen Grenadiere, von denen Seumes Lehrer einer gewesen war, hatten erst bei hundertfünfzig Schritt Feinddistanz eine Trefferquote von knapp fünfzig Prozent. Aber es kam vor, dass die Soldaten aus Angst schon auf achthundert Schritt Entfernung zu schießen begannen, was im direkten Wortsinn verschossenes Pulver bedeutete. Auch konnte es passieren, dass sich die kommandogesteuerten Salven in wildes Einzelschießen auflösten und dadurch die Tötungseffizienz, die sich ohne Weiteres in einem Quotient aus Gewehrkugeln und ›Manntoten‹ ausrechnen ließe, in der Disziplinlosigkeit zusammenbrach. Dieser Zusammenbruch erfolgte in jeder Schlacht, spätestens dann, wenn die Männer einander nah genug gekommen waren, um mit Bajonetten aufeinander loszugehen. Doch kam es darauf an, das Zerfallen des durch Drill geformten Gesamtkörpers einer Armee in lauter leidende Einzelleiber so lange wie möglich hinauszuschieben. Dies konnte schlachtentscheidend sein, besonders wenn es darum ging, einem zahlenmäßig überlegenen Heer ›entgegenzutreten‹ (in Wahrheit wurde gerannt). Ebendies war bei Friedrichs Feldzügen häufig der Fall, und die berüchtigte Disziplin der preußischen Armeen hatte großen Anteil an den berühmten Siegen des preußischen Königs.

Seume verfügte mit seinem alten preußischen Grenadier über einen Lehrer aus dieser Tradition, als er in den Wäldern um Halifax heimlich die »kleinen Evolutionen« einstudierte, mit deren koordinierter Fülle ein großes Heer befehlend zu steuern ist. Warum allerdings Seume diese Nachhilfe überhaupt nötig hatte, ist schwer zu erklären. Immerhin hatte er vor der Verschiffung nach Übersee ein Jahr in der Festung Ziegenhain bei Kassel verbracht. Es ist kaum anzunehmen, dass die

Soldaten dort nur in den Kasematten herumlungerten. Seume gibt jedoch in *Mein Leben* keine Auskunft über den Festungsalltag, sondern unterhält seine Leser lieber mit einem abenteuerlichen Bericht über einen gescheiterten Massenausbruch.

Der durch Disziplin hinausgezögerten Panik auf dem Schlachtfeld entsprach die nicht enden wollende Öde auf dem Exerzierplatz. Sie tat das ihre, um die Körper der Soldaten von ihren Seelen zu trennen. Mochten sich die Seelen (oder ›Herzen‹) nur von der Einbildungskraft treiben lassen, solange die Körper von der Muskelkraft automatisch in den vorgeschriebenen Abläufen bewegt wurden. In den *Soldaten* von Jakob Michael Reinhold Lenz, 1776 anonym in Leipzig veröffentlicht, ist dies Gegenstand eines Dialogs zwischen Hauptmann Pirzel und dem Feldprediger Eisenhardt.

»Eisenhardt: Aber hindert Sie das Denken nicht zuweilen im Exerzieren?

Pirzel: Ganz und gar nicht, das geht so mechanisch. Haben doch die anderen auch nicht die Gedanken beisammen, sondern schweben ihnen alleweile die schönen Mädgens vor den Augen.

Eisenhardt: Das muss seltsame Bataillen geben. Ein ganzes Regiment mit verrückten Köpfen muss Wundertaten tun.

Pirzel: Das geht alles mechanisch.«

Ebendieses Mechanische fehlte den amerikanischen Ureinwohnern aus der Exerzierplatzperspektive der gedrillten Europäer. Als ›edle Wilde‹ schweiften sie frei umher und freuten sich des Augenblicks. Nur wenn sie zu viel Rum tranken und

> »das Räuschgen sie vergessen ließ, dass sie nicht in ihren Horden und unter ihren Landsleuten waren, erlaubten sie sich oft einen Umgang öffentlich

unter einander, den man bei gesitteten europäischen Nationen lieber allein und abgesondert ge-
nießt, und der freilich den ehrbaren Engländerinnen etwas zu frei und indianisch schien.«
Durch diese Stelle von Seumes *Schreiben aus America* klingt
nicht direkt tiefe Befriedigung, aber doch eine oberfläch-
liche Ahnung davon. Offenbar machte es ihm Spaß, die
Leser zu Hause mit dem Fremdschämen der ehrbaren
Engländerinnen in Halifax zu kitzeln. Er setzt aber gleich
hinzu, die Wilden hätten nach einigen Strafmaßnahmen
des Gouverneurs gelernt, »auch bei ihren Lustbarkeiten
sich ordentlich und unanstößig zu betragen«.
Ansonsten ist im Unterschied zum sentimentalen Mo-
ralismus seines Gedichts *Der Wilde* Seumes Ton im Bericht über das Leben der Ureinwohner weder sentimental noch moralisch, sondern prosaisch, mitunter beinahe
ethnographisch, jedenfalls an den Tatsachen orientiert
und nicht an den Träumen, denen sich die diszipliner-
ten Europäer angesichts des freien ›Wilden‹ hinzugeben
pflegten. Diesen Projektionen widersprechen noch die
lakonischen Sarkasmen, die ihm rückblickend in *Mein
Leben* über ›die Wilden‹ herausplatzen: »Sie skalpieren
sehr ehrlich nur ihre Feinde.«
Seume hat die eigene Haut gern unter einer huronischen versteckt, die er in Briefen und Texten metaphorisch überzog, immer halb trotzig und halb kokett.
Dieses vorgebliche Huronentum war nur Kostüm, aber
eines, das ihm besser stand als der verquälte schulstu-
benhafte Stoizismus, in den er sich mit unstoischer Verve
flüchtete, wenn es wieder einmal ging, wie es schlechter
kaum hätte gehen können.
Von dem französischen Forschungsreisenden Con-
stantin François Volney, einem Zeitgenossen Seumes,
erschien im gleichen Jahr, in dem Seumes *Spaziergang*

herauskam, ein geographischer und ethnographischer Bericht mit Passagen über Kanada und dessen Ureinwohner. Dort findet sich eine Bemerkung über die ›Wilden‹, die gut für Seume, die alte huronische Haut, gepasst hätte: »So ist der Selbstmord bei ihnen keineswegs selten, sie töten sich aus Lebensüberdruss, manchmal aus enttäuschter Liebe oder aus Zorn, sich für eine grobe Verletzung ihrer Ehre nicht rächen zu können.«

Bevor Seume zum wandelnden Label des »Spaziergängers nach Syrakus« wurde, ließ er sich in literarischen Kreisen als »Amerikaner« herumreichen und erzählte wilde Geschichten aus der Neuen Welt. Auch so entsteht ein ›Diskurs‹. Das lateinische Verb dazu, discurrere, bedeutet so viel wie hin- und herlaufen. Bei Seume war das Herumlaufen und -irren im Leben bis zur Ununterscheidbarkeit verwoben und verwachsen mit dem Diskurs, den er darüber führte. Was die von ihm nicht erlebten, aber offenbar erzählten Kriegshandlungen angeht, nahm er seine schriftlichen Erinnerungen zum Anlass, die mündlichen Geschichten zu relativieren:

»Kriegerische Vorfälle haben wir außer einigen Märschen nicht gehabt; ein einziges Mal schien es zu etwas Ernsthaftem kommen zu wollen, da die Franzosen den Ort [die Hafenstadt Halifax] anzugreifen drohten. Aber außer einigen Schüssen von den äußersten Batterien fiel nichts vor […] Wenn ich zuweilen von einigen Kriegsvorfällen gesprochen habe, als ob ich dort gegenwärtig dabei gewesen wäre, so ist das weniger jugendliche Eitelkeit gewesen, als vielmehr, weil mich die Leute durch ihr ungestümes Fragen hineinzwangen […] Auch habe ich keine einzige Unwahrheit gesprochen, so viel ich mich erinnere; nur geschah nicht alles unter meinen Augen.«

Edler Wilder seitwärts im Busch

Zwei Pudelkerne hat Seume hervorgebracht, zwei »geflügelte Worte«: Das ›Wo man singt, da lass dich nieder, böse Menschen singen keine Lieder‹ und das ›Seitwärts in die Büsche schlagen‹. Das Erste dieser geflügelten Worte, wie es seit Georg Büchmanns so betitelter Sentenzensammlung heißt, entstammt dem Gedicht *Die Gesänge*, erschienen 1804 in der *Zeitung für die elegante Welt*:

>»Wo man singet, lass dich ruhig nieder,
>Ohne Furcht was man im Lande glaubt;
>Wo man singet wird man nicht beraubt:
>Bösewichter haben keine Lieder.«

Das ›Seitwärts in die Büsche schlagen‹ passierte in Halifax bei den Huronen, beziehungsweise in dem Gedicht *Der Wilde*. Ein von Kultur noch unbeschwerter Eingeborener, ein »Amerikaner, der Europens übertünchte Höflichkeit nicht kannte«, gerät auf dem Weg von der Stadt der Weißen zurück in »die Arme seiner braunen Gattin« in ein Gewitter und bittet an einem Haus um Obdach. Der »zivilisierte Eigentümer« verjagt ihn. Wochen später verirrt sich der weiße Mann im Wald und fragt bei Höhlenbewohnern nach einem Unterschlupf. Er wird aufgenommen, festlich bewirtet und am nächsten Morgen auf den Weg zur Stadt gebracht. Bei der Trennung erkennt der zivilisierte weiße Mann, dass sein Gastgeber ebenjener Amerikaner ist, den er von der Schwelle jagte.

>»Ruhig ernsthaft sagte der Hurone:
>Seht, ihr fremden, klugen, weisen Leute,
>Seht, wir Wilden sind doch bessre Menschen;
>Und er schlug sich seitwärts ins Gebüsche.«

Der ›edle Wilde‹ war nicht erst seit Rousseaus Kult der reinen, unverdorbenen Natur Topos und Phrase. Dies Gegenbild kam vom europäischen Selbstbild so wenig los wie nur irgendein Spiegelbild. Der ›Wilde‹ war bloß

Projektion und wurde als Anderer in seiner Eigenart und Eigenständigkeit überhaupt nicht wahrgenommen. Die Kultur, in der er lebte, wurde umstandslos der Natur zugeschlagen. Das war sentimental in der Verklärung und brutal bei der Versklavung. Das eine verkitschte die ›Wilden‹ zu Urmenschen im Paradies, das andere verwertete sie als Untermenschen auf den Plantagen. Beides vertrug sich recht gut. Das eine diente den Gemütsbedürfnissen der Europäer, das andere ihren Wirtschaftsinteressen.

Seume schlüpfte gern in die huronische Haut. Er benutzte die Wendung, um an seine indianische Herkunft zu erinnern, jedenfalls was die Schriftstellerei betraf. Schließlich war das *Schreiben aus America* seine erste Publikation. Des Weiteren diente die huronische Haut dem betont bärbeißig auftretenden Seume zur Imagepflege und milderte dieses Image zugleich durch den Farbton einer gewissen Selbstironie. Seume nahm sich nicht immer nur ganz ernst, behielt aber lieber die Kontrolle darüber, wann die anderen ihn nicht für voll nehmen durften.

Den *Wilden* sandte er im Juni 1793 mit der Versicherung bei Schiller ein:

> »Der Vorfall, den ich in dem Wilden beschreibe, ist mir [...] von einigen sichern Leuten als gewiss erzählt worden, mit dem Zusatze, dass der Pflanzer leider ein Deutscher war. Von der Bravheit und Gutmütigkeit dieser Indianer bin ich oft selbst überzeugt worden; und ich könnte manchen nicht ganz unwichtigen Charakterzug von ihnen liefern.«

Schiller druckte das Gedicht im dritten Band der *Neuen Thalia* 1793.

Das galt für den Krieg, das galt für den Frieden. Als der Vertrag zwischen England und den unabhängig gewordenen Kolonien unterzeichnet wurde, war Seume schon wieder auf dem Meer. Doch hatte sich dieser Vertrag lange vorher abgezeichnet und Berichte darüber drangen auch in die Garnison von Halifax. Damit rückten nicht nur die Kämpfe in weite Ferne, sondern auch die Hoffnungen, die Seume wie manch anderer Abenteurer daran geknüpft hatte:

> »So kam denn […] die Nachricht vom Frieden uns eben nicht erwünscht: denn junge tatendurstige Leute sehen nicht gern ihrer Bahn ein Ziel gesteckt. Man hatte mir geschmeichelt, ich könnte Offizier werden und mir eine Laufbahn eröffnen. Mit dem Frieden war alles geschlossen: denn nach unserer alten sogenannten guten Ordnung konnte kein Bürgerlicher in der Regel weiter aspirieren als bis zum Feldwebel; ein Ehrenposten, dessen lebenslängliche Dauer ich eben nicht sehr beneidete. Bei uns musste man Edelmann sein oder viel Geld haben, um im Staate ein Mann zu werden; […] Zuweilen tat Verbindung und Empfehlung auch etwas; und noch seltener wurde zufälliger Weise auch wohl wirkliches Talent bemerkt.«

Diese ohnehin schon geringen Möglichkeiten, auf sich aufmerksam zu machen – was Seume als Regimentsschreiber bereits gelungen war – und voranzukommen, wurden durch den Frieden abgeschnitten. Die Enttäuschung darüber war in Leipzig beim Abfassen von *Mein Leben* immer noch frisch wie in Halifax: Man wird in einem globalen Krieg wider Willen um die halbe Welt geschifft und verpasst doch die Chance, sich in dieser Ausnahmesituation zu bewähren und sein Glück zu machen.

»Im Kriege, [...] wo man Männer für Ämter und nicht Ämter für Männlein sucht, sind die Ausnahmen [von der oben beschriebenen Regel] häufiger und es tritt da, dem Kastengeist zum schweren Ärger, nicht selten das alte primitive impertinente Menschenrecht wieder ein, dass jeder nur das gilt was er wert ist.«

Was Seume im Rückblick auf die Garnison von Halifax schreibt, hätte auch in *Wallensteins Lager* gepasst: Dort lässt Schiller einen Kürassier singen: »Wohl auf, Kameraden, aufs Pferd, aufs Pferd!/Ins Feld, in die Freiheit gezogen./Im Felde, da ist der Mann noch was wert,/Da wird das Herz noch gewogen./Da tritt kein anderer für ihn ein,/Auf sich selber steht er da ganz allein.«

Aufstand in Warschau

Seumes Herz wurde gewogen, als er ganz allein auf einem Warschauer Dachboden stand, versteckt hinter alten Fässern. Der polnische Aufstand gegen die russische Besatzungsmacht nach der zweiten polnischen Teilung von 1793 begann am Gründonnerstag 1794, wie Seume in *Einige Nachrichten über die Vorfälle in Polen* schreibt, und führte zu heftigen Straßenkämpfen:

»Die Schüsse flogen von den Ecken, aus den Kellern, aus den Fenstern, über die Mauern, von den Dächern; und von unten und oben und von allen Seiten und überall war Tod. [...] Der ferne und nahe Donner der Stücke, der sich fürchterlich dumpf durch die Straßen brach, das Gekletter der kleinen Gewehre, der hohle Ton der Lärmtrommeln, der Totenlaut der Sturmglocken, das Pfeifen der Kugeln, das Heulen der Hunde, das Hurrageschrei der [polnischen] Revolutionäre, das Klirren ihrer Säbel, das matte Ächzen der Verwundeten und Sterbenden, nehmen Sie dieses alles in der tiefen, hellen, herrlichen Mitternacht, und vollenden Sie das Gemälde nach Ihrem eigenen Gefühl.«

Das ist ein anderer Ton als derjenige, den Gleim und Ewald von Kleist während des Siebenjährigen Krieges in ihren Liedern angeschlagen hatten, das ist kein Gereime, sondern Reportage. Durch diesen Text pfeift und kracht das Gemetzel, trotz der merkwürdigen Metaphernverschiebung gegen Ende der Passage, wo Freund Leser aufgefordert wird, das »Gemälde« zu vollenden – oder sollte Seume ein Klanggemälde gemeint haben?

Der Palast, in dem sich Seumes Chef, General Igelström, mit ein paar Hundert Mann verbarrikadierte, wurde belagert. Am Nachmittag des Karfreitag gelang ein Ausfall, und Igelström konnte sich mit einem Teil seiner Leute aus der Stadt kämpfen. Seume war nicht darunter.

»Ich war so glücklich gewesen, vor der Wut der besoffenen Parteien [bewaffnete Gruppen, teils Militärs, teils Zivilisten] mich verborgen zu halten, indem ich wirklich in den Todesstunden, wo keiner der Unsrigen, als nur Erschlagene und Halbtote, mehr zu sehen waren, meine Retirade [Rückzug größerer Militäreinheiten, hier eingesetzt mit sarkastisch, selbstironischem Nebensinn] hinter ein großes Bollwerk alter Fässer auf einem der obersten Böden nahm. Unzählige Parteien zogen zu Mord und Raube unter und neben mir hin, recognoscirten glücklich umsonst alle Schlupfwinkel um mich her, und zogen mit dem tröstlichen Fluche fürbaß:

Verdammt, hier sind keine Russen. Sie sehen, lieber Freund, dass ich sehr offenherzig erzähle, da niemand um die Geschichte weiß, als ich selbst; denn dass ich die Nacht vom Karfreitag zum heiligen Sonnabend ganz ruhig hinter einer Batterie Tonnen auf einem der höchsten Böden Warschaus über Welt und Menschen und ihre und meine Narrheit philosophierte, wird man wohl schwerlich unter die Heldentaten rechnen. [...] Der fürchterlichste Augenblick meines Lebens war den Sonnabend Morgens, als das Gefecht in einzelnen kleinen Partien wieder anfing. Es hatten sich nämlich noch einige von unsern Soldaten, mit mehrern Bedienten, Weibern und Kindern von der Ambassade auf einen Boden des anderen Flügels von dem Gebäude retiriert, den von mir nur eine dünne Bretterwand schied. Eine starke Partei vermutlich von gestern oder schon wieder heute besoffener Polen, drangen auf den Boden, und die russischen Soldaten wollten den Angriff zurücktreiben. Das Gefecht fing also oben an. Stellen Sie sich vor, auf einem Obergebäude das Krachen der Schüsse, das Geklirr der Gewehre, das wütende unartikulierte Gebrülle der Polen, das Geschrei der Russen, das Kreischen der Weiber und Kinder in der Todesangst; es ist doch etwas ganz anders, als wenn man dergleichen nachgemacht auf dem Theater sieht und hört.«

Seume blieb unentdeckt und wartete ab, bis sich auf den Böden und in den Straßen die Lage beruhigt hatte. Danach warf er den Degen und die Uniformjacke weg und wagte sich hinunter, stets in Gefahr, als Russe identifiziert und abgeschlachtet zu werden. Als er in der Vorstadt auf ein polnisches Regiment mit französisch sprechenden Offizieren stieß, begab er sich in Kriegsgefangenschaft.

Im November 1794 wurde die Warschauer Vorstadt Praga von russischen Truppen unter dem Befehl von Feldmarschall Suwarow* gestürmt, Warschau selbst kapitulierte. So, wie es während des Aufstandes zu Übergriffen, Morden und Plünderungen des aufgepeitschten, plötzlich bewaffneten polnischen Pöbels kam, so wurden während der Rückeroberung entsetzliche Grausamkeiten an den niedergeworfenen polnischen Soldaten und an der Zivilbevölkerung in Praga und Warschau begangen.

Suwarow wollte seinen Soldaten beim Rückerobern der Stadt keine Zügel anlegen, und hätte es vermutlich auch nicht gekonnt. In die *Obolen*, im gleichen Jahr erschienen wie der Bericht über den polnischen Aufstand, hat Seume eine »Anekdote« dazu eingerückt:

>»Gleich nach der Eroberung der Prager Linien [der Vorstadt Praga] kam ein ehrlicher Pole, der uns sonst in Gefangenschaft zu besuchen pflegte, um Abschied zu nehmen. Er war Hauptmann von einem Regimente, das bei der Aktion fast zugrunde gerichtet worden war; und er selbst war mit wenigen seiner Leute dem Tode entgangen. Eine große Träne stand dem Manne im Auge. Die Ihrigen haben wieder gesiegt, sagte er heftig zitternd, und hob den verwundeten Arm unwillkürlich empor: mein Vaterland ist nun ohne Rettung verloren. Wenn mir künftig noch jemand von Gott, Vorsehung, Gerechtigkeit und Tugend spricht, so will ich ihm die Antwort ins Gesicht speien. Dort liegen Weiber und Kinder und Greise zu Hunderten gemordet. Ihre Kameraden schlachten noch. Es sind

---

* Piotr Alexej Wassiljewitsch von Suworow (1730–1800). Im Folgenden wird Seumes Schreibweise Suwarow beibehalten.

keine Soldaten mehr dort; aber nun schänden sie Mädchen, um sie dann zu töten; ich schäme mich, ein menschliches Gesicht zu tragen.«

In einer drei Jahre nach den *Obolen* veröffentlichten *Charakterschilderung Suwarows* im *Neuen Teutschen Merkur* wird das, was in der *Anekdote* so herzzerreißend geschildert wird, ziemlich kaltschnäuzig erklärt und wenn schon nicht gerechtfertigt, so doch entschuldigt:

> »Wenn das Ross in die Rennbahn gelassen ist, kann es nicht leicht aufgehalten werden; und wenn der Grenadier eine Batterie gestürmt hat und noch durch Blute watet, so steht bei ihm das höchste Moralgesetz in andern Charakteren als beim Philosophen auf dem Lehnstuhl.«

Und mit direktem Bezug auf die Ereignisse von Warschau:

> »Die Vorwürfe, welche den Russen wegen ihrer damaligen Grausamkeit gemacht worden, sind zwar nicht ohne Grund, aber übertrieben. Dass eine Stadt ohne Unordnung erstürmt werden sollte, ist nicht möglich, so wie wir die Menschen nehmen müssen.«

Was hier irritiert, ist nicht der militärische Realismus, der ausspricht, was Sache ist, sondern der abfertigende Ton, in dem Seume zur Sache kommt. Außerdem sucht Seume die Verantwortung einmal mehr nicht bei denen, die sie ganz oben tragen, sondern bei den mittleren Rängen. Die Beschuldigung, unter Suwarows Oberbefehl habe es Unordnungen und Grausamkeiten gegeben, sei ihm »immer sonderbar vorgekommen«:

> Diese Beschuldigung »fällt durchaus mehr auf den kleinen Kommandeur als auf den Chef, und der Feldmarschall kann oft nicht dafür stehen, wenn die Grenadiere Unheil anrichten; aber der Oberst und Hauptmann können und müssen es.«

In der Polenschrift von 1796 macht er folgende Bemerkung:

> Suwarows »eigentümlicher Charakter ist schnelle Entschlossenheit und eben so schnelle kraftvolle Ausführung. Die Herzen seiner Soldaten hat er durch Popularität ganz in seinen Händen; [...] er überlässt sehr weislich die Disziplin seinen Unterbefehlshabern; übergibt ihnen das Strenge und Harte des Dienstes, und behält selbst davon nur das Gefällige; ein Betragen, das, wenn es recht verstanden wird, vortreffliche Wirkung hat und gar nicht zu tadeln ist.«

Der Vergleich der beiden Stellen macht deutlich, wie genau Seume die Psychologie des Herrschens beobachtet, und wie wenig er willens oder fähig ist, die kritische Konsequenz aus dieser Beobachtung zu ziehen. Suwarows Methode, die keineswegs nur die von Suwarow war und ist, läuft darauf hinaus, die Verantwortung für die Disziplin nach unten zu delegieren, um oben desto freier schalten zu können. Mit dem Einüben und Einprügeln der Disziplin machen sich die mittleren und vor allem die unteren Ränge direkt über den gemeinen Soldaten die Hände schmutzig; bricht in der Schlacht die Disziplin dann doch zusammen, sind daran wiederum die Offiziere und Unteroffiziere schuld. Und so, wie die Soldaten ihren Unmut nicht gegen den einen großen Chef in der Ferne richten, sondern gegen die vielen kleinen in der Nähe, die man tagtäglich auszuhalten hat, so soll das Rauben, Plündern und Morden während eines Feldzugs nicht dem großen Heerführer angelastet werden, sondern den unteren Kommandanten und einfachen Soldaten. Für den Feldherrn bleibt allein der Ruhm. Nur ein General, »welcher seinen Leuten die Plünderung verspricht«, wie es in den *Apokry-*

phen heißt, »stempelt sich dadurch faktisch zum Räuber-hauptmann«.

Seume bewunderte Suwarow und machte daraus keinen Hehl. Die *Charakterschilderung* eröffnet mit dem Satz:

> »Ich habe nie einen Mann gesehen, der mich – trotz allen widersprechenden Gerüchten, die zu seinem Vorteil und Nachteil herumgehen, und unter denen gewiss manche Märchen sind – bei dem ersten Anblicke mehr an sich gezogen hätte, als Suwarow.«

Vielleicht, weil der wie Seume ein Kleiner war und es trotzdem – im Unterschied zu Seume – zur Größe gebracht hat? Seume fährt fort:

> »Er ist ein kleiner, hagerer, etwas gebückter Mann, jetzt ein siebzigjähriger Greis mit einem silberweißen Schädel. Aber jeder Nerve des Alten zeigt noch furchtbar schnelle Elastizität. […] Seine ganze Kunst ist, schreckliche Energie in die Seelen seiner Leute zu bringen, die es dann für unmöglich halten, unter seiner Anführung geschlagen zu werden.«

War nicht ebendies im Siebenjährigen Krieg Friedrich dem Großen zugeschrieben worden? Die Suwarow häufig vorgeworfenen Grausamkeiten wurden von Seume nie geleugnet, aber immer abgeschwächt. Noch im *Spaziergang* kommt er darauf zurück:

> »Die Ungezogenheiten einiger seiner Untergebenen wurden wahrscheinlich ihm zur Last gelegt.«

Nicht weiter verwunderlich bringt er Suwarow gegen den verhassten Napoleon in Stellung:

> Suworow sei, »wenn auch alles wahr war, was von ihm erzählt wird, immer noch ein Muster der Humanität gegen den Helden des Tages, Bonaparte,

der auf seinen morgenländischen Feldzügen die Gefangenen zu Tausenden niederkartätschen ließ«. Die persönliche Anhängerschaft für den russischen Feldherrn trübte aber Seumes politische Urteilskraft in den polnischen Angelegenheiten nicht. Seine Sympathie und sein Rechtsgefühl waren aufseiten der polnischen Nation, trotz der nicht nur von ihm geäußerten Überzeugung, die Unfähigkeit und Uneinigkeit des polnischen Adels habe die drei Teilungen Polens im Interesse der Rechtssicherheit und vor allem der Lebenssicherheit der Bevölkerung geradezu notwendig gemacht.

Stanislaus Poniatowski, polnischer König von der Zarin Gnaden und 1795 Unterzeichner der dritten, den Staat auflösenden Teilung, wird von Seume mit Herablassung behandelt, was damals seiner unglücklichen Rolle in den Ereignissen und heute seiner wenig ruhmvollen Stellung in der Geschichte angemessen war und ist.

Den polnischen Adel greift Seume mit Heftigkeit an, auch dies bis heute nachvollziehbar, wenn als Bewertungsmaß die Allgemeininteressen der polnischen Nation gelten und nicht die Sonderinteressen des Adels. Zudem lagen die Familien der Hocharistokratie jahrzehntelang untereinander in Fehde, verstrickt in nie endende Machtkämpfe. Diese Konflikte wurden in persönlichen Intrigen oder durch politische Winkelzüge ausgetragen, aber auch mit Waffengewalt.

Dass Seumes Heftigkeit mitunter überschäumt, hat nichts damit zu tun, dass vor Stanislaus Poniatowski einmal Sachsen (Wahl-)Könige in Polen waren: Kurfürst August der Starke und dessen Sohn. Solcher Lokalpatriotismus lag Seume trotz seiner Heimatgefühle fern. Die Heftigkeit rührt vielmehr vom Grundsätzlichen seiner Kritik her. In der zurückliegenden polnischen Nationalkatastrophe erblickte er das, was Deutschland möglicherweise bevorstand. Der polnische Adel habe die Nation im Streit um Partialinteressen geopfert, so wie der Adel in den deutschen Ländern wegen des Festhaltens an seinen Privilegien unfähig sei, die Fremdherrschaft Napoleons abzuschütteln:

> »Wenn unser Adel«, notiert Seume in den *Apokryphen,* »nur seine Steuerfreiheit, seine Frohne und seinen Dienstzwang rettet, ist er jedermanns Sklave, der ihm seinen Unsinn behaupten lässt.«

Was Seume über Polen sagte, das sollten sich die Deutschen gesagt sein lassen. Er überblendete das Schicksal der polnischen Nation mit dem Schicksal der deutschen Länder, die noch nicht einmal Nation waren, sieht man von dem maroden und durch Napoleon endgültig zertrümmerten Heiligen Römischen Reich Deutscher Nation einmal ab.

In *Mein Sommer* kommt es im Rückblick dann sogar zu einer Überblendung zwischen dem Schicksal Polens und dem Seumes. Die Menschen in Warschau leben in Ruinen, und Seume ahnt, dass er selbst bald von Reminiszenzen werde leben müssen:

> »In Warschau hielt ich meinen Einzug [...] den nämlichen Abend, wo ich vor elf Jahren abwechselnd hier und da unter dem Kartätschenfeuer stand. Es waren zwei heiße Tage, der blutige grüne Donnerstag und der Karfreitag. Ich fand mein ganzes Tabernakel noch eben so in Trümmern, als damals am heiligen Ostertage. Es war noch kein Stein wieder gelegt, und man schien sich in dem Anblick des Monuments der letzten Nationalkraft melancholisch zu gefallen. Der Name Russen und Igelström wurde noch immer von den Vorübergehenden gemurmelt. Unser Speisesaal ist eine Ruine, das Wachhaus eine Wäsche, die Kriegskanzlei eine

Schmiede, und mein Zimmer im Hintergebäude des Palastes hängt ohne Treppe in der Schwebe. Die Zeit wird bald kommen, wo ich bloß von Reminiszenzen werde leben müssen: ich stand also an der Torecke, wo wir an dem heißen Tage den Eingang mit blutigen Leichnamen und toten Pferden verrammelt hatten, und durchlief die Verflechtungen meines Schicksals.«

Soldat und Söldner

Seume hat sich selbst als jemanden bezeichnet, »der zweimal gegen die Freiheit zu Felde zog«, und wirklich stand er immer auf der falschen Seite: in Amerika als englischer Söldner, in Warschau als »Russe durch den Dienst«, der seine »Pflicht mit Ingrimm« tat. War er also ein »Dukatenkerl«, wie er in *Mein Sommer* die Soldaten nannte – oder noch forcierter in seinen *Apokryphen* beschrieb?

»Es kann in seinem Ursprung nicht leicht ein schlimmeres Wort sein als Soldat, Söldner, Käufling, feile Seele, *solidarius* [abgeleitet vom lateinischen Solidus, einer Münze] glimpflich Dukatenkerl. Die Sache macht die Ehre des Kriegers; aber ein Soldat kann als Soldat durchaus auf keine Ehre Anspruch machen. Es ist ein unbegreiflicher Wahnsinn des menschlichen Geistes, wie der Name Soldat ein Ehrentitel werden konnte.«

Was Seume gegen Ende seines Lebens »unbegreiflich« findet, hat er während seiner aktiven Zeit selbst praktiziert. Nach der Beförderung zum Leutnant widmete er seinem Chef General Igelström die im Oktober 1793 in Warschau erschienene Schrift *Über Prüfung und Bestimmung junger Leute zum Militär.*

>»Dass der Kriegsstand von dem niedrigsten Individuum bis zum Chef die Achtung und die Aufmerksamkeit jedes Weltbürgers in dem ausgezeichnetesten Grade verdiene, lehrt die Geschichte mit blutigen Exempeln. [...] Der Soldat ist notwendig nach allen politischen Einrichtungen der Staaten, notwendig nach der menschlichen Natur.«

Im militärischen Alltag, auf dem Exerzierplatz und in der Schreibstube ist vom historischen Pathos der »blutigen Exempel« freilich nichts zu spüren. Im Bericht über die *Vorfälle in Polen* schildert Seume neben der Tragödie des Aufstands und dessen Niederschlagung auch die Routinearbeit eines Korrespondenz führenden Sekretärs. Dabei nimmt er, der sonst so leicht gekränkte, wieder einmal einen obersten Chef in Schutz:

>»Es haben wenige Offiziere in ihren Verhältnissen so viel unter ihm zu arbeiten Gelegenheit gehabt als ich; ich bin kein Mann, der sichtliche Verachtung von jemand ganz ruhig vertrüge, auch wenn er die rechte Hand eines Monarchen wäre; ich kann mich aber auch nie erinnern, dass er je mein Ehrgefühl, welches ich für sehr fein halte, beleidiget hätte.«

Bei dem vergeblichen Versuch auf der nordischen Reise, bei Igelström in Riga vorgelassen zu werden, kam es dann doch zu einer Beleidigung seines Ehrgefühls und zur Beschwerde darüber in *Mein Sommer.* Außerdem nimmt Seume seine tatsächliche Lage in der Erinnerung viel deutlicher wahr als während des Erlebens. »Der Handelnde ist immer gewissenlos; es hat niemand Gewissen als der Betrachtende« – heißt es in der 378sten von Goethes *Maximen und Reflexionen.* Das gilt für die sogenannten ›Großen der Weltgeschichte‹, und es trifft für jede einzelne Lebensgeschichte zu. Banal und banalisierend gesagt: Hinterher ist man immer klüger. Als russischer Leutnant mit Aussicht auf den Majorsrang lässt sich das Söldnertum nicht so kritisieren wie nach dem Ausscheiden aus dem Dienst. Das ist nicht nur eine Frage der Opportunität – wer günstige Gelegenheiten verschmäht, mag Opportunismus sagen; das ist auch eine Frage der historischen wie biographischen Einsichtsfähigkeit. Im Leben *will* man vieles nicht sehen, vor allem, wenn man noch viel vor und noch viel vor sich hat. Aber manches *kann* man auch nicht sehen, weil sich die historische Hinterseite der jeweiligen Gegenwartsverhältnisse erst im Rückblick zeigt, wenn diese Gegenwartsverhältnisse einschließlich der mit ihnen verbundenen Zukunftserwartungen längst Vergangenheit geworden sind.

Trotzdem kann und soll man während des ganzen Lebens die Augen offen halten, nicht bloß zum Schluss, wenn die Erinnerung zu einer Form des Abschiednehmens wird. Als junger Mann in der Garnison von Emden hatte Seume noch Furcht und Hoffnung, die er sich später mit viel rhetorischem Beschwörungsaufwand von der Seele reden und vom Leib halten wollte. Der Furcht machte er in einem Brief an den Jugendfreund Korbinsky auf Versfüßen satirisch Beine:

»Des Morgens, wenn die Hähne krähn,
Bequemet man sich aufzustehn.
Der Tambour lärmt, der Corporal
Durchflucht den Gang wohl zwanzig mal,
Und donnert an die Stubentür
Dem vielgeplagten Musketier.
Der Fuß gestiefelt in Gamaschen,
Gewehr poliert, der Säbel blank,
Rauscht man zu Haufen durch den Gang

Mit hell gewichsten Pulvertaschen
Lauf auf den Hof. Heran, rangiert,
Die Compagnie wird rechts formiert,
Und mancher fühlt den schweren Stock
Durch seinen leichten blauen Rock.«

In einem weiteren Brief brach sich durch die Verzweiflung über das öde, sinnlose Söldnerleben die Hoffnung Bahn. Seume bedichtete den Entschluss, erneut zu desertieren, und rechtfertigte ihn dann:

>Mag ihn Kriegsdogmatik verdammen, gilt mir gleich: Das Naturrecht verteidigt ihn.«

Kurz darauf scheiterte auch diese Desertion. Das Gedicht, in dem er sie ankündigte, enthält den Hinweis, dass er in Emden als Söldner dient, nicht als patriotischer Soldat:

>Zög ich hoch für mein Vaterland mein Schwert,
Mit Feuer wollt ichs ziehn,
Und wie ein Deyier für Altar und Herd
Im Opfertod der Feinde glühn.
Wer aber schuf dir Fremdling, solch ein Recht,
Dass du zum Sklav mich machst«

Die Verse sind moralisch richtig, aber metaphorisch kurios verkehrt. Mit den »Deyiern« meint Seume die Soldaten des Dey, des Kommandanten der Janitscharen. Diese Miliz des Osmanischen Reiches bestand zuerst aus Kriegsgefangenen der unterworfenen Völker und aus christlichen Söldnern. Seit dem ersten Drittel des 15ten Jahrhunderts wurde die Miliz zu einer Elitetruppe umgeformt. In den besetzten christlichen Gebieten wurden Knaben zwangsrekrutiert, verschleppt und in besonderen militärischen Institutionen zu islamischen Kriegern ausgebildet. Die Truppe bezog während ihrer Blütezeit – wenn der zarte Ausdruck dem martialischen Gewerbe angemessen ist – keinen Sold, sondern wurde vom Sultan verpflegt. Sie waren also keine käuflichen Söldner. Gleichwohl wurzelte ihr berüchtigter Fanatismus nicht in einem wie auch immer phantasierten patriotischen Boden, sondern war Ergebnis einer kulturellen Raub- und Zwangssozialisation. Dass Seume das Fechten fürs Vaterland ausgerechnet mit Leuten versinnbildlicht, die gar keines haben, ist ein metaphorisches Missgeschick, allerdings ein leicht verzeihliches. Das Versmaß muss stimmen bei aller Verzweiflung, und anders als die Deyier hätten die besser passenden Spartaner eine Silbe zu viel gehabt – abgesehen davon, dass es in der historischen Wirklichkeit Spartas mit seinen Helotenheeren und Söldnertrupps auch nicht so heroisch vaterländisch zuging wie später in der Geschichte erzählt.

Nach dem Scheitern der zweiten Desertion im Januar 1787 konnte Seume sich im gleichen Jahr dem preußischen Söldnerdienst doch noch entziehen. Zwölf Jahre später und kaum den endlich erreichten ehrenhaften Abschied aus russischem Dienst im Rücken, schreibt er an Böttiger:

»Es ist wahrhaftig ziemlich mein Ernst, wieder Soldat zu werden, und ich habe dazu gewiss nicht unwichtige Gründe, die teils allgemein, teils persönlich sind. Von den ersten nehmen Sie nur die Betrachtung, dass Männer von wahrer unerschütterlicher Gerechtigkeitsliebe und reinem Menschengefühl in dieser Laufbahn gewiss sehr nötig sind, wenn sie auch nur durch Verhinderung vieles Bösen Gutes stiftete. So lange man nicht Aufklärung und Humanität unter die Armeen bringt, mag man am Pulte mit Aufwand von Geisteskraft alle Gänsekiele stumpf schreiben, die brutale Kraft der Kartätschenwerfer und Bajonettträger wird immer die Oberhand behalten.«

Will hier einer allen Ernstes den Dukatenkerl der Aufklärung geben? Böttiger dürfte das kaum überzeugt haben, und wenn Seume noch so viele Gänsekiele stumpf geschrieben hätte. Die persönlichen Gründe sind glaubhafter als die allgemein humanitären:

> »Ich bin nach meiner Sinnesart und der jetzigen Einrichtung der Dinge zu nichts anderm [als dem Militärdienst] zu gebrauchen: und leben muss ich doch, so lange mir nicht jemand ganz gründlich beweist, dass ich auf der Welt rein unnütz bin und ich die Wahrheit dieses Beweises nicht selbst einsehe und fühle. Dann würde das freilich das Signal sein, mit Konsequenz in die Welt hinter dem Vorhang zu treten. Göschen braucht mich nicht mehr, wenigstens nicht lange mehr.«

Es war wohl weniger so, dass der Verleger seinen Korrektor nicht mehr brauchte, als dass der Korrektor selbst nicht mehr konnte – bei all den Strapazen mit Klopstock. Zum Glück ist Seume trotz der sehr durchsichtig nur vom Vorhang des theatrum mundi verhüllten Selbstmorddrohung weder aus der Welt noch in die Armee gegangen, sondern nach Syrakus. Wenn er auch von der Abfassung dieses Briefes im Hochsommer 1799 bis zum Abmarsch im Spätherbst 1801 noch beinahe zweieinhalb Jahre warten musste. Im Hochsommer 1800 allerdings wiederholt Seume in einem Brief an Gleim seine militärischen Erwägungen:

> »Für die meisten Lagen des Lebens fehlt mir die nötige Stimmung. Wieder Soldat zu werden wäre vielleicht das Einzige, das mir zu raten wäre, wenn ich mir eine neue Bahn irgendwo eröffnen könnte, wo ich mit Gewissen und Ehre stände.«

Mit »Gewissen und Ehre«, aber »irgendwo«. Vaterländisches spielt für den ausgelaugten Söldner des Korrektorenpults in diesem Moment keine Rolle. Das »literarisch-militärische Amphibion« hat dennoch keine Uniform mehr getragen, obwohl ihm auf dem Weg von Italien über die Schweiz nach Paris spanische Werber eine überziehen wollten:

> »In Basel am Tore lud man mich zum Kriegsdienst der Spanier ein, die hier für junges Volk von allen Nationen freie Werbung hatten, ausgenommen die Franzosen und Schweizer. Mir war das nicht unlieb, ob ich gleich die Ehreneinladung bestimmt [mit Nachdruck] ausschlug: denn es zeigt wenigstens, ich sehe noch aus, als ob ich eine Patrone beißen und mit schlagen könne.«

Ein von Söldnerdiensten Traumatisierter würde kaum so kokettieren. Aber ist Seume wegen seiner großsprecherischen Patronenbeißerei als immerzu käuflicher Krieger anzusehen? Der ehemalige Freund Münchhausen reimt es sich in seiner Enttäuschung so zusammen: »Beständig feil zum Musquetieren, / Und wenn das Schildern sauer schmeckt, / Viel feiler noch zum Desertieren / Ob da der Theologe steckt??«

Warum sollte man nicht desertieren, wenn »das Schildern sauer schmeckt«? Weil man daran gehindert wird; oder weil man das Gassenlaufen fürchtet, wenn das Davonlaufen scheitert; oder weil man andere Gründe hat, bei der Fahne zu bleiben, patriotische vor allem. In der Leipziger Abschlussschrift von 1792 über *Die Bewaffnung in der Antike und in der heutigen Zeit* hält Seume fest:

> »Keiner wird ein guter Soldat sein, außer ihn erfüllt Liebe zum Vaterland; keinen kann Liebe zum Vaterland mehr erfüllen als den, der für die Altäre und Herde, für die Familie und für die Güter kämpfen wird.«

Nahezu anderthalb Jahrzehnte später schreibt er in *Mein*

Sommer 1805 diese Liebe zum Vaterland den Franzosen zu:

> »Der Franzose ohne Unterschied schlägt für ein Vaterland, das ihm nun lieb geworden ist, das ihm und seiner Familie eine gleiche Aussicht auf alle Vorteile vorhält und diese Vorteile wirklich gewährt.«

Was Seume trotz seiner antinapoleonischen Haltung hier an der französischen Nation und ihren Bürgern lobt, mag der sozialen Realität nicht gerecht werden, wohl aber den politischen Verhältnissen, so man sie wie Seume aus der Perspektive eines deutschen Soldaten betrachtet:

> »Für wen soll der deutsche Grenadier sich auf die Batterie und in die Bajonette stürzen? Er bleibt sicher, was er ist, und trägt seinen Tornister so fort; und erntet kaum ein freundliches Wort von seinem mürrischen Gewalthaber. Er soll dem Tode unverwandt ins Auge sehen, und zu Hause pflügt sein alter schwacher Vater frönend die Felder des gnädigen Junkers, der nichts tut und nichts zahlt und mit Misshandlungen vergilt.«

Wen der Staat und das Recht nicht anerkennt, dem kann der Staat und das Recht nichts gelten, der muss für den Staat und das Recht nicht kämpfen. Was soll das für ein Vaterland sein, in dem die Väter der Soldaten fronen oder gar als Leibeigene denen gehören, für deren Interessen die Söhne fechten? Um begeistert in die Schlacht zu ziehen wie der preußische Grenadier in den Kriegsliedern von Gleim, müsste man dümmer sein als ein Esel – als der Esel in einer 1796 erschienenen Fabel von Christian August Fischer: »›Geschwind! Zu den Waffen!‹ rufte ein Bauer seinem Esel zu, als die Feinde im Anrücken waren. ›Zu den Waffen?‹ antwortete dieser. ›Ich sehe nicht ein, warum. Mir kann es gleichgültig sein, *wem* ich gehöre. Ich muss einmal Lasten tragen; gleichviel, *wer* sie mir auflegt.‹ So sprach er und erwartete die Ankunft der Feinde, ohne sich von der Stelle zu rühren. Aufruf zur Verteidigung des Vaterlandes! – das heißt: des fürstlichen Interesses!« Unter solchen Bedingungen ist jeder Soldat bloß Söldner.

Fünftes Kapitel
Literaturbetrieb

———— ∞∞∞ ————

Markt und Meinung –
Lob und Brot – Ehre und Ruhm

»Ein Journalist in unsern Tagen muss Indifferentist sein oder mit jedem Blatt wenigstens eine Phimose fürchten.«

– Apokryphen –

»Sie werden sehen, ich mag nun so viel oder so wenig wert sein als man will, dass ich wenigstens selbstständig für mich allein gehe, ohne mich rechts oder links durch Lob oder Tadel in ein Klickenwesen ziehen zu lassen.«

– An Carl August Böttiger, Februar 1803 –

»Der Ruhm ist gewöhnlich das Grab der Ehre; und die Ehre selten der Weg zum Ruhm. Aber wer den Ruhm und die Macht in Beschlag nimmt, stempelt die Ehre nach Gutdünken und macht Goldmünze aus Glockenspeise.«

– Apokryphen –

Als Schriftsteller kam Seume historisch zu spät und zu früh: Zu spät, weil die aufklärerischen Ideen, denen er sich verpflichtet fühlte, zwar weitverbreitet, aber schon ziemlich zerschlissen waren. Zu früh, weil ihm seine ungewöhnliche Erlebnisberichterstattung zwar eine literarische Existenzgründung ermöglichte, aber zur Sicherung der materiellen Existenz noch nicht ausreichte – trotz des schnell wachsenden publizistischen Marktes.

Wie im Leben gehörte er auch im Schreiben nirgendwo recht dazu. Er hatte Freunde und Förderer und war doch schlecht vernetzt. Er arbeitete mitten im Literaturbetrieb und hielt sich stets am Rand. Es gelang ihm, sich einen Nimbus zu schaffen, aber viel Vergnügen hatte er an ihm nicht. Geldgier war ihm fremd, aber neben der Gier fehlte es ihm auch an Geld zum Leben. Die Ruhmgier wies er weit von sich, kam ihr mit seiner Ehrsucht aber näher, als er zuzugeben bereit gewesen wäre. Und er konnte vom Dichten, Denken und Publizieren nicht lassen, obwohl er das eine als »Erbsünde« bespöttelte, das andere wegen der damit verbundenen Kopfschmerzen verfluchte und das dritte oft für sinnlos hielt. Als Bauernkind und Gastwirtssohn, der unter die Literaten gefallen war, schwankte er zwischen ergebener Bewunderung – wenn er sich von den Berühmtheiten anerkannt fühlte – und polterndem Aufbegehren, wenn er sich missachtet glaubte. Er vermochte sich selbst beim Schreiben über das Leben zu trösten und fühlte sich zugleich vom Schreiben am Leben gehindert. Alles in allem war das »literarisch-militärische Amphibion« im Literaturbetrieb so glücklos wie im Militärwesen.

Markt und Meinung

Was ist ein Buch? Die Antwort hängt davon ab, wen man fragt. »Ein Buch ist eine Schrift [...], welche eine Rede vorstellt, die jemand durch sichtbare Sprachzeichen an das Publikum hält.« Was ist Aufklärung? Wieder hängt die Antwort davon ab, wen man fragt. »Aufklärung ist der Ausgang des Menschen aus seiner selbstverschuldeten Unmündigkeit.« Die zweite Antwort stammt von Kant. Die erste auch. Sie steht in der 1797 erschienenen *Metaphysik der Sitten*. Das dort erwähnte Publikum ist zugleich Subjekt und Objekt der Aufklärung. Kant schreibt in seinem 1784 in der *Berlinischen Monatsschrift* erschienenen Aufsatz *Beantwortung der Frage: Was ist Aufklärung?*: »Es ist [...] für jeden einzelnen Menschen schwer, sich aus der ihm beinahe zur Natur gewordenen Unmündigkeit herauszuarbeiten. [...] Dass aber ein Publikum sich selbst aufkläre, ist eher möglich; ja es ist, wenn man ihm nur Freiheit lässt, beinahe unausbleiblich.«

Aufklärung ist keine Privatsache, sondern eine öffentliche Angelegenheit. Sie setzt Kommunikation voraus, die offene Diskussion unter Anwesenden, aber auch den freien Austausch über weite Distanzen. Das eine fand statt an den staatlich eingerichteten Akademien, in den privat geführten Salons und bei regelmäßigen, ebenfalls privat organisierten Gelehrtentreffen, das andere war vermittelt über den in der zweiten Jahrhunderthälfte explodierenden Markt der Bücher, Zeitungen und Zeitschriften. Die Akademien hingen vom Willen der Fürsten ab, die Salons von der Energie der

Damen, die sie führten, die Gelehrtentreffen im Stil der Berliner Mittwochsgesellschaft von der Energie der Herren, die sie besuchten. Der Markt wiederum wurde in Bewegung gehalten von der Ruhmsucht der Autoren und dem Gewinnstreben der Verleger. Mochten die bedeutenden unter ihnen auch moralischen, politischen und ästhetischen Idealen verpflichtet sein, so konnten sie diesen Idealen doch nur dienen, indem sie an ihnen verdienten. Ähnliches galt für die Autoren, obwohl es länger dauerte als bei den Verlegern, bis sie nicht nur für ihre Ideen, sondern auch von ihnen leben konnten. Lange waren sie auf Ämter angewiesen, vor allem, wenn sie anders als Seume eine Familie zu ernähren hatten, auf Universitäts-, Kirchen-, Justiz- und Verwaltungsämter. Oder auf »dunkle Ämter«, wie Goethe süffisant über den Halberstädter Gleim bemerkte, dessen Amt so einträglich wie indifferent war, mithin eigentlich eine Pfründe ohne größere Verpflichtungen.

Autoren wie Verlegern gleichermaßen zu schaffen machten zwei geschäftsschädigende Einrichtungen, deren eine, die fürstliche Zensur, fest in der Vergangenheit verwurzelt war, und deren andere, der grassierende Büchernachdruck, aus raubkapitalistischer Gier erwuchs. Die Zensur war dabei das kleinere Übel, denn so großen Schaden sie in Einzelfällen auch anrichtete, konnte sie doch im zersplitterten, von den unterschiedlichsten Herren regierten Deutschland leicht umgangen werden. Und im Notfall gab es immer noch den alten »Peter Hammer«. Die Piraterie war aus den gleichen Gründen schwerer zu bekämpfen. Im Unterschied zur Zensur war sie keine marktfremde Beschränkung, sondern selbst ein Marktphänomen. Gerade die Schriftsteller, die durch ein Amt eher schlecht als recht versorgt und auf ihren Anteil am Geschäft mit ihren Gedanken angewiesen waren, setzten sich in immer schärfer werdendem Ton mit dem Problem auseinander. Gottfried August Bürger, dem es trotz des Erfolgs seiner Münchhausengeschichten nie gelang, sich am eigenen Schopf finanziell aus dem Sumpf zu ziehen, publizierte beispielsweise den Vorschlag einer Assekuranzkasse, mit der die Einnahmeausfälle durch Raubdrucke versichert werden sollten.

Der ebenfalls erfolgreiche und ebenfalls um einen Teil dieses Erfolgs geprellte Freiherr von Knigge warnte in der Vorrede zu *Über den Umgang mit Menschen* die Nachdrucker in Leipzig, eine »korsarische Unternehmung« zu wagen. Im Kapitel »Über den Umgang mit Leuten von allerlei Ständen im bürgerlichen Leben« erklärt er, die »Herren Buchhändler verdienten wohl ein eignes Kapitel«, belässt es aber dann bei wenigen Absätzen über die Verleger, denn die waren damals mit der Bezeichnung »Buchhändler« vor allem gemeint. Dem verdienstvollen Verleger »wie unserm Nicolai«, dem »Wahrheit, Kultur und Aufklärung am Herzen« liegen, stellt er einen Typus gegenüber, »der die erbärmlichste Schmiererei, deren Nichtswürdigkeit er selbst fühlt, durch einen vielversprechenden Modetitel oder durch saubre Bildlein aufgesetzt nach Frankfurt und Leipzig schleppt und für diese Lumpereien ein schändendes Lob von feilen Rezensenten erkauft« und der gleichzeitig »den Mann von Talenten wie einen Taglöhner behandelt und bezahlt«. Danach rechnet Knigge der Leserschaft vor, warum dennoch keineswegs »alle Buchhändler, die nur irgend einen Verlag hätten«, deshalb auch reich seien: »Wenn man in Deutschland vierundzwanzig Millionen Einwohner annimmt und dann rechnet, dass jedes Buch tausendmal abgedruckt würde, so beträgt das auf 24 000 Menschen nur ein Exemplar – und welches Buch könnte so schlecht sein, dass nicht unter 24 000 Leuten einer Lust bekäme, es zu kaufen? Allein man wird bald andrer Meinung, wenn man die Schuldbücher der Herrn Buchhändler durchsieht; wenn man erfährt, dass sie von ihren Amtsbrüdern nicht mit Gelde, sondern mit Makulatur und Ladenhütern, von andern Käufern aber oft mit Vertröstungen bezahlt werden, dass man von der Summe jener 24 000 beinahe den ganzen Bauernstand abrechnen muss, und dass die häufigen Leihbibliotheken und Nachdruckfabriken ihnen beträchtlichen Schaden zufügen.«

Was den Bauernstand betraf, hatte Knigge unrecht, und zwar sehr. 1788, im gleichen Jahr, in dem *Über den Umgang mit Menschen* erschien, publizierte Göschen von Rudolph Zacharias Becker das *Noth- und Hülfsbüchlein für Bauersleute, welches lehret, wie man vergnügt leben, mit Ehren reich werden und sich und Andern in allerhand Nothfällen helfen könne.* Das in seinem Titel so vielversprechende Buch hielt dieses Versprechen, jedenfalls in finanzieller Hinsicht: Es wurde zum größten Subskriptionserfolg der deutschen Aufklärung, und der Gesamtabsatz wird auf eine halbe Million Exemplare geschätzt, manche sprechen gar von einer Million.

Dabei lag es erst drei Jahrzehnte zurück, dass der Bauer literaturfähig geworden war, und zwar als Objekt der Darstellung, als Autor und als Adressat. 1756 war mit *Der Gelehrte Bauer* von Johann Ludewig die selbst erzählte Bildungsgeschichte eines Bauernkindes aus Sachsen als »Exempel zu nützlicher Nachfolge« erschienen. Ob Seume das Buch gekannt hat? Jedenfalls sollte er für Göschen, der wie alle Verleger jeden Erfolg zu wiederholen suchte, ein Buch für die Landbevölkerung schreiben. Seume schrieb, aber Göschen veröffentlichte nicht – nicht zu Seumes Lebzeiten. Das *Kurze Pflichten- und Sit-*

tenbuch für Landleute erschien Göschen zu schwer für das Zielpublikum. Auf dem Stich »Lesender Bauer« von Chodowiecki sieht man, warum. Er zeigt die Vorstellung, die man sich in den Städten vom Buchstabieren auf dem Land machte: Mit vor Anstrengung hervorquellender Halsschlagader und viehisch aufgerissenem Mund versucht der Bauer zu entziffern, was in der Broschüre in seiner Hand geschrieben steht.

Das Lesen auf dem Land und lange auch das in den Städten richtete sich – so die einfachen Leute überhaupt alphabetisiert waren – bis ins erste Drittel des 18. Jahrhunderts hauptsächlich auf Erbauungsbücher und die Bibel. Die Gebildeten lasen theologische, juristische, philosophische und medizinische Neuerscheinungen in Latein und die antiken Klassiker in Latein und Griechisch. Der Kanon stand seit Jahrhunderten fest und war so abgeschlossen, dass der heute unantastbare Shakespeare Fürsprecher wie Goethe und Übersetzer wie Wieland und die Romantiker brauchte, um beim Publikum durchgesetzt zu werden. Die traditionelle Lektürepraxis war intensiv, nicht extensiv. Das Gelesene verwandelte sich in Gemerktes, das Buch in eine Gedächtnisstütze für das, was man im Kopf hatte. Das Publikum schließlich bestand aus Subskribenten, die den Autoren oft persönlich und immer mit Namen und Adressen bekannt waren.

Um 1800 hatte sich all das völlig verändert. Lag um 1740 das Verhältnis zwischen lateinischen und deutschen Titeln in den Leipziger Messekatalogen bei 38 zu 62, erschienen um die Jahrhundertwende 96 von hundert Büchern auf Deutsch. Die Alphabetisierungsrate war deutlich gestiegen, und da viele der nachwachsenden Neuleser mehr als nur den Namen schreiben konnten, wuchs auch das potenzielle Publikum. Die Einführung der eisernen Druckpresse in der zweiten Hälfte der 6oer-Jahre, die durch geringere Abnutzung der Druckstöcke höhere Auflagen ermöglichte, verbilligte die Produktion und trug zur Verwandlung des potenziellen Publikums in ein wirkliches bei. Der gedruckte Buchstabe wurde zur Ware und brachte in vielfältigsten Formen, vom billigen Heftchen bis zum prunkenden Folianten, neue Ideen unter die Leute. Die unmittelbaren persönlichen Beziehungen zwischen einzelnen Autoren und ihren Subskribenten waren dem über den Markt vermittelten Verhältnis zwischen freien Schriftstellern und anonymer Kundschaft gewichen. In den vierzig Jahren nach dem Ende des Siebenjährigen Krieges 1763 sind den Messekatalogen zufolge zehnmal so viele Bücher erschienen wie in den vierzig Jahren zuvor.

Seume wuchs also in einer Epoche auf, in der das Bücherschreiben, Bücherverkaufen und Bücherlesen nie gekannte Ausmaße annahm. Als er sich gegen Ende des Jahrhunderts selbst als Autor in Leipzig zu etablieren begann, hatte die Stadt achtzehn Druckereien mit jeweils mehreren Dutzend Beschäftigten, rund fünfzig Buchhandlungen und ein Heer von Redakteuren und Journalisten. 264 Zeitschriften waren während der zweiten Jahrhunderthälfte gegründet worden und hatten ihre (häufig kurze) Blüte, darunter ein so melancholisches Vorhaben wie die *Beiträge zur Beruhigung und Aufklärung über diejenigen Dinge, die dem Menschen unangenehm sind oder sein können und zur nähern Kenntnis der leidenden Menschheit* in den 9oer-Jahren.

Bei etlichen der etablierteren Organe arbeitete Seume mit, und nicht nur bei solchen, die in Leipzig erschienen. Er schrieb für das 1786 von Friedrich Justin Bertuch gegründete und bis 1827 unter wechselnden Titeln erscheinende *Journal des Luxus und der Moden* (von dem übrigens Hans Magnus Enzensberger seiner *Transatlantik*, 1980 bis 1991, den Untertitel lieh), er schrieb für den *Freimüthigen* seines Freundes Merkel, für die *Zeitung für die elegante Welt*, für das *Morgenblatt für gebildete Stände*. 1805/06 erschien das *Journal für deutsche Frauen von deutschen Frauen* – und »besorgt«, so hieß es statt des üblichen »herausgegeben« etwas unbedacht im Untertitel, von Wieland, Schiller, Rochlitz und Seume. Dieses »besorgt« hallte den Zeitschriftenmachern als höhnisches Echo aus Rezensionen entgegen, und es kam schnell heraus, dass es dem *Journal* ging, wie es schon der im ersten Drittel des Jahrhunderts berühmten und im letzten Drittel berüchtigten moralischen Wochenschrift *Vernünftige Tadlerinnen* von Gottsched gegangen war: Auch sie hatte sich vornehmlich ans weibliche Publikum gewandt, aber statt von »Frauen für Frauen« stammten die meisten Artikel von Männern, mochten sie noch so fleißig mit »Iris« oder »Phyllis« abgezeichnet sein.

Die wichtigste Zeitschrift für Seume, und nicht nur für ihn, war zweifellos der *Neue Teutsche Merkur*, den Böttiger herausgab, jedenfalls de facto, denn genannt wurde immer noch der alte Wieland. Er hatte 1773 den *Teutschen Merkur* in Weimar gegründet und bis 1789 herausgegeben. Seit 1785 wurde das Blatt bei Göschen in Leipzig verlegt. Der Nachfolger *Neuer Teutscher Merkur* erschien von 1790 bis 1810. Wieland überlebte die Zeitschrift, wie er auch Seume überlebte. Unter Böttigers Ägide, und gewiss nicht gegen Wielands Willen, erschienen dort etliche der Briefe, die Seume von seinem Marsch nach Syrakus an Böttiger und Göschen geschrieben hatte und die zu wichtigen (Text-)Bausteinen bei der Kompilation des *Spaziergangs* wurden. Die Vorveröffentlichungen hatten ihren Anteil an dem Nimbus, den Seume sich mit diesem Buch zu verschaffen und erschreiben wusste. Ein Nimbus, der auch die Ladenhüter in neuem Licht – erscheinen ließ. Jedenfalls brachte Gottfried Martini, der Verleger von Seumes *Obolen,* die liegen gebliebenen Exemplare erneut unter die Leute, versehen mit dem Zusatz vom »Verf. des Spaziergangs nach Syrakus«.

Obwohl sich Leipzig neben Wien und vor Frankfurt am Main als Haupt- und Handelsstadt der deutschsprachigen Buchproduktion behauptete, war eines der wuchtigsten und ausdauerndsten Periodika der europäischen Publizistik eine Berliner Pflanze. Dem Erfolg ging freilich ein Scheitern voraus. 1756 mussten die anonym publizierten und teilweise von Lessing geschriebenen *Briefe, die neuste Literatur betreffend* das Erscheinen einstellen. Im gleichen Jahr gründete ihr Verleger Friedrich Nicolai die *Allgemeine Deutsche Bibliothek,* die im nächsten halben Jahrhundert in 256 Bänden sage und vor allem schreibe 80000 Bücher rezensierte.

Aber so gewaltig das Unternehmen war, ein Monopol auf dem Markt, nicht einmal auf dem Berliner, hatte es nicht. 1783 gründeten Johann Erich Biester und Friedrich Gedike die *Berlinische Monatsschrift,* in der im Folgejahr Kant die Frage beantwortete: *Was ist Aufklärung?* Die *Monatsschrift* erschien bis 1796, gefolgt von den allein von Biester herausgegebenen *Berlinischen Blättern* und ab 1799 durch die wiederum von Nicolai verlegte *Neue Berlinische Monatsschrift,* die bis 1811 Bestand hatte.

Gemessen an diesen historischen Gebirgen von Zeitschriften wirken die Unternehmungen von Goethe und Schiller wie Eintagsblätter. Schillers *Thalia* erschien von 1785 bis 1791, die *Neue Thalia,* in der Seume sein *Abschiedsschreiben* an Münchhausen und zwei weitere Gedichte veröffentlichen konnte, von 1792 bis 1793,

Goethes *Propyläen* kamen von 1798 bis 1800 heraus und Schillers *Horen* von 1795 bis 1797.

Als Schiller die *Horen* 1794 ankündigte, reklamierte er für das Projekt, über die Meinungskämpfe des Tages erhaben und nur dem Allgemeinmenschlichen verpflichtet zu sein: Je »mehr das beschränkte Interesse der Gegenwart die Gemüter in Spannung setzt, einengt und unterjocht, desto dringender wird das Bedürfnis, durch ein allgemeines und höheres Interesse an dem, was *rein menschlich* [Hervorhebung Schiller] und über allen Einfluss der Zeiten erhaben ist, sie wieder in Freiheit zu setzen«.

Doch vermag auch ein Schiller nicht, aus seiner Zeit herauszuspringen. Die Idee, keiner Ideologie folgen zu wollen, war selber ideologisch. Das höhere Interesse, das da von oben herab in Anspruch genommen wurde, erwies sich als bloß partielles, orientiert an der engen und oft genug dogmatisch vorgetragenen Auffassung der Literatur als autonome Kunst. Entnervt von der politischen Versteinerung in den deutschen Ländern strebte der Dichter nach einer neuen Klassizität im nicht nur machtlosen, sondern angeblich auch machtfreien Reich der Bildung und des Geistes. Entsetzt über die revolutionäre Entwicklung in Frankreich, wo er »rohe Kräfte sinnlos walten« sah, läutete er die Alarmglocke: »Wenn sich die Völker selbst befrein,/Da kann die Wohlfahrt nicht gedeihn.«

Zwischen dem Stillstand der Reformen und dem revolutionären Aufruhr schien nur die »ästhetische Erziehung des Menschen«, wie Schiller 1795 schrieb, und das »in sich selbst Vollendete« der Kunst, wie Karl Philipp Moritz schon 1785 geschrieben hatte, eine Zuflucht zu bieten vor der Öde in Deutschland und der Unordnung in Frankreich.

Der Konflikt zwischen Autonomen und Aufklärern teilte das diskursive Feld und den publizistischen Markt, auch wenn es Autoren gab, die zwischen den Linien operierten wie Moritz oder sich wie Seume am Rand herumtrieben. Die Autonomen wurden repräsentiert von Goethe und Schiller, bis zu seinem Tod 1793 unterstützt von Karl Philipp Moritz, der ihr Programm im Berliner Feindesland, wo er Freunde hatte, unter die Leute brachte. Die Aufklärer waren die alte Garde aus König Friedrichs Zeiten, deren Haupt Moses Mendelssohn und deren Hauptgeschäftsführer Friedrich Nicolai gewesen ist, gefolgt von so rührigen Leuten wie Gedicke, Biester und Jenisch.

In Reaktion auf Schillers *Horen* gründete Daniel Jenisch 1795 das *Berlinische Archiv der Zeit und ihres Geschmacks,* und in seinem Aufsatz *Über Prosa und Beredsamkeit der Deutschen* reformulierte er das Denk- und Stilideal der Aufklärung: »Ernst, klar, aufrichtig wie die Wahrheit an sich ist, muss sie auch in der Rede ohne Täuschung und ohne verschönernde Hülle dargestellt werden: Sache des Verstandes, nicht der Einbildungskraft, braucht sie der Belehrungen des erstern, nicht der Unterhaltung der andern: Gegenstand deutlicher Erkenntnis, nicht alles-verwirrender Leidenschaft, muss sie durch helle Begriffe, nicht durch Rührung hervorgebracht werden.«

Seume hätte dem zustimmen können, und seine oft wiederholten Wahrheitsversicherungen würden dieser Linie entsprechen, wären sie nicht etwas *zu* oft wiederholt worden, um überzeugend zu sein. Seume in seiner am Rand des literarischen Feldes wildernden und in seinen Texten mitunter auch verwilderten Art, suchte gerade durch sein Wahrheitspathos zu rühren und durch seine kunstvolle Kunstlosigkeit mitzureißen.

Auf Jenischs Verteidigung der täuschungslosen Nüchternheit der Aufklärung (die freilich eine Selbsttäuschung war), reagierte Goethe denunziatorisch mit dem in den *Horen* veröffentlichten Aufsatz *Literarischer Sansculottismus.* »Sansculottismus« klang in den Ohren der Berliner Polizei wie »Jakobinismus«. Goethe legte das in meisterhafter Perfidie nahe und konnte doch sagen, dass er es so nicht geschrieben habe.

Was auf diese Weise ausgefochten wurde, war mehr als der Kampf um Marktanteile und ging über das gewöhnliche Literatengezänk hinaus. Doch lassen sich die Titanenkämpfe der Epoche nicht trennen von literarischem Futterneid, persönlichen Animositäten und der schieren Lust an der Invektive. Im Vorfeld der *Xenien,* jenem wenig erhabenen und ästhetisch schlecht erzogenen Angriff auf alles, was den Autonomen fernstand, zählte Schiller in einem Brief an Goethe die Gegner auf, darunter »Freund Nicolai, unser geschworener Feind, die Leipziger Geschmacksherberge, Thümmel, Göschen als sein Stallmeister«.

Seume, der zu unbedeutend war, um von den »Geschenken«, denn das bedeuten die *Xenien* auf Deutsch, betroffen zu sein, fühlte sich gleichwohl wie viele andere getroffen. Im Herbst 1797 schrieb er an Münchhausen:

>»Die Herren [Goethe und Schiller] haben durch diese Geschenke der Nationalbildung eine Ohrfeige gegeben.«

Seume hatte gerade seine Stelle bei Göschen angetreten, und wenn der Verleger der Stallmeister der Leipziger Geschmacksherberge war, dann war Seume der Stallbursche. Die Rolle des Pferds im Stall (und in der Metapher) kam dem Reiseschriftsteller Moritz August von Thümmel zu. Man könnte auch sagen, Thümmel war als einer der bestverkauften Schriftsteller seiner Zeit die ›cash cow‹ des Verlags. Seine von 1791 bis 1805 erscheinende *Reise in die mittäglichen Provinzen von Frankreich* spielten so viel ein, dass Göschen ihm 5000 Taler Honorar zahlte, mehr als für die *Gesammelten Werke* Goethes und Klopstocks zusammen. Goethe hatte für eine achtbändige Ausgabe Ende der 1780er-Jahre 2000 Taler von Göschen erhalten und ließ sich später vom besser zahlenden Cotta abwerben. Cotta umwarb auch Thümmel, was Seume im September 1808 veranlasste, sich in einem Brief an Cotta auf Göschens Seite zu schlagen, obwohl er längst nicht mehr für dessen Verlag arbeitete:

> »Wenn Sie Göschen, wie er vielleicht fürchtet, Thümmels Reisen abwinden sollten, so ist es aus mit uns.«

Thümmel blieb bei Göschen. Und Seume nahm, drei Wochen bevor er starb, bei Göschen noch an einem Abendessen mit Thümmel teil.

An Wielands Werken, mit denen Seume wie mit denen Klopstocks zeitweise als Korrektor befasst war, soll Göschen 7000 Taler verdient haben, trotz der hohen Honorare, die Wieland verlangen konnte.

Alles in allem war die Literatur zum lohnenden Gewerbe geworden, auch wenn es sich nicht für alle gleichermaßen lohnte. Die Vertreter der Autonomie täuschten sich über diese Geschäftslage nicht etwa hinweg, sondern machten sich deswegen Sorgen. Wenn das große Publikum mit seinen Kaufentscheidungen darüber bestimmte, was als große Literatur zu gelten hatte, dann verloren die innerästhetischen Maßstäbe ihren Wert. Dies ist der Boden der Tatsachen, von dem die Autonomievertreter zu ihren Höhenflügen abhoben.

Die Debatte ist historisch, doch einzelne ihrer Elemente sind bis heute relevant in jedem Feuilletonistenstreit um U oder E. Noch die bequeme und sich selbst als ›up to date‹ missverstehende Haltung, die Unterscheidung zwischen Unterhaltungs- und ernster Kunst sei von gestern, recycelt Meinungen von vorgestern. Indifferente UE-Kunst ist nicht die Lösung des Problems, sondern lebt von ihm. Man will die Kundschaft auf dem Markt abholen (wie die Eltern die Kleinen vom Kindergarten?) und gleichzeitig doch den ›höheren Standpunkt‹ nicht verlassen, der den Nimbus des Besonderen verleiht.

Seume zu seiner Zeit ging einen Zickzackweg durchs literarische Gestrüpp, das um ihn emporschoss und auch Größeren als ihm über den Kopf wuchs. Noch in der Mitte des 18. Jahrhunderts wurden die Leser zum Lesen ermahnt, etwa 1751 von der moralischen Wochenschrift *Der Mensch*: »Das Lesen ist der nützlichste Zeitvertreib und das wichtigste Geschäft [...] Wenn ein Mensch wegen seiner Berufsarbeit Zeit hat zu lesen, und er unterlässt es, so ist dieses ein unfehlbares Zeichen eines öden Geistes.« An des Jahrhunderts Ende war es in Mode, das Lesen als Wut, Sucht und Seuche zu verunglimpfen, oder als eine Angwohnheit, schlimm wie eine gewisse andere, die gebildete Leute von der Arbeit abhalte und ungebildeten Flausen in den Kopf setze.

Journalisten kritisierten in Journalen wortreich die Journaille, Vielschreiber publizierten Traktate über die »Bücherflut«, und kolonnenweise marschierten Buchstaben übers Papier, um den »kalten, toten Buchstaben« zu schmähen. Literaten, die mit dem Markt über sich hinausgewachsen waren, sahen dennoch im Aufstieg des Marktes den Niedergang der Literatur. 1793 schrieb der republikanische Publizist Georg Friedrich Rebmann: »Unser Publikum besteht nicht etwa aus den Tribunalen, die in Jena, Göttingen und Berlin entscheiden, auch nicht aus den jungen Kandidaten, angehenden Pastoren oder Studenten, welche hie und da in mancher anderen gelehrten Zeitung spuken, nein, das Publikum, dessen Stimme zwar nicht in kritischer, aber in ökonomischer Hinsicht über unsere Schriftsteller richtet, besteht aus Friseuren, Kammerjungfern, Bedienten, Kaufmannsdienern und dergleichen.«

Der demokratische Publizist erkennt die Doppeldeutigkeit, man könnte auch sagen, die ›Dialektik‹ dieses Prozesses ganz deutlich: »Im ganzen, glaub’ ich, hat die *Menschheit* durch die zur Mode gewordene Lesesucht auch der niederen Stände gewonnen. [...] Unsere *Literatur* hat aber wohl sicher dabei verloren.«

Während Rebmann die soziale und politische Funktion der Literatur von ihrer ästhetischen Form zu unterscheiden und beides getrennt zu qualifizieren wusste, nahm mit dem Markt auch die Zahl der Meinungsmacher zu, die den Markt reglementieren und die Meinung kontrollieren wollten. Neben schlechten Schriften sei es auch des Guten zu viel. Im Mai 1798 klagte Gleim in einem Brief an Seume: »Wahr aber ist [...], dass man selbst das Beste nicht alles lesen kann! Endlich wird’s dahin kommen, dass ein Wieland so gar für sich allein zum Vergnügen wird schreiben müssen – oder man wird nur, was die Göschen für lesenswürdig halten, und zu Meisterwerken ihrer Kunst bestimmen, lesen können.« Gut zwei Jahre später schlägt Seume in einem Brief an Gleim die Einführung einer freiwilligen Selbstkontrolle vor:

Es schreibe jeder »in voller Freiheit, was er wollte; nur müsste jeder seinen Namen nennen; und man setzte ein Art von Sittengericht oder allgemeiner Bücherkommission mit *liberalen* Vorschriften nieder, wo jeder das seinige zu verantworten hätte. Das würde zu etwas führen und die Schranken *gehörig* ziehen.«

Dieser Vorschlag ist nicht nur rückwärtsgewandt, sondern auch schlecht durchdacht. Wer würde denn über diese *liberalen* Vorschriften befinden, wer die Kommission ernennen? Wo wären die Schranken *gehörig* gezogen? Hier schlägt, wie öfter bei Seume, der subalterne Wunsch nach einer höchsten Instanz durch, die mit väterlicher Macht Ordnung ins Durcheinander bringt. Dabei kommt es gar nicht darauf an, ob diese väterliche Macht eine Kommission oder eine Person ist, ein Philosoph womöglich. Fichte hätte sich für etwas Derartiges hervorragend geeignet. Der große Philosoph verachtete den großen Geschäftemacher der Aufklärung, Friedrich Nicolai, und mit ihm gleich das große Publikum, das natürlich gar nicht ›groß‹ war, nur zahlreich: Über das der *Allgemeinen Deutschen Bibliothek* schrieb er: »Der Geringste unter den Lesern glaubte sich selbst zu lesen; gerade so hatte er die Sache sich auch von jeher gedacht und nur nicht den Mut gehabt, es sich laut zu gestehen. Die Unmündigen erhielten die Sprache, und das gefiel ihnen.«

Im Wort Mündigkeit steckt der Mund, und den sollten die Unmündigen halten. Aber wer entscheidet darüber, wer unmündig und was Aufklärung ist? Erst Kant, dann Fichte, dann Hegel – je nach Zeitgeschmack und Mode? Und wie kommen Zeitgeschmack und Mode zustande? Durch die Menge, die Masse, den Markt und die Meinung? Die Katze beißt sich in den Schwanz.

Zeitgeistphilosophien, und die von Fichte war eine, Kultbücher und literarische Zelebritäten sind Resonanzverstärker dessen, was während einer Epoche in der Luft liegt, besser gesagt in den Herzen und Köpfen. Sie bringen nicht so sehr hervor als vielmehr zum Ausdruck. Weil es dabei um Stimmungen und Schwingungen geht, konnten die Romantiker Fichtes Wissenschaftslehre,

Goethes *Wilhelm Meister* und die Französische Revolution in einem Atemzug nennen. Eine Generation zuvor war es noch Goethes *Werther*, der die (jungen) Leute enthusiasmierte. Auch Seume hat den Briefroman während seiner Leipziger Schulzeit gelesen:

>»Werther, der damals erschien, fiel mir sogleich in die Hände; und ich muss bekennen, er spielte dem jungen Kopfe gewaltig mit; da alles dort der Geschichte so gleich sieht, und vielleicht meistens Geschichte ist. Da aber meine Seele noch ohne Leidenschaft aller Art war, außer dem allgemeinen Enthusiasmus für das Große, Gute und hohe Schöne, so verflog die Wirkung bald wieder«.

In einem der Briefe, aus denen der Hauptteil des Romans besteht, berichtet Werther, wie er mit Lotte ein Landgewitter erlebt: »Wir traten ans Fenster. Es donnerte abseitwärts, und der herrliche Regen säuselte auf das Land, und der erquickendste Wohlgeruch stieg in aller Fülle einer warmen Luft zu uns auf. Sie stand auf ihren Ellbogen gestützt; ihr Blick durchdrang die Gegend, sie sah gen Himmel und auf mich; ich sah ihr Auge tränenvoll, sie legte ihre Hand auf die meinige und sagte: – Klopstock!«

Lob und Brot

Friedrich Gottlieb Klopstock galt seit der Veröffentlichung der ersten drei Gesänge seines Versepos *Der Messias* im Jahr 1748 vielen als der deutsche Dichter schlechthin. Wenn Lotte »Klopstock!« sagt, nennt sie nicht bloß den Namen eines berühmten Literaten, sondern spricht eine poetische Lebenshaltung aus. Die Dichtung veredelt das menschliche Dasein, und der Dichter personifiziert diese nahezu göttliche Veredelung. Werk und Schöpfer entfalten sich aber nicht mehr in der elitären Abgeschiedenheit eines Mäzenatenhofs, sondern mittels des publizistischen Erfolgs beim großen Publikum. Der Markt bringt den Mythos hervor, der Poet ist Produzent und seine Poesie ein Produkt. Gleichwohl wusste Klopstock die alte Rolle des Sehers und Barden noch einmal mit Bravour auf der neuen Bühne des Marktes zu spielen. Aber gegen Ende des Jahrhunderts war der Kultautor Klopstock museal geworden, ein wandelndes Denkmal seiner selbst.

Einer solchen Zelebrität die Korrekturen zu lesen war keine spaßige Angelegenheit, für einen Mann wie Seume um so weniger, als er sich seelisch auf die Leutseligkeit derer angewiesen fühlte, denen er zur Hand ging, sei es ein Militär oder ein Dichter. Er setzte sich beflissen ans Bett eines Generals, aber im Vorzimmer zu warten, machte ihn rasend. Er verglich mühselig Satzfahnen mit Handschriften, wie es sich für den subalternen Verlagsmitarbeiter gehörte, aber auch noch als ein Subalterner des Geistes behandelt zu werden, konnte er nicht ertragen. Er tat Dienst bei Göschen in Grimma um des Brotes willen, denn der Mensch lebt nicht vom Buch allein. Aber neben dem Lohn verlangte er Lob, wo es ihm gebührte, und vor allem Anerkennung: in sachlicher und noch mehr in menschlicher Hinsicht.

Die Kombination Klopstock–Seume hätte unseliger kaum sein können: Auf der einen Seite der Hohepriester, der seine Persönlichkeit zelebrierte, als wäre sie ein Amt; auf der anderen Seite der Gelegenheitsautor, der den Dienst am fremden Altar wenig segensreich fand. Dennoch nahm er diesen Dienst ernst und war päpstlicher als der Literaturpapst. Anlässlich des Streites um ein Komma überlegte er in einem Rechtfertigungsbrief an Göschen, ob Klopstock womöglich auf einen Textsinn aus sei, »den ich nicht wollen würde, wenn ich Klopstock wäre«.

Auf einen solchen Einwand muss man erst einmal kommen. Es handelt sich nicht bloß um das übliche ›Wenn ich Du wäre‹, mit dem Freunde sich rhetorisch einer in des anderen Lage versetzen. Seume insinuiert vielmehr, dass Klopstock sich selbst nicht verstehe. Womit er übrigens recht hatte, wenn auch nicht wegen eines ungeschickt gesetzten Kommas, sondern wegen Klopstocks gesamter künstlerischer Haltung. Die Dunkelheit in der Poesie des Meisters nahm mit dessen Alter so weit zu, dass die Verse sinnfreier Wohlklang wurden, zum Geraune, an dem es gar nichts weiter zu verstehen gab, ganz gleich, wo sich die Kommas herumtrieben.

Das im Brief an Göschen beklagte Komma, das dem Klopstock-Vers einen Sinn verlieh, den Seume nicht hätte wollen können, wäre er Klopstock gewesen, hatte ein Nachspiel in einem Brief an Gleim. Dieser Brief sei ausnahmsweise nicht modernisiert und der aktuellen Rechtschreibung angepasst zitiert, sondern mit allen Kommas – die fehlen:

> »Über Klopstocks Oden habe ich allerdings mehrere Sünden auf meinem Gewißen. Göschen hat mehrere Bogen umdrucken laßen, woran theils der Setzer, theils ich, theils Klopstock selbst Schuld war.«

Nach etlichen Klagen über die Fehler und Unleserlichkeiten in der Handschrift folgt die Komma-Beschwerde:

> »Er spricht von der Dichtkunst, und sagt sie steige empor und schwebe, schöner Bläue nahe Nachbarin über dem Regenbogen. Er will nach Bläue, ein Komma. Der Sinn ist dadurch; die Dichtkunst wird

schöner/schöner/Bläue, und ist nahe Nachbarin über dem Regenbogen. Dann scheint mir aber das *nahe Nachbarin* zu *über dem Regenbogen* etwas hart konstruiert. Ohne Komma ist, däucht mich der Sinn nicht weniger schön. Sie schwebt schöner Bläue nahe Nachbarin über dem Regenbogen; als nahe Nachbarin der schönen Bläue des Himmels schwebt sie über dem Regenbogen. Ich überlaße es Ihnen mein Gefühl zu würdigen. Das Komma war im Manuskpt etwas undeutlich, daß ich es leicht für keines nehmen konnte.«

Nachdem er sich das Satzzeichen von der Seele geschrieben hat, schließt er den Brief mit der Bitte:

»Aber Sie verzeihen, dass ich Sie ermüde; ich rechne bloß auf Ihre Teilnahme und Ihre große Güte. Mich und mein Büchlein empfehle ich Ihnen mit wahrhaft kindlichem Zutrauen und halte es für eine glückliche Periode meines Lebens, wenn ich Ihnen dadurch nicht missfällig geworden bin. Ihr gehorsamster Seume. Grimma, den 22. Febr. 98.«

Mit dem Büchlein ist das gerade erschienene zweite Bändchen der *Obolen* gemeint. Mag sein, dass ein Korrektor, der nicht wie Seume zugleich Poet gewesen wäre, dem Komma in einer Ode weniger Gewicht beigemessen hätte. Doch war der Konflikt zwischen Klopstock und Seume nicht bloß der zwischen einem großen und einem kleinen Dichter. Die Auseinandersetzung hatte grundsätzliche Bedeutung. Neben den persönlichen Empfindlichkeiten ging es um die sozialen Rollen, die es in einem arbeitsteiligen literarischen Herstellungsprozess jeweils einzunehmen und eben auch auszuhalten galt – in einem Herstellungsprozess, der sich nicht mehr an einem Mäzen zu orientieren hatte, sondern am

Markt. Aus Seumes Perspektive war nicht Priesterschaft, sondern Professionalität gefragt. Klopstock wiederum, der ohne Sponsoring, wie man heute sagen würde, seine Messiade niemals hätte schreiben können, mochte sich nicht vom Korrektor eines Verlegers belehren lassen, hatte er doch die Dienstbarkeit eines Königs genossen, auch wenn es nur der von Dänemark war. Dass der Markt ein anderes Verhaltensrepertoire verlangte als das Mäzenatentum, wurde von Klopstock nicht wahrgenommen – oder übersehen. Das gelang ihm ausgerechnet deshalb, weil seine Stellung auf dem Markt lange so dominant war, dass er sich mit Konkurrenz kaum zu beschäftigen brauchte. Er gehörte mit seinen Oden zu den seltenen Schriftstellern im 18. Jahrhundert, die wenigstens zeitweise allein von dem leben konnten, was ihre Muse am Markt eintrug.

Zwischen Seume und Klopstock nahmen die Spannungen nach dem Komma-Skandal weiter zu. Ein Jahr, nachdem sich Seume in seinem Brief an Gleim über den Sinn von »schöner Bläue nahe Nachbarin« klar zu werden suchte, schickte er ein Tintenstöhnen an Chef Göschen, nun wieder zitiert nach heute geltender Rechtschreibung:

> »Ich halte es für eine meiner herkulischen Arbeiten, dass ich Klopstocks Oden noch so gemacht habe, wie sie gemacht worden sind; denn sie sind in jeder Rücksicht das schwerste Werk der Typographie in Hinsicht auf Korrektheit, ausgenommen mathematisches Zahlenwesen. Der Alte dankt mir nicht dafür, weil er glaubt, das ist Handlangersache.«

Wenige Wochen später bringt er Gleim gegenüber die literarische Handlangerei mit dem militärischen Söldnerwesen in Verbindung:

»Ich merke, dass die Handlangerei mir sehr undankbare Arbeit ist, bei der man weder vom Verleger noch Autor noch Publikum etwas verdient: die Hand voll Münze, und wenn es auch Gold wäre, ist nur Bezahlung für den gewöhnlichen Söldner.«
Und der wollte Seume nicht sein, bei Igelström nicht und auch nicht bei Göschen. Gleichwohl legte er in dem Renitenzbrief, den er auf dem Höhepunkt der Krise ohne Absprache mit dem Verleger an Klopstock schrieb, dem Dichter die »Handlangerei« selbst in den Mund:

»Verehrungswürdiger Mann,
Es ist eine sehr gemischte Empfindung, mit welcher ich es wage, Ihnen zu schreiben. Aber mein Herz gebietet mir, und ich folge ihm […] Ich habe als Korrektor den Druck Ihrer Oden mit besorgen helfen, und glaube sicher, eine der schwersten Arbeiten der literarischen Handlangerei gemacht zu haben. Mein Vergnügen dabei war groß […] Ich glaube, eben mein Genuss bei der Arbeit hat vielleicht der Korrektheit geschadet, und ich war nicht mechanisch genug zu dem Werke, das ich übernommen hatte. […] Etwas sehr Überflüssiges für einen Korrektor, werden Sie vielleicht sagen; und ich gestehe es gern ein.«

Allerdings nur im Allgemeinen, für sich selbst beansprucht er einen anderen Status. Zu Recht, schließlich war auch er Poet. Der erste Band seiner *Obolen* enthielt sogar ein Gedicht *An Klopstock*. Der poetische verehrte Meister wandte das Gedicht gegen den Korrektor und erkundigte sich bei Göschen, wie Seume, »der mir eine so warme Ode gemacht hat, so grausam gegen mich gewesen ist«, einen »gigantischen Druckfehler« stehen zu lassen.

In der letzten Zeile der »warmen Ode« küsst Seume

»die Hände des Patriarchen«, in seinem kühlen Brief klopft er dem Autor auf die Finger. Aber bevor er an den Klopstock-Versen seine Exempel statuiert, macht er noch einmal die eigene Stellung klar. Dabei führt er in seumescher Übertreibung sogar seine ehemalige militärische Handlangerei ins Gefecht, um dem Wort des literarischen Söldners mehr Stoßkraft zu verleihen. Nicht nur um Brot geht es, sondern auch um Lob:

> »Denn wenn ich mir bewusst wäre, dass ich bloß für das Geldsalar die Feder in die Hand nähme, so wollte ich sie diese Minute wegschnellen und die Holzaxt dafür ergreifen. Göschen legte uns [Seume und dessen Mitkorrektor Lorent] unser Sündenregister mit aller Gütmütigkeit und Nachsicht eines Mannes vor, der für seines Namens Ehre und seine Kasse zugleich besorgt sein muss. Ich habe einige Mal vor dem scharfen Kanonenfeuer gestanden; ich kann Ihnen aber versichern, dass mir nicht schwerer dabei zu Mute war, als bei dieser Eröffnung. Erlauben Sie mir also, wo nicht zu meiner Rechtfertigung doch zu meiner Entschuldigung, einige offenherzige Bemerkungen, deren Würdigung ich Ihrer Billigkeit gänzlich überlasse.«

Wider seine Gewohnheit fertigte Seume eine Abschrift des Briefes an, die er Göschen überließ – nachdem der Brief abgeschickt war. Klopstock reagierte nicht, jedenfalls nicht Seume gegenüber. Er konferierte nur mit dem Chef, wie Große es nun einmal hinter dem Rücken der Kleinen zu tun pflegen. Und einmal mehr suchte Seume Trost bei Vater Gleim:

> »Auf meinen ziemlich umständlichen Expektorationsbrief hat Klopstock keine Silbe geantwortet, ziemlich klassisch gegen einen Proletarier.«

Noch im September 1803 – Klopstock war im Frühjahr

gestorben – hing Seume die Missachtung nach. Auf eine Anfrage Böttigers, etwas über Klopstock zu schreiben, antwortete er unwirsch:

>Sie wollen von mir Nachrichten über Klopstock haben, vermutlich in der Voraussetzung, ich müsse, da ich den letzten Druck seiner Werke besorgen half, mit ihm in näherer Verbindung gestanden haben. Das ist aber nicht der Fall. Klopstock hielt einen Korrektor in der Druckerei für ein zu subordiniertes Ding, als dass er sich mit ihm in Vertraulichkeit hätte einlassen sollen.«

Dann kramte er die alten Beispiele aus, erinnerte an »Klopstocks Vorliebe für das heilige Dunkel«, schrieb den langen Brief ab, den er mehr als vier Jahre zuvor dem Dichter geschickt hatte, und klagte, noch immer frisch verwundet:

>Auf diesen Brief, der vielleicht etwas anders hätte sein können, antwortete Klopstock – nicht eine Silbe. Ohne weitere Erörterung ließ er mir durch Herrn Göschen sagen, es möchte in den bewussten Stellen bleiben, wie ich gesetzt habe. Das war nun allerdings Genugtuung; aber die Art kam mir doch nicht außerordentlich human vor.«

Göschen erbat von Seume ebenfalls einen Nachruf auf Klopstock. Auch dieser Bitte mochte der Exkorrektor nicht entsprechen. Immerhin empfahl er im November des Jahres darauf die Bände sieben und acht der Werkausgabe mit einer Kurzrezension in der *Zeitung für die elegante Welt*. Höflich erinnerte er sich des verstorbenen »Altvaters der deutschen Dichter des vorigen Jahrhunderts«, der ihm zu Lebzeiten so schwer zu schaffen gemacht hatte.

In der Epoche des editorischen Papierkrieges versuchte Göschen, durch Depeschendiplomatie zu retten, was nicht zu retten war. »Sonderbar ist die Geschichte der Druckfehler«, bemerkte er Klopstock gegenüber, und erklärte dem wieder einmal verärgerten Dichter, wie aus einem verkehrten Wiederhaken erst ein richtiger Wiederhall und dann ein völlig falsches Wiederhaue werden konnte, wobei das heute fehlerhafte ›wieder‹ in Haken, Hall und Hau damals noch richtig war: »Der Setzer setzet Wiederhake, Säume korrigiert das k und setzt zwei ll, der Setzer lieset das als ein u und nun wird Wiederhaue daraus.«

Dass im Zitat Säume statt Seume steht, ist kein Versäumnis (man könnte glatt Verseumnis schreiben) des Korrektors des vorliegenden Buches, sondern eine korrekte Wiedergabe des Göschenbriefs. Von heute aus betrachtet wirkt es komisch, dass der Verleger in einem Brief, mit dem er seinen Autor wegen der Fehler seines Korrektors beschwichtigen will, prompt den Namen des Korrektors verkehrt schreibt. Aber was ist ›verkehrt‹? Und wer befindet darüber?

Rechtschreibreformen wurden nicht erst in den 90er-Jahren des 20. Jahrhunderts zum Aufreger, sie waren es schon im letzten Drittel des 18. Umso mehr, als überhaupt erst einmal eine Norm durchgesetzt werden musste, und zwar wortwörtlich beim Setzen der Bücher, bevor man sich daranmachen konnte, über Reformen zu schreiben. Seume benannte das Problem in seinem Brief an Klopstock:

> »Da fast jeder Verfasser leider noch etwas eigenes in seiner Orthographie und Grammatik hat und kein Nationaltribunal ist, so geht die endliche Korrektheit der Sprache nur sehr langsam von Statten.«

Da es die normierende Zentralinstanz nicht gab – und wo hätte dieses »Nationaltribunal« im zersplitterten Deutschland auch tagen können –, wurden hitzige publizistische Scharmützel um die Sprachregeln geführt. Viel Blut wurde in Wallung gebracht, viel Tinte vergossen:

– Es gab die veröffentlichte Meinung, dass das Ypsilon zu retten und das h theilweise zu bewahren sey. Trotzdem wurde das y in den Hilfsverben zum i gestutzt und das h hinter dem t hervorgezogen und aus den Vokabeln geworfen.

– Es gab Traktate, in denen gefordert wurde, die Worte zu schreiben als wären sie gesprochen. Dabei redeten in jedem Kirchspiel die Leute verschieden wie ihnen der Schnabel gewachsen war – wie hätte sich auf diese Weise ein einheitliches Schriftbild entwickeln sollen?

– Und es gab eine orthographische Konkurrenz, die zugleich eine wirtschaftliche war, weil sie mit Wörterbüchern ausgetragen wurde, deren Herstellung die Verleger teuer zu stehen kam, und die sich in der Wissenschaft und am Markt gleichermaßen bewähren mussten.

Das wichtigste und erfolgreichste dieser Wörterbücher war Adelungs *Grammatisch-kritisches Wörterbuch der Hochdeutschen Mundart,* zuerst in fünf Bänden von 1774 bis 1786 und in zweiter Auflage vierbändig von 1793 bis 1801 erschienen, beide Male in Leipzig. Dieses Werk hat Seume benutzt. Hinter den breiten Bücherrücken konnte sich der Korrektor verschanzen, um den Texten die orthographischen Flausen ihrer Verfasser auszutreiben.

Doch nicht immer standen vergebliche Korrektorenmühe und barscher Autorenunmut einander gegenüber. Manchmal übermittelte der Verleger auch Komplimente und lockte etwas Freude aufs Angesicht des Handlangers und Buchstabenrückers. Es muss Balsam für Seumes geschundene Korrektorenseele gewesen sein, als einer der

Korrigierten für die Korrekturen ausdrücklich dankte und dabei nicht vergaß, neben dem Korrektor auch den Dichter zu loben. Valerius Wilhelm Neubeck, Verfasser des Langgedichts *Die Gesundbrunnen,* schrieb im Dezember 1797 an Göschen: »Dass fachkundige Männer mein Gedicht der strengsten Untersuchung und Musterung würdigen, ist meinem Eifer für die Kunst höchst willkommen. Bringen Sie daher dem geistvollen Verfasser der Obolen meinen besten Dank nicht allein für die Würdigung des Wesentlichen meiner Arbeit selbst, sondern auch für die mit Freundlichkeit gegebenen Erinnerungen [Verbesserungsvorschläge] u. Sprachbemerkungen, welche ich zu benutzen gesucht habe.«

Allerdings war Neubeck kein literarischer Profi, sondern ein gelegenheitspoetischer Arzt, sympathisch bescheiden in seinem »Eifer für die Kunst«. Wo das fehlende Lob eines Großen kränkt, muss das eines Kleinen keineswegs gefallen. Dem Korrektor Seume mochte das eine fehlen und das andere nicht genug sein, der Schriftsteller Seume hatte sich vom einen wie vom anderen unabhängig zu machen. Keiner literarischen Gruppe angehörend, keiner ästhetischen Strömung ausdrücklich verpflichtet, schrieb und publizierte Seume als Solitair – oder als Einzelkämpfer, wenn das andere Wort bei einem wie ihm zu pathetisch klingt.

In solcher Situation ist es schwer, in der Einschätzung des eigenen literarischen Rangs nicht schwankend zu sein. Doch spricht es für Seumes schriftstellerische Zähigkeit, dass er, beschützt von Selbstironie, seine lyrische »Erbsünde« pflegte und bis zum Lebensende nicht aufhörte, mit der Feder übers Papier zu kratzen, um Erlebnisse, Empfindungen und Gedanken niederzuschreiben.

Es war nicht nur eine Frage des persönlichen Charakters, sondern auch der literarischen Selbsterhaltung, das Festlegen auf eine Rolle zu vermeiden, von der persona des Wahrheitssuchers abgesehen, dieser authentischen Maske, mit der der Mann längst verwachsen war.

Das Geld wirkte dabei störend – wenn es fehlte, aber auch, wenn es vorhanden war. So ließ er während der Zeit in Göschens Verlag den Lohn von Freund Schnorr verwalten. Das Verlangen nach Ruhm, der für ihn stets nur ein falscher sein konnte, suchte er aus der Seele zu verbannen, was umso leichter war, als er selten in die Verlegenheit kam, sich ihn vom Leib halten zu müssen. Beidem, Ruhmsucht wie Geldgier, begegnete er mit Bannsprüchen. Im Februar 1796 schrieb er an Münchhausen: »Das Schriftstellerwesen behagt mir aber im Grunde sehr wenig; und gebe der Himmel, dass ich es nie zu meiner Resource des Unterhalts brauchen darf.« Im März 1798 an Göschen: »I covet nor money nor glory« – »ich begehre weder Geld noch Ruhm«; ein Jahr später an Gleim: »Ihr Lob soll mich nicht verderben; aber Ihr Tadel soll mir nützen«; im August 1799 an Münchhausen: »Ich habe keine sonderliche Leidenschaft für Ruhm, noch weniger für Reichtum«; im März 1803 an Böttiger: »Ich singe nicht um Geld und Ruhm, sondern aus Bedürfnis meines Herzens«; im August 1804 an Cotta: »Dass ich für Geld und Namen und Lärm und dergleichen Firlefanz nichts mache, bürgt Ihnen gewiss mein Charakter.« Und noch in den letzten Lebenswochen versicherte er Arnoldine Wolf: »Um den Literator und Dichter ist es mir weniger zu tun. Um den gewöhnlichen Beifall bekümmere ich mich nicht viel und um die Kritiker noch weniger, da ich bloß dem Bedürfnis meiner Seele lebe.«

Ehre und Ruhm

Im Freundschaftszimmer des Gleimhauses in Halberstadt hat auch Seume sein Eckchen und blickt mit fins-
terer Miene auf den Besucher der guten Museumsstube.
Bei dem Gemälde handelt es sich nicht um das von
Schnorr von Carolsfeld angefertigte Original, sondern
um die 1939 vorgenommene Übermalung eines Restau-
rators nach dem Vorbild einer von Schnorr selbst ange-
fertigten Kopie. Ist diese Nachbildung nach dem Vorbild
einer Kopie des Originals nicht ein seltsames Sinnbild
für Seumes prekäre Identität, für das Schillern und
Schwanken seiner Persönlichkeit, das so eigenartig, das
wirklich auf ganz eigene Art mit der von Seume so oft
behaupteten Geradlinigkeit und Wahrhaftigkeit seines
Charakters kontrastiert?

Das von einem Bildnis Seumes übermalte Bildnis
Seumes ist aber noch in anderer Hinsicht ein Sinnbild.
Ohne Seumes Ruhm wäre diese Übermalung vermutlich
unterblieben, und so veranschaulicht das Gemälde, wie
sich die Nachwelt ihr Bild von einem Berühmten macht,
auch wenn dieses Bild nicht aus der Luft oder aus der
Phantasie gegriffen ist, sondern den Anspruch erhebt,
sich nach dem Original zu richten – oder wenigstens
nach einer Kopie des Originals. So wie Seumes Selbstbild eines zwischen imaginären Spiegeln gewesen ist,
so ist Seumes Ruhm das Ergebnis von Projektionen, die
sein eigenes Bild von Ehre überlagerten. Ihm war nicht
darum zu tun, »seinen Ruhm warm zu halten«, wie Napoleon gesagt haben soll, sondern seine Ehre zu verteidi-

gen, noch über das Lebensende hinaus. An Johanna Devrient, geborene Loth, schrieb er:

>»Unter meinen bessern Landsleuten werde ich
auch nach meinem Tode als ein Mann von Ehre
leben; das bin ich gewiss, denn ich habe mehrere
Gedanken gegeben, die gut sind und sich in der
Menge gewöhnlicher Bücher nicht finden.«

Die Unterscheidung zwischen Ehre und Ruhm war in
seinen Augen selbst einer dieser Gedanken. Noch in den
Apokryphen, die er selbst dem Publikum ja nicht mehr
geben konnte, treibt er mit den Schlägen seiner Aphorismen den moralischen Keil tiefer zwischen die öffentlichen Ruhm und die persönliche Ehre:

>»Ehre hatten Aristides [›der Gerechte‹] und viel-
leicht Miltiades [der Sieger von Marathon, über
den Seume ein Theaterstück schrieb]; Ruhm
haben Cäsar und Napoleon. Wo nicht Vernunft,
Gerechtigkeit und Freiheit ist, kann zwar großer
Ruhm sein, aber von Ehre ist nicht die Rede.«

>»Ruhm enthalten die Zeitungsblätter und die ora
populi [Volkslegenden]. Ehre ist die reine Würdigung des Wahren und Guten, und ihre feste Be-
harrlichkeit darin das Große.«

>»Den Ruhm soll der Weise verachten, aber nicht
die Ehre. Nur selten ist Ehre wo Ruhm ist, und fast
noch seltener Ruhm, wo Ehre ist.«

Aber ist der Ruhm nicht das Schwungrad des Willens?
Er gibt doch »die Kraft, welche die Seele aus ihrer
Trägheit reißt und sie zu nützlichen, notwendigen und
edlen Taten begeistert«. So hat es Friedrich II., den
man rühmend »den Großen« nennt, in der *Histoire de
mon temps*, der *Geschichte meiner Zeit* von 1775 aufgefasst.
Seume indessen setzt dem Ruhm in der Geschichte die
Ehre vor sich selbst entgegen, wenn er auch hofft, in

dieser Ehre dann doch auch nach seinem Tode weiter-
zuleben, jedenfalls bei denen, die selbst Ehre im Leib
haben.

Seumes strenge (und prinzipienreiterische) Unterscheidung zwischen Ruhm und Ehre erinnert an die
strenge (und prinzipienreiterische) Trennung zwischen
dem öffentlichen und dem privaten Gebrauch der Vernunft, wie sie Kant in *Was ist Aufklärung?* gezogen hatte:
»Ich verstehe aber unter dem öffentlichen Gebrauche
seiner eigenen Vernunft denjenigen, den jemand *als
Gelehrter* von ihr vor dem ganzen Publikum der *Leser-
welt* macht. Den Privatgebrauch nenne ich denjenigen,
den er in einem gewissen ihm anvertrauten *bürgerlichen
Posten* oder Amte von seiner Vernunft machen darf.«
Der »*öffentliche* Gebrauch seiner Vernunft muss jederzeit
frei sein«, indessen »der *Privatgebrauch* derselben aber
darf öfters sehr enge eingeschränkt sein, ohne doch
darum den Fortschritt der Aufklärung sonderlich zu
hindern«.

Die auf den ersten Blick irritierende Terminologie
leuchtet – es geht schließlich um Aufklärung – beim
zweiten Lesen ein. Gäbe es die Trennung zwischen öffentlichem und privatem Vernunftgebrauch nicht, wäre
die Ausübung eines Amtes der Privatauffassung des
Amtsträgers ausgeliefert. Der funktionelle Wert und die
soziale Würde eines Amtes sollen aber gerade nicht von
der Person dessen abhängen, der es gerade ausübt.

Andererseits zieht Kants unter Funktionsgesichts-
punkten nachvollziehbare Einschränkung des Vernunft-
gebrauchs auf das, was damals ›räsonierende Öffentlichkeit‹ genannt wurde, auch eine Ausschließung nach sich:
die Ausschließung all derer, die nicht zu dieser Öffentlichkeit gehören. Diese Ausschließung ist umso folgen-
reicher, als Selbstaufklärung ohne Öffentlichkeit sehr

schwierig ist: »Daher gibt es nur wenige«, schreibt Kant, »denen es gelungen ist, durch eigene Bearbeitung ihres Geistes sich aus der Unmündigkeit herauszuwickeln«. Seume hätte (teilweise) das Recht gehabt, sich zu diesen wenigen zu zählen. Doch Kant fügt hinzu: sich aus der Unmündigkeit herauszuwickeln »und dennoch einen sicheren Gang zu tun«. Davon dürfte Seume weit weniger überzeugt gewesen sein. Jedenfalls war ihm die Ehre eine Stütze, ein Wanderstab auf dem Weg zur Wahrheit. Geht man auch irre, bleibt man doch wahrhaftig, solange man sich auf das Verlangen nach Wahrheit stützt.

Der Ruhm ist eine Art historischer Amtsanmaßung, eine private Anmaßung in öffentlicher Rolle, was ihn mit Kants »privatem Gebrauch der Vernunft« verwandt macht. Die Ehre hingegen hat Posten nicht nötig oder wird gar von ihnen beschädigt; und die Ehre vor sich selbst braucht nicht einmal Publikum und Wirkung. Erst wo Seume den Ruhm zu einer Sache der Zeitungen und die Ehre zur Privatangelegenheit erklärt, endet die Vergleichbarkeit des Begriffszwiespaltes Ruhm vs. Ehre mit dem Dualismus von öffentlichem und privatem Vernunftgebrauch bei Kant.

Die Frage, wie persönliche Identität und Integrität psychologisch zu bewerkstelligen und wie Vernunft und Öffentlichkeit sozial zu organisieren seien, beschäftigte die Autoren umso stärker, je weiter der publizistische Markt wuchs und je schneller die publizierte Meinung zirkulierte. Nicht mehr am allgemeinen Wohl orientiert zu sein, sondern am persönlichen Erfolg, war ein häufig erhobener Vorwurf in den Schriftstellerfehden der Zeit um 1800. Seumes Freund Merkel hat diesen Vorwurf gegen Goethe und Schiller erhoben, seit sie mit den *Xenien* eine Attacke gegen ihre Gegner geschrieben hatten, und seit sie in Jena über eine Literaturzeitung verfügten, die nicht nur Überraschungsangriffe führen, sondern auch Stellungen verteidigen konnte.

Diesen Auseinandersetzungen, bei denen sich das Ringen um die Sache kaum noch vom persönlichen Kampf um Anerkennung unterscheiden ließ, bei denen Strategie und Taktik wichtiger wurden als Form und Inhalt, um deretwegen der Streit doch eskaliert war, bei denen Cliquenwesen und Intrigen die Ziele verstellte, die mit den Cliquen und Intrigen erreicht werden sollten – diesen Kriegsgebieten des Literaturbetriebs wich Seume aus wo immer es ging. Nur sich selbst verpflichtet führte er in seinen letzten Jahren einen literarischen Überlebenskampf – wie ein Partisan, der sich allein in unwegsamem Gelände verlaufen hat. Im Oktober 1807 schrieb er an August Kuhn, den neuen Herausgeber des *Freimüthigen*:

>»Ich lebe übrigens von der Welt abgesondert. [...]
>Meine Tagesarbeiten nehmen meine Zeit weg, und
>sodann habe ich wenig Lust zu spielen. Die Jahre
>dazu sind vorbei. [...] Wenn ich Zeit hätte, würde
>ich sie auf größere Arbeiten wenden, nicht um Honorar zu verdienen, sondern um die Hoffnung zu
>erwerben, nicht sogleich mit meinem Tode zu sterben.«

Sechstes Kapitel
Gesellschaftskritik

———— ∞∞∞ ————

Vorreden der Empörung – Lob der
Könige – Verdammte Privilegien – Leibeigene
und Sklaven – Spitzköpfe und
Plattköpfe – Fleiß der Leute, Schönheit
der Lande – Vorsicht Revolution – Verzweifeln an
Napoleon – Patriotismus ohne Vaterland

»Nur gebe ich die Hoffnung nicht auf,
dass einst ursprüngliche Gerechtigkeit sein werde«.

– Vorrede zur 2. Auflage des *Spaziergangs nach Syrakus* –

»Lobet die Fürsten, wenn sie gestorben sind«.

– Aus dem Gedicht *Amalia* –

»Ich bin kein Gegner der Alleinherrscher, wenn sie repub-
likanisch walten, [...] aber ich werde mit meinem letzten
Hauche jedes Privilegium und jede Realimmunität als
eine Pest der Gesellschaft verabscheuen.«

– Vorrede zu *Mein Sommer 1805* –

»Wer zu mir sagt, du bist mein Sklave, das heißt,
ich gebrauche dich unbedingt als Werkzeug zu meinen
Zwecken, der gibt mir für den schicklichsten Moment
rechtlich den Dolch in die Hand.«

– Vorrede zu *Robert Percivals Beschreibung des Vorgebirges der Guten*
Hoffnung –

»Demut und die mit ihr verwandte Geduld sind
Eselstugenden, die die Spitzköpfe den Plattköpfen gar zu
gern einprägen.«

– *Apokryphen* –

»*Und wenn bei allem Segen des Bodens und bei allem Fleiße der Arbeitenden, der Landmann dennoch in Lumpen geht, in Rauchlöchern wohnt, den Kummer und das Elend im Gesichte trägt, so ist das ein vollgültiger Beweis, dass er durchaus nicht für sich selbst arbeitet.*«

– Über Garlieb Merkels *Die Letten* –

»*Du weißt, dass ich durchaus kein Revolutionär bin; weil man dadurch meistens das Schlechte noch schlimmer macht*«.

– *Spaziergang nach Syrakus* –

»*Alles ist voll von Napoleon*«

– Vorwort zu *Ein Bändchen Bemerkungen und Konjekturen zu zahlreichen schwierigeren Stellen des Plutarch* –

»*Ein Vaterland – mich schaudert, es zu sagen – ein Vaterland haben wir nicht mehr; der Fremde hat uns gänzlich in seiner Gewalt, hat uns unterjocht, zu Sklaven gemacht.*«

– Vorwort zu *Ein Bändchen Bemerkungen und Konjekturen zu zahlreichen schwierigeren Stellen des Plutarch* –

Seume ist nicht gleich nach dem Tode gestorben, wie er in seinem Brief an Kuhn schrieb. Dabei hat er keine »größere Arbeit« mehr gemacht. Eine systematische Gesellschaftsanalyse war nicht seine Sache. Sein Theoretisieren und Philosophieren blieb fragmentarisch und aphoristisch, sein politisches Denken benutzte und bediente die Konventionen der Aufklärung, seine soziale Kritik ging selten an die Wurzel, sondern kämpfte gegen ›Auswüchse‹. Dennoch hat er eine Sonderstellung in der deutschen Publizistik um 1800. Wie nur wenige sprach er deutlich aus und schrieb ausdrücklich nieder, was viele dachten, aber nicht zu äußern wagten. Wer ein Amt und eine Familie hat, wer Pfründe und Honoratiorenruf verteidigen muss, lehnt sich nicht aus dem Fenster, auch nicht aus einem, das auf den publizistischen Marktplatz hinausgeht. Weil Seume privat alleinstehend war und beruflich keiner Amtsdisziplin unterworfen, weil er zudem bescheiden, nachgerade ärmlich zu leben wusste und zugleich mit dem *Spaziergang* einen gewissen Ruf erworben hatte, konnte er herausschreien, was etablierte Leute mit der Vorsicht derer, die etwas zu verlieren haben, nur gedämpft und verklausuliert oder in Sinnbildern und Metaphern unter das Publikum brachten. Die artige Form nahm der Kritik, die sich wappnete, indem sie sich schmückte, die verletzende Spitze und die verstörende Wucht – ebendas, was die Schriften Seumes bis heute hinreißend lesenswert macht. Auf diesen schriftstellerischen Charakterzug haben schon Göschen und Clodius in der Fortsetzung von Seumes Lebensgeschichte hingewiesen: Seit dem *Spaziergang* »tadelte er mit Kühnheit alles, was er als Fehler und Missbräuche in den gesellschaftlichen Verhältnissen erkannte und sagte ohne Schonung der Personen das Gute und Böse einer jeden Verfassung gerade heraus«.

Vorreden der Empörung

»Was ich gewagt habe mitzuteilen, schätze ich nicht
hoch, denn ich bin nicht der Mann, dass ich nach
Maßgabe meines verflossenen Lebens dem Ruhme
unter Gelehrten nachjagen sollte.«

So heißt es gegen Ende des Vorwortes, das Seume
einer philologischen Abhandlung über Plutarch, den
Verfasser lateinischer Parallelbiographien berühmter
Griechen und Römer, beigeben wollte. Obwohl dieses
Vorwort sicherheitshalber wie die ganze Abhandlung lateinisch geschrieben war, und obwohl Seume viel Mühe
aufwandte, das Werk unter das philologisch begrenzte
Publikum zu bringen, gelang ihm die Veröffentlichung
nicht. Im Oktober 1807, Seume durchlebte die letzten
bitteren Jahre, kündigte er dem Verleger Johann Friedrich Cotta die Arbeit an:

»Ich bin jetzt Willens, einen Faszikel Bemerkungen,
Erklärungen und Konjekturen über die schwersten
Stellen des Plutarch lateinisch zu schreiben, der
für die Philologen vielleicht nicht ganz unwichtig
werden wird. [...] Mein Hauptanteil soll aber eine
Art von Vorrede werden, so ungefähr wie sie vor
meinem Sommer steht, aber besser, ausgeführter
und kräftiger vielleicht, da sich das Latein mehr zu
einem solchen Vortrage hergibt, als unsere Halb-
barbarei. Es fragt sich nun, ob Sie so etwas drucken
können und wollen?«

Cotta konnte und wollte nicht. War nicht *Mein Sommer*
in einigen Ländern verboten? Wie sollte man da zu dru-

cken wagen, was noch »ausgeführter und kräftiger« daherkam, und sei es auf Latein? Der Verleger Göschen und sein Mitschreiber Clodius bezeichnen in ihrer Fortsetzung von *Mein Leben* die Vorrede als »so kühn«, »dass sie kein Buchhändler drucken konnte«.

Diese Einschätzung teilte auch Wieland, dem Seume den Text geschickt hatte. Bewundernd und erschrocken zugleich wies er Seume darauf hin, dass »sich kein Verleger noch Drucker ohne offenbare Lebensgefahr entschließen« können würde, dieser »grausenhaften wahren und schrecklich schönen Philippica« an die Öffentlichkeit zu helfen. Wieland ist beeindruckt von »der riesenhaften Stärke, womit Sie mit Ihrer aus Furienschlangen geflochtenen Geißel auf die großen und kleinen Sünder in und außer Deutschland ohne alle Barmherzigkeit lospeitschen«, hält alles aber doch für sehr übertrieben. Im »Grunde ist dieses Gemälde – mit all seiner *Wahrheit* im *Einzelnen* [Hervorhebungen von Wieland] – gleichwohl, aus dem rechten Stand- und Gesichtspunkt betrachtet, *nicht wahr,* und kann es nicht sein, wie Sie selbst, so bald Sie sich auf jenen Standpunkt stellen, so gut und besser als ich einsehen müssen«.

Man fühlt sich beinahe daran erinnert, wie Seume darüber dachte, was Klopstock hätte denken müssen, wäre *er* Klopstock gewesen. Doch damals ging es nur um Versfüße und Kommas. Der weise Wieland wendet sich gegen »fruchtloses Martertum«, er lobt Seumes Zorn und stellt doch sogleich dessen Angemessenheit infrage. Aber Seume war eben nicht Wieland, ihm saßen beim Schreiben nicht Ironie und Feinsinn in den Fingerspitzen, ihm pochte die Empörung im Hals. Das ist in der Vorrede zum *Spaziergang* zu spüren, in der zu *Mein Sommer 1805* und in der zur Übersetzung von Robert Percivals englischer *Beschreibung des Vorgebirges der guten*

Hoffnung. Im Vorwort zum Plutarch wird vieles aus den anderen Vorreden noch einmal gebündelt, zum Rutenbündel, zu einer furiosen Geißel. Seume verdammt die Privilegien des Adels, empört sich über die Sklaverei, klagt Napoleon an, schmäht die deutschen Fürsten und lobt einen längst gestorbenen preußischen König:

»Je mehr Vermögen jemand besitzt, um so mehr strebt er nach Privilegien, damit er die übrigen quälen, unterdrücken, wie Klötze und Dummköpfe behandeln kann.«

»Niemand darf gezwungen werden, für einen Andern wider seinen Willen eine Arbeit zu tun. Sklave ist von Natur niemand und darf es auch nicht durch ein Gesetz werden.«

»Jene unsere gepriesene Freiheit bestand nur in häufiger ungesetzlicher Grausamkeit der Fürsten gegen Alle, in dem Übermut und der Anmaßung des Adels gegen Bürger und Bauern, in einem schändlichen, im höchsten Maße verderblichen Handel mit Privilegien und in der allertiefsten Erniedrigung des Volkes.«

»Ein Vaterland – mich schaudert, es zu sagen – ein Vaterland haben wir nicht mehr; der Fremde [Napoleon] hat uns gänzlich in seiner Gewalt, hat uns unterjocht, zu Sklaven gemacht.«

»Seit Friedrich dem Zweiten von Preußen gibt es nur wenige Männer des deutschen Volkes, die mit Ehren in das Buch der Geschichte eingetragen werden können.«

Lob der Könige

Die Könige sind die Väter, die Königinnen die Mütter der Völker. Selig das Volk, das gute Eltern hat – wehe der Nation, die beide entbehrt. Seume sah dies durch das Beispiel Polens bestätigt, das einen schwachen König von russischen Gnaden hatte, und dessen Adel am Erhalt der eigenen Privilegien mehr gelegen war als am Erhalt der Nation. Seume sah dies auch durch das Beispiel des Heiligen Römischen Reichs Deutscher Nation bestätigt, deren Fürsten Napoleon nichts entgegensetzen konnten und wollten und ebenfalls nur an ihre Separatinteressen dachten.

Das Volk wiederum war unreif, schwach und der Diener vieler Herren, kleiner und naher wie großer und ferner. Es fehlte die Zentralgewalt, die durchgreifende monarchische Obhut. Die mit den absolutistischen Fürsten sympathisierenden Aufklärer und die diese Aufklärer begönnernden Fürsten, allen voran Friedrich der Große von Preußen und Katharina die Große von Russland, haben das Volk immer als Kind behandelt, das auf den väterlichen Schutz und die mütterliche Sorge der Monarchie angewiesen ist. Seume ist ganz auf dieser Linie. Daran ändert auch die Einschränkung nichts, der schlechte Fürst habe immer zu viel Gewalt, während sie dem guten immer irgendwo fehle. Das ganze »philosophische Jahrhundert« über hielten die Aufklärer an der Idee fest, ein (natürlich von ihnen selbst) zum guten Regieren erzogener Herrscher sei ideal für die Regierten und optimal für den Staat. Diese Vorstellung fasste Carl

Gottlieb Svarez, einer der treibenden Justizbeamten bei der Reform und Kodizifierung des preußischen Rechts, Anfang der 1790er-Jahre so zusammen: »Sicherheit des Eigentums und der Rechte für jeden einzelnen durch die vereinigten Kräfte aller, ungestörter Gebrauch der natürlichen Freiheit eines jeden, soweit damit die Sicherheit und Freiheit der übrigen bestehen kann, Erleichterung der Mittel und Gelegenheiten zur Beförderung des Privatwohlstandes durch Veranstaltungen zur Ausbildung des Verstandes und des Herzens, wodurch allein Neigung und Bereitwilligkeit zur Erfüllung der Pflichten des Wohlwollens erreicht werden kann – das sind die großen und wichtigen Zwecke der bürgerlichen Gesellschaft, zu deren Erreichung sie dem Regenten die Macht, ihr zu befehlen, übertragen und die Disposition über ihre vereinigten Kräfte seinen Händen anvertraut hat.«

Der König ist nicht bloß »oberster Diener des Staates«, wie Friedrich II. in seiner oft missverstandenen monarchischen Selbstdefinition von sich behauptet hat, sondern Garant der »bürgerlichen Gesellschaft« – die im modernen Sinn gar keine war und auch keine werden sollte. Eben weil die historische Entwicklung in Deutschland stecken blieb, konnten sich die Spätaufklärer am Ende des Jahrhunderts und nach der Revolution in Frankreich nicht von den Illusionen lösen, die sie sich seit der Mitte des Jahrhunderts über den aufgeklärten Absolutismus gemacht hatten. Seume ist keine Ausnahme. In der Vorrede zum *Spaziergang* schrieb er:

> »Die Sklaven haben Tyrannen gemacht, der Blödsinn und der Eigennutz haben die Privilegien erschaffen, und Schwachheit und Leidenschaft verewigen beides. Sobald die Könige den Mut haben werden, sich zur allgemeinen Gerechtigkeit zu er-

heben, werden sie ihre eigene Sicherheit gründen und das Glück ihrer Völker durch Freiheit notwendig machen.«

Ausgerechnet die Könige, die sich ohne das Machtmittel der Privilegienverteilung in ihren Palästen gar nicht halten könnten, sollen die Privilegien der wenigen abschaffen und die Freiheit der vielen garantieren. In seiner Rezension von Merkels Buch über die Letten setzte sich Seume keineswegs zwischen die Stühle in Paris und an der Newa, wie er selbst glaubte, sondern verteidigte für die Fiktion vom guten König noch einmal den Thron:

>Ich bin selbst ganz fest davon überzeugt und würde selbst in Paris meine Meinung nicht ändern, dass eine geordnete, gesetzmäßige, auf Gerechtigkeit gegründete, nach Menschennatur und Menschenleidenschaft berechnete Monarchie für die Nationen die glücklichste Regierungsverfassung sei: aber ich bin ebenso sehr davon überzeugt, und werde es auch an der Newa nicht verschweigen, dass die Verletzung der ersten heiligen Menschenrechte die Kraft des Staates untergräbt, das Wohl der meisten und wichtigeren Bürger vernichtet und endlich seine ganze Existenz in Gefahr setzt.«

Seume blieb in der Tradition der Aufklärung vor »89« und begriff nicht, was die neue Zeit von der alten trennte. Weil er den inneren König nicht köpfte, konnte er kein Republikaner werden. Ebenso wenig konnte er den Widerspruch lösen zwischen der konventionellen Behauptung, der König als Einziger überblicke das Ganze, und der ebenso konventionellen Entschuldigung, der König könne nichts für die Missstände, weil er nichts von ihnen wisse. So schrieb er über die Zensurverschärfung nach Katharinas Tod:

»Es wird konfisziert und verbrannt, was man konfiszieren und verbrennen kann: unstreitig weit mehr, als der Wille des Monarchen und des Ministeriums ist.«

An anderer Stelle schiebt er in alter Fürstenspiegelmanier das, was ein systemisches Versagen des Autokratismus ist, dem persönlichen Interesse der Höflinge zu:

»Man tut meistens den Fürsten unrecht, wenn man sie beschuldigt, dass sie nicht Wahrheit hören wollen; sie wird ihnen nur selten gesagt. Und geschieht es einmal, so geschieht es nicht mit Ernst und Nachdruck der Würde, sondern sie wird ihnen vorgepoltert. Die Höflinge sind gewöhnlich die goldenen Schmeißfliegen der Gesellschaft, die ihren Glanz aus Unrat ziehen.«

Das ist eine Kammerherrenperspektive, nicht die des Rebellen, als der Seume sich gerne gab – und der er mitunter auch war, nur eben nicht in republikanischen Angelegenheiten. Der Kammerherr von Friedrich II., Heinrich von Lehndorff, tröstete sich über enttäuschende Erlebnisse im Dienst mit ähnlichen Überlegungen hinweg:

»Man muss vernünftig sein und nicht zu viel von einem König verlangen. Wie soll er alles, was sich in seinem Reich zuträgt, wissen? Es ist demnach immer der Fehler derer, die ihm berichten, wenn seine Entscheidungen nicht der vollkommensten Billigkeit entsprechen.«

Die hohen Herren können nichts dafür, was die unteren Chargen in ihrem Namen anrichten.

»Es würde bei Hofe und im Lande alles gut sein«, schreibt Seume, »wenn der Weg zum Regenten nicht – durch die Tasche des Kammerlakaien ginge.«

Diese Immunisierung der obersten Macht gegen Kritik hat eine lange und furchtbare Tradition. Parolen wie diese kursieren seit jeher im Volk: ›Der Zar ist weit‹, ›Wenn das der Führer wüsste‹, ›Der Chef kann sich nicht um alles kümmern‹. Eben weil der Chef sich nicht um alles kümmern kann, muss seine Macht beschnitten, sein Wille gehemmt, sein Einfluss begrenzt werden. Die Teilung der Macht ist demokratischer Selbstzweck, nicht bloß ein Mittel zur Überwindung von Missständen. Dieser Gedanke war Seume fremd – und wo er ihm doch nahekam, hielt er ihn für weltfremd.

Gleichwohl war Seume kein Fürstenknecht. Dafür bekam er zu selten Gelegenheit, an höchster Stelle zu dienen. Er hält dafür, dass man die Fürsten erst post mortem lobt, historisch also, nicht persönlich. »Lob in dem Leben ähnelt der Schmeichelei«, wie er 1807 nach dem Tod der Herzogin Anna Amalia von Weimar geschrieben hat, von der er zu Lebzeiten einige Male huldvoll empfangen worden war.

Verdammte Privilegien

»Die Fürstenknechte peitschen blutig
Und zogen kühn und drückten mutig,
Bis zu dem tiefsten Unsinn dumm;
Und sammeln sich noch jetzt in Heeren,
Das Mark des Landes zu verzehren:
Das ist das Privilegium.«

In diesem Gedicht aus den *Apokryphen* verhöhnt Seume die aristokratische Kultur der durch keine Leistung gerechtfertigten Bevorzugung, die Besserstellung durch das pseudonatürliche Vorrecht höherer Geburt. Der Mann, der es durch eigenes Talent, eigenen Fleiß und mit der Hilfe vieler Väter vom Bauernbub, geboren in Poserna, zum Schriftsteller in Leipzig gebracht hat, mochte nicht einsehen, warum die soziale Stellung vom leiblichen Vater abhängen und das ganze Leben von der Geburt bestimmt sein sollte:

>Was ist der Mann? fragen andere. Wer ist sein Herr Vater? fragt der Deutsche.«

Die anderen, das sind beispielsweise die Franzosen, denen die Revolution trotz aller Greuel die Fesseln der Herkunft abgenommen und Männern aus dem Volk, Frauen schon weniger, bis dahin nicht vorstellbare Karrieren ermöglicht hat. Nicht zufällig wird in einer der Pariser Passagen des *Spaziergangs* das Prinzip Aufstieg formuliert:

>Wo nicht der Knabe, der diesen Abend in der letzten Strohhütte geboren wurde, einst rechtlich die erste Magistratur seines Vaterlandes verwalten kann, ist es Unsinn von einer vernünftigen Republik zu sprechen. Privilegien aller Art sind das Grab der Freiheit und Gerechtigkeit.«

An einer anderen Stelle, die vom Parisaufenthalt erzählt, heißt es weniger kitschig, aber umso apodiktischer:

>Wo keine Gerechtigkeit ist, ist keine Freiheit; und wo keine Freiheit ist, ist keine Gerechtigkeit: der Begriff ist eins; nur in der Anwendung verirrt man sich, oder vielmehr man sucht andere zu verwirren.«

Hat Seume in der Stadt der Revolution die Gleichheit vergessen? Aber für ihn ist die Gleichheit wie die Brüderlichkeit in der Gerechtigkeit enthalten, so wie diese in der Freiheit und die Freiheit wiederum in allen anderen enthalten ist. Die Unterschiede zwischen den Begriffen, und nicht nur zwischen ihnen, sondern auch zwischen den sozialen Sachverhalten, die man mit ihnen zu begreifen (und zu verändern) suchte, sind für den Anschauungsdenker Seume vernachlässigbar. Wozu ein System analytisch zergliedern, dessen Ungerechtigkeiten empörend direkt zu spüren waren? Was heutige Sozialwissenschaftler als ›Ausdifferenzierung‹ bezeichnen würden, was die (politische) Sphäre der Freiheit und die (soziale) Sphäre der Gerechtigkeit sehr verschieden schwingen und mitunter auch auseinanderschwingen lässt, nahm Seume in seinem Aufbegehren gegen die in den deutschen Ländern sich fortschleppenden Verhältnisse kaum wahr.

So gehört seine Kritik selbst eher der alten Zeit der deutschen Aufklärung an als der neuen nach der Revolution in Frankreich. Das zeigen etwa seine rhetorischen Sturmläufe gegen Gnade, diesem die Gleichheit verunreinigenden Erweis von oben herab. In den *Apokryphen* notiert er:

> »So lange dieser Begriff im öffentlichen Recht waltet, ist weder an Vernunft noch Freiheit noch Gerechtigkeit zu denken.«

Und anschaulicher in der Rezension von Merkels Buch über die Letten:

> Es »ist keine größere Herabwürdigung der Menschennatur, als wenn der Mensch mit seiner Existenz und Subsistenz, die er rechtlich fordern kann und soll, von der ungewissen Herzensgüte und Gnade anderer abzuhängen gezwungen wird«.

Die Gnade wurde von den aufgeklärten Fürsten und von den Rechtsreformern seit Jahrzehnten bekämpft. Die Suppliken, diese alle mittleren Instanzen überspringenden Eingaben beim Landesherrn, sollten eingedämmt und der Rechtsgang zur Norm werden. Allerdings nicht ohne Ausnahme, denn ganz mochten sich die absoluten Fürsten die Macht, Ausnahmen zu machen und Gnaden

An den Nasen herbeigezogen

Wie die Nas' des Mannes, so auch sein – Privilegium:

> »Mich schlägt bei meinem Blicke in die Welt nichts
> mehr nieder, als dass ich so viel Gesichter sehe, die
> ihre Ansprüche auf irgendein Privilegium auf die
> Nase gepflanzt haben.«

Seume hat sich oft, gern und gelegentlich hochnäsig
darüber geäußert, dass manche Leute die Nase so hoch
tragen. In der auch etwas angeberischen *Zeitung für die
elegante Welt* veröffentlichte er 1803 sogar eine *Akroase
über die Nase*. In diesem »Vortrag« – dies ist in etwa die
deutsche Entsprechung zum altgriechischen »Akroa-
sis« – entzieht er sich der Frage, »ob der Charakter die
Nase, oder die Nase den Charakter gemacht hat« und
verweist auf seine Welterfahrung:

> »Sie wissen, dass ich in der Welt gewaltig viel
> Nasen gesehen habe; und ich habe mir zuweilen
> in Palermo am Hafen, in Neapel auf dem Toledo,
> in den Tuilerien, in Halifax, an der Weichsel und
> in Emden auf der Rathausbrücke eine eigene
> Beschäftigung daraus gemacht […], mit aller Be-
> scheidenheit die Nasen zu studieren, ohne die
> meinige zu naseweis zu weit hervor zu strecken.«

Der Würzburger *Literatur-Zeitung* hat die pseudophysio-
gnomische Plauderei besonders gefallen: Seume spiele
»gewissermaßen Lavaters Rolle, nur mit mehr Origina-
lität, möchte man sagen, und mit mehr Einheit des Taktes, indem er an den Menschengesichtern nur die Nase,
den Leuchtturm derselben, mutwillig [zu] beaugen
scheint, dass man fast in Versuchung kömmt, sich ein
Futteral zu schaffen, jedoch ohne dem Schäker böse zu
werden, dessen Griffe nach der Nase doch noch human
sind, und dessen vorwitzige Physiognomie eine gefällige
Beimischung von Gutmütigkeit hat.«

Johann Kaspar Lavaters *Physiognomische Fragmente zur Beförderung der Menschenkenntnis und Menschenliebe* war von 1775 bis 1778 erschienen. Sie glaubte in Wort und Kupferstich zeigen zu können, dass sich der Charakter eines Menschen in seinem Gesicht auspräge – oder darin einfleische. Goethe und Herder, beide in jenen Jahren noch sturmgeschüttelt und zum Genialen drängend, hatten sich begeistert an Lavaters Projekt beteiligt. Doch wurde die Physiognomik samt Lavater aus einem Gegenstand der Bewunderung rasch zu einem Anlass des Spotts. Schon 1778, als Lavaters letzter Band erschien, veralberte Georg Christoph Lichtenberg in der Streitschrift *Über Physiognomik wider die Physiognomen* das Seelendeuten aus dem Leib heraus. Kein Wunder, wird mancher gehöhnt haben, hat der Lichtenberg nicht einen Buckel?

Seume machte sich halb einen Spaß, halb einen Sport daraus, Privilegienträger an den Nasen zu ziehen, denn ihre Privilegien sind gewissermaßen an den Haaren herbeigezogen und weder durch persönlichen Charakter noch durch soziale Leistung gerechtfertigt. Doch blieben Seume auch die nicht privilegierten Nasen interessant, wie er während seiner letzten Lebensphase in den *Apokryphen* schrieb:

»Vor mehreren Jahren habe ich eine Diatribe über die Nase geschrieben, und es ist noch jetzt eine meiner gewöhnlichen unwillkürlichen Beschäftigungen, die Nasen zu belugen und zu ordnen. Den Familienstoff [heute würde man sagen: ›die Gene‹] abgerechnet, bin ich immer noch der Meinung, dass jeder Mensch so ziemlich seine Nase selbst macht. […] Ich klassifiziere dann mit vieler Gewissheit [Gewissenhaftigkeit] alle meine Nasen. Da ist die stolze Nase, die ärgerliche Nase, die eingebildete Nase, die vornehme Nase, die impertinente Nase, die tyrannische Nase, die listige Nase, die sklavische Nase, die dumme Nase, die bigotte Nase, die fromme Nase und viele andere Nasen. [...] Vor andern zeichnen sich noch aus die vorwitzige und die geile Nase. Unschuldige Nasen oder vielmehr Näschen findet man auch, aber ich erinnere mich nie, eine vernünftige Nase gesehen zu haben.«

zu erweisen, doch nicht nehmen lassen. Das Gesetz sollte gelten, aber nicht gegen den Willen des Königs. Alles andere hätte den Monarchen faktisch zu einem konstitutionellen gemacht. Seumes Gegner war aber nicht die Monarchie, sondern der Adel, der sich in seiner Wahrnehmung zwischen das Volk und den König schob. In der Plutarch-Vorrede wiederum richtet er seine Kritik der Privilegien gegen alle Besitzenden.

»Je mehr Vermögen jemand besitzt, um so mehr strebt er nach Privilegien, damit er die übrigen quälen, unterdrücken, wie Klötze und Dummköpfe behandeln kann.«

Diese Ausdehnung der Privilegienkritik ist eine Überdehnung. Wieder steht bei Seume der allgemeine Protest einer konkreten Analyse im Weg. Die politische Kritik am Adelsprivileg verschwimmt zur Beschwerde über Vorteilsnahmen aller Art. So gerät aus dem Blick, dass die Vorteile, die jemand durch sein Vermögen hat, sozial und rechtlich etwas völlig anderes sind als die Privilegien der Geburt. Ein Teil des Adels war ja gerade deshalb auf Privilegien angewiesen, etwa bei der Besetzung von Offiziersstellen, weil der Besitz nicht genügte, um der ganzen Familie ein standesgemäßes, also von bürgerlicher

Arbeit freies Leben zu finanzieren. Die vermögenden Schichten des Bürgertums wiederum verteidigten die Privilegien nicht, sondern bekämpften sie, weil sie der Mehrung des Reichtums entgegenstanden, etwa wenn es darum ging, verarmten Adeligen die Rittergüter zu Markt- statt zu Ehrenpreisen abzukaufen. Weil Seume Ungerechtigkeit moralisch angreift, statt sie sozial zu analysieren, dringt seine Kritik nicht vor zu den epochalen Unterschieden zwischen den Besitz-, Herrschafts- und Ausbeutungsformen der feudalen und jenen der bürgerlichen Gesellschaft. Sie ist sympathisch in ihrem Impuls, aber indifferent in der Sache:

> »Der erste Fußbreit Landes, der nicht gleich verhältnismäßig mit den übrigen zu den öffentlichen Lasten beiträgt, ist der erste Schritt zum Privilegium, zur Pleonexie, zur Habsucht, zur Ungleichheit, zur Willkür, zur Unterdrückung, zur Despotie, zur Tyrannei, zur Anarchie, zur Sklaverei.«

Ein schwungvoller Rundumschlag, der alle Übel unter ein Fußbreit Land bringt – und doch nur ein spätes Echo dessen, was Rousseau in seiner *Abhandlung über den Ursprung und die Grundlagen der Ungleichheit* ein halbes Jahrhundert zuvor geschrieben hatte: »Der erste, welcher ein Stück Landes umzäunte, sich in den Sinn kommen ließ zu sagen: dieses ist mein, und einfältige Leute antraf, die es ihm glaubten, der war der wahre Stifter der bürgerlichen Gesellschaft. Wieviel Laster, wieviel Krieg, wieviel Mord, Elend und Greuel hätte einer nicht verhüten können, der die Pfähle ausgerissen, den Graben verschüttet und seinen Mitmenschen zugerufen hätte: ›Glaubt diesem Betrüger nicht; ihr seid verloren, wenn ihr vergesst, dass die Früchte euch allen, der Boden aber niemandem gehört.‹«

Leibeigene und Sklaven

»In den mehrsten Provinzen von Deutschland lebt der Bauer in einer Art von Druck und Sklaverei, die wahrscheinlich oft härter ist als die Leibeigenschaft desselben in andern Ländern. Mit Abgaben überhäuft, zu schweren Diensten verurteilt, unter dem Joche grausamer, rauhherziger Beamter seufzend, werden sie des Lebens nie froh, haben keinen Schatten von Freiheit, kein sicheres Eigentum und arbeiten nicht für sich und die Ihrigen, sondern nur für ihre Tyrannen.« Was für eine Rhetorik, vorangetrieben vom Schwungrad des Mitleids.

»Wohl freilich sind die Bauern zum Teil so hartnäckige, zänkische, widerspenstige und unverschämte Geschöpfe, dass sie aus der geringsten Wohltat eine Schuldigkeit machen, dass sie nie zufrieden sind, immer klagen, immer mehr haben wollen, als man ihnen zugestehn kann.« Was für eine Ausdrucksweise, durchdrungen vom Gestus des Hochmuts.

Die beiden Passagen scheinen weit auseinander zu liegen, doch stehen sie nah beisammen nur durch einen Zwischenabsatz getrennt in Knigges *Über den Umgang mit Menschen*. Das ist keine Bizarrerie, so wenig wie das Buch insgesamt, dem es nicht an schönen Sätzen, aber an originellen Ideen mangelt. Darin liegt sein heutiger Wert. Es plaudert aus, was aufgeklärte Leser um 1800 über das Leben und die Leute zu denken pflegten, auch über das Leben der einfachen Leute auf dem Land. Man bemitleidet und bedauert, zugleich verachtet man und höhnt. Die aufgeklärte Minderheit in den Städten beklagte menschlich und moralisch die Verhältnisse, in der die Mehrheit auf dem Lande lebte, und hatte politisch und sozial doch Angst vor dem, was kommen mochte, sollten diese Verhältnisse sich ändern.

Zwischen sechzig und achtzig Prozent der Bevölkerung lebten in Preußen, in Kursachsen, in Sachsen-Weimar und in den anderen sächsischen Mini-Fürstentümern auf dem Land. Nur der kleinere Teil davon waren tatsächlich Bauern, die eigenen oder gepachteten Boden bearbeiteten. Es überwogen die unterbäuerlichen Kleinbesitzer und die landlosen Arbeitskräfte. Sie alle sind gemeint, wenn in den zeitgenössischen Publikumsschriften vom »Bauer« oder vom »Landmann« die Rede ist.

Um 1800 war die Landbevölkerung in Sachsen rund tausend adeligen Grundherren unterworfen. Sie besaßen das Land, kontrollierten die Kommunalverwaltung, übten die Gerichtsbarkeit aus und führten die Polizeiaufsicht. Der »Landmann« befand sich je nach Stellung in der durchgestuften Hierarchie in enger persönlicher oder durch Zwischenstufen vermittelter Abhängigkeit vom jeweiligen Herrn. Kein »Bauer« war frei, und auch wenn es die Leibeigenschaft als Rechtsinstitut nicht gab, waren die Abgabenlasten zusammen mit dem Arbeitszwang auf den Äckern, in den Gärten, an den Häusern des Adels so groß, dass Kritiker ganz allgemein von »Sklaverei« sprachen und schrieben. Das mochte soziologisch, juristisch und historisch falsch sein, bezog seine Berechtigung aber aus der soziologischen, juristischen und historischen Perspektive, dass kein Mensch unter keinen Bedingungen zu keiner Zeit einem anderen gehören und nur für diesen anderen arbeiten soll. Aus dieser Perspektive heraus argumentiert auch Seume:

»Sklaverei lässt gar keinen Begriff öffentlicher Gerechtigkeit zu; und es ist doch die Sklaverei, was der ganze Adel so fest hält; nämlich die Sache, denn das verhasste Wort sucht man zu vermeiden.«

Neben den ethischen Einwänden lassen sich auch ökonomische und machtpolitische formulieren. Friedrich der Große von Preußen schrieb als Kronprinz im *Anti-Machiavell*, bevor er zur Herrschaft kam und machiavellistisch wurde, »dass ein König, dessen ganze Staatskunst nur darauf hinausläuft, dass man ihn fürchte, ein Herr über Sklaven sein wird; großer Leistungen darf er sich von seinen Untertanen nicht versehen, denn was in Furcht und Zagen geschieht, das sah noch immer danach aus.« Katharina die Große von Russland schrieb Mitte der 1760er-Jahre: »Der Ackerbau kann da nicht blühen, wo der Ackerbauer oder Arbeiter nichts sein eigen nennt. Jeder Mensch sorgt besser für das, was ihm gehört, als für das, was einem anderen ist, er sorgt gar nicht für etwas, was ihm genommen werden kann.«

Gut drei Dekaden später, nach dem Tod Katharinas im Jahr 1797, appellierte Seume in *Zwei Briefe über die neuesten Veränderungen in Russland seit der Thronbesteigung Pauls des Ersten* an die staatspolitische Vernunft:

»Wo die Sklaverei nur an einem einzigen Menschen gesetzlich bleibt, ist der Staat auf einen Widerspruch gebauet, und muss früher oder später sich verbessern, oder zu Grunde gehen.«

Es wurde spät und schlecht gebessert, und der Staat ging zu Grunde. Erst 1861, rund hundert Jahre nach Katharinas Notat, wurde die Leibeigenschaft in Russland abgeschafft. Aber weil die juristische Freistellung auch eine materielle Freisetzung war, brachte die rechtliche Freiheit vielen Bauern bloß die soziale Verelendung. 1917 machte dann die Revolution dem zaristischen Staat ein Ende.

Seume lehnte Sklaverei, Leibeigenschaft, Fronarbeit und alle Formen personengebundener Abhängigkeit kategorisch ab, also nicht bloß um der Steigerung der Effizienz willen oder aus staatspolitischer Weitsicht. Der Begriff der Sklaverei ist mit dem der Humanität nicht in Einklang zu bringen, unter keinen Umständen und in keiner Epoche von der Antike bis zur Gegenwart. In dieser Menschheitssache erweist sich Seumes mitunter enervierende Prinzipienreiterei als nicht genug zu rühmende Prinzipientreue: durch keine Bildungskonvention abgeschwächt, von keiner Bewunderung für Kulturleistungen getrübt. In den *Apokryphen* tadelt er Plato, der »alle Arbeiten in der Republik von Sklaven besorgen« lassen will:

> »Wo ein einziger Sklave ist, suche ich keine Vernunft mehr. Zu der Arbeit müssen nun entsetzlich viel Hände gehören, die alle keine Köpfe haben dürfen.«

In der politischen Vorrede zu seinem philologischen Plutarch-Buch heißt es:

> »Wenn Jemand dem Gesetze nach Sklave durch seine Geburt ist oder später wird, dann hat die antike Gerechtigkeit ein Ende. Die außerordentlichen Vorzüge Einzelner haben das Altertum zu einer solchen Herrlichkeit gebracht; aber ein ursprüngliches Menschenrecht war ihnen kaum bekannt. Selbst jener göttliche Plato wollte seinen Staat auf das Allerschlechteste einrichten, da er die Sklaven, die mehr als drei Viertel des Volkes ausmachten, zur Arbeit zwang [...] Wenn irgendein furchtloser Spartacus diese aus der Werkstatt führt, so tut er es mit vollem Recht.«

In der ebenfalls politischen Vorrede zu seiner Übersetzung des Buches von Percival, die im Unterschied zur
Plutarch-Vorrede gedruckt wurde, wird historisch über-
greifend eine Art Spartacus-Prinzip formuliert:

> »Wer zu mir sagt, du bist mein Sklave, das heißt, ich
> gebrauche dich unbedingt als Werkzeug zu meinen
> Zwecken, der gibt mir für den schicklichsten Mo-
> ment rechtlich den Dolch in die Hand.«

Die antiken Sklavenhalterstaaten sind untergegangen,
aber die Sklaverei überdauerte Staaten und Epochen.
Das Christentum, am Ende des 19. Jahrhunderts von
einem Basler Professor als Sklavenreligion geschmäht,
wurde am Anfang dieses Jahrhunderts von Seume als
eine Religion der Sklavenhalter angegriffen. In der Percival-Vorrede heißt es über die Unterjochung und Aus-
beutung der Einheimischen durch die Kolonialmächte
Frankreich und England:

> »Es ist eben keine Ehre für das Christentum, dass
> seine Anhänger diesen Schandfleck der menschli-
> chen Vernunft, die Sklaverei, auf alle Weise tiefer
> einzubrennen und zu verewigen suchen.«

Kurz vor dieser Stelle prangert er diejenigen an, die im
Namen der Religion und als Funktionäre des Altars an
diesem »Schandfleck« mit verantwortlich sind, seien es
christliche Theologen, christliche Pädagogen, christliche Prediger:

> »Das System der Nationen ist Sklaverei, feiner oder
> gröber; und alle Spitzköpfe arbeiten mit ihren
> Werkzeugen den Plattköpfen dahin, den alten Fuß
> so schlafsüchtig weiter fort zu führen.«

Spitzköpfe und Plattköpfe

Erziehung zur Demut nennt Seume in den *Apokryphen* das Programm, mit dem sich die »spitzköpfige« Geistlichkeit an die Seite des Adels stellt, um dessen Privilegien zu wahren und die Plattköpfe auf dem Land in der Sklaverei zu halten.

> »Demut: Mut zu dienen. [...] Demut ist der erste Schritt zur Niederträchtigkeit.«

Wie diese »Niederträchtigkeit« aussieht, hat Chodowiecki mit seinem »Lesenden Bauern« gezeigt und Knigge in seiner Passage über das unverschämte Landvolk beschrieben. Erst werden die Menschen unters Joch gezwungen und dann als knechtisch verachtet, unterdrückt und dann von oben herab behandelt, verdummt und ihrer Dummheit wegen verhöhnt, versklavt und als Sklaven geschmäht. Gegen diese Herablassung derer, die obenauf sind, erklärt Seume in *Mein Sommer*:

> »Ein Sklave muss freilich schlecht sein; ich begreife gar nicht, wie er gut sein könnte.«

Den Beherrschten wird als Fehler angelastet, was ihnen die Herrschenden vorenthalten. Sie können sich nicht artikulieren und organisieren – bloß um sich schlagen, wenn es zu viel wird und nicht mehr auszuhalten ist. Nur wenige Einzelne, denen wie Seume die Gnade zufiel, entdeckt, gefördert, beschult und über den Stand ihrer Geburt hinausgehoben zu werden, konnten den Zusammenhang zwischen Demut und Niederträchtigkeit aus der Perspektive der Gedemütigten und zugleich der Niedertracht Entronnenen ansprechen und hinausschreien. Auch bei den Aufklärern ist es nicht einerlei, von wo das Licht fällt: von oben oder von unten, ob ein Hergelaufener wie Seume oder ein Freiherr wie Knigge die Lampe hält – Knigge, der die Lebensumstände des »Landmannes« mit schwungvollem Pathos geschildert und dann sogleich als zänkisch, widerspenstig und unverschämt geschmäht hat. Und wenn er auch einräumt, dass »lange fortgesetzte unedle Behandlung und Vernachlässigung ihrer Bildung daran Schuld« haben, »dass niederträchtige Gesinnungen bei ihnen herrschend werden«, mahnt er dennoch zur Vorsicht. Gibt man den kleinen Finger, verliert man womöglich die ganze Hand – nicht die eigene, sondern diejenige, die für einen die Arbeit macht. Man soll die Bauern in der Bewirtschaftung des Feldes und der Führung des Haushaltes schulen, es ist aber nicht ratsam, ihnen »allerlei Bücher, Geschichten und Fabeln in die Hände zu spielen; sie zu gewöhnen, sich in eine Ideenwelt zu versetzen; ihnen die Augen über ihren armseligen Zustand zu öffnen, den man nun einmal nicht verbessern kann; sie durch zu viel Aufklärung unzufrieden mit ihrer Lage, sie zu Philosophen zu machen, die über ungleiche Austeilung der Glücksgüter deklamieren«. Dies gilt nicht nur für die Leute auf dem Land, sondern für alle, »die bestimmt sind, im niedern Stande zu leben. Trage [...] nichts dazu bei, ihre intellektuellen Kräfte zu überspannen und sie mit Kenntnissen zu bereichern, die ihnen ihren Zustand widrig machen und den Geschmack an solchen Arbeiten verbittern, wozu Stand und Bedürfnis sie aufrufen. [...] Die beste Aufklärung des Verstandes ist die, welche uns lehrt, mit unsrer Lage zufrieden und in unsern Verhältnissen brauchbar, nützlich und zweckmäßig tätig zu sein.«

Die Leute lehren, mit ihrer Lage zufrieden zu sein!

War das nicht bisher die Aufgabe der Religion? Sollte die Aufklärung das Licht, das sie während der Jahrzehnte zuvor in die Kirchen getragen hatte, nun beim Betreten der Ställe löschen? Dann würde sie zurückfallen in die Erziehung zur Demut und sich mit den Klerikern in die Aufgabe teilen, über die Sorgen und Nöte der irdischen Gegenwart hinwegzutrösten mit dem Versprechen einer himmlischen Zukunft. Seume hätte dem nie und nimmer beigestimmt.

> »Eine Religion, die des Menschen vorzügliche, fast einzige Hoffnung in ein anderes Leben weist, hat die Präsumtion der Gaunerei in diesem für sich.«

Seumes Antiklerikalismus war stark ausgeprägt. Er hatte in seinem besonderen Einzelfall der Person eines Pfarrers viel zu verdanken, dennoch war ihm der Stand allgemein suspekt, eigentlich verhasst. Denn die Geistlichkeit verdiente ihre Privilegien mit der Rechtfertigung der Privilegien des Adels und missbrauchte dazu ihren Gott:

> »Freilich, wenn man den Gekreuzigten nicht an allen Feldwegen zeigte«, heißt es im *Spaziergang* über Italien, »könnte es doch wohl der Menge einfallen, ihre Urbefugnisse etwas näher zu untersuchen und zu finden, dass keine Konsequenz darin ist, sich durch den Druck des Feudalsystems und durch das Privilegienwesen ohne Aufhören kreuzigen zu lassen.«

Aber im lutherischen Sachsen standen nur noch wenige Kreuze an den Wegrändern. Trotzdem waren den Menschen ihre »Urbefugnisse«, wie Seume die Naturrechte nennt, auch nicht viel deutlicher, weil man anstelle des Kreuzes »den Galgen hingesetzt« hat.

In seine Kritik an der Kirche, ihren Amtsträgern und Dogmen, schließt Seume den Volksglauben ausdrücklich nicht ein. Dazu ist der in die Bildung emigrierte Mann aus dem Volk nicht fähig. In dem Lehrbrief, den er 1792 seinem Zögling Gustav Otto Andreas von Igelström zum Abschied aufgesetzt hat, heißt es:

>Es ist grausam und menschenfeindlich, den wohltätigen Glauben zu stören, auch wenn er Irrtum wäre.<

Noch in *Mein Leben* betont er, ihm sei

>jeder Volksglaube heilig, der einem ehrlichen Manne Beruhigung gewährt, und sollte er [der Volksglaube] der Philosophie noch so empfindliche Nasenstüber geben. Wer einem leidenden Wanderer seinen alten Mantel nimmt, unter dem Vorwande, er sei übel gemacht und durchlöchert, ist ein Unmensch auf alle Weise.<

Auf die Ideologisierung des Glaubens zur politischen Rechtfertigungslehre durch die Kleriker reagiert Seume mit dessen Psychologisierung. In den *Apokryphen* heißt es, alle religiösen Vorstellungen seien ein >Anthropomorphismus<:

>Jeder macht allerdings seine Welt und seinen Gott und einigermaßen sich selbst.<

Die Vorstellung, der Mensch schaffe Gott nach seinem Ebenbilde, war altes Aufklärungsrepertoire. Karl Philipp Moritz hatte in seiner beliebten *Götterlehre* von 1791 auf diese Weise das olympische Personal auf den irdischen Boden der Tatsachen geholt. Was an Jupiter erlaubt war, war bei Christus zwar nicht ohne Weiteres gestattet, aber seit der Entwicklung einer philologischen Bibelkritik hatte die historische Lektüre der >Heiligen Schrift< in den Bibliotheken ihr Recht, wenn auch nicht auf den Kanzeln.

Seume hat seine konfessionell ungebundene und mehr auf die Moral als auf Offenbarung abzielende Haltung zur Religion 1799 in einem Brief an Münchhausen zusammengefasst:

>Sie haben Recht, ich ehre die Religion als etwas sehr göttliches, wenn ich gleich nie zu der Fahne irgend eines positiven Religionslehrers schwören möchte. Sie ist mir der Beschluss von allem, was gerecht, human, freundlich und tröstend für die Zukunft ist. Aber dazu gehört nichts als das Göttliche in uns, unsere eigene Natur« – ebendas, was Kant das »moralische Gesetz in uns« genannt hat – »wer dazu Furcht vor Strafe und Hoffnung auf Belohnung braucht, ist ein Mietling. Alles Gute belohnt und alles Böse bestraft sich notwendig selbst.«

Dies war der letzte Rest an Optimismus, den der Spätaufklärer ins neue Jahrhundert zu retten vermochte.

Fleiß der Leute, Schönheit der Lande

»Kennst du das Land, wo die Zitronen blühn,/Im dunkeln Laub die Gold-Orangen glühn,/Ein sanfter Wind vom blauen Himmel weht,/Die Myrte still und hoch der Lorbeer steht –/Kennst du es wohl?«

Seume hat es kennengelernt auf dem Fußweg nach Syrakus. Und wenn er auch nicht so idyllisch gestimmt war wie Goethe, der im *Wilhelm Meister* der zauberhaften Mignon das Liedlein in den Mund legte, so verstand er auf seine prosaische Weise ebenfalls zu singen:

>Du pflanzest einen Baum, und er wächst in kurzer Zeit schwelgerisch breit und hoch empor; du hängst einen Weinstock daran und er wird stark wie ein Stamm, und seine Reben laufen weitausgrei-

fend durch die Krone der Ulme; der Ölbaum steht mit bescheidener Schönheit an dem Abhange der schützenden Berge; die Feige schwillt üppig unter dem großen Blatte am gesegneten Aste; gegenüber glüht im sonnigen Tale die Orange, und unter dem Obstwalde wallt der Weizen, nickt die Bohne, in reicher lieblicher Mischung.«

Dies schrieb Seume im *Spaziergang* über »das schöne, reiche, selige Kampanien«, jenen Landstrich »zwischen dem Vesuv, dem Gaurus und den hohen Apenninen«. Der Spaziergänger hatte nicht nur einen militärischen Blick, mit dem er die Zahl der Kanonen schätzte, die nötig wären, um eine Stadt oder einen Hafen zu verteidigen, er konnte Land und Leute auch besichtigen, als wäre er auf Inspektionsreise. Manchmal zählte er die gemauerten Kamine und ziegelgedeckten Dächer eines Dorfes, um daraus Rückschlüsse auf das Leben ihrer Bewohner zu ziehen. Er wusste aus eigener Erfahrung, das heißt: vor allem aus der Erfahrung seines Vaters, wie eng Freiheit und Fleiß zusammenhängen und warum Fron und Rechtsunsicherheit die Leute entweder zur Verzweiflung oder in die Faulheit treibt:

»Welcher Bauer wird sich ein gutes bequemes Haus bauen, wenn er nicht ganz sicher ist, dass er und seine Kinder darin wohnen werden, und dass sie keine Gewalt, kein Gutdünken, keine Schikane irgend eines großen oder kleinen Tyrannen daraus vertreiben kann? Wie wird er einen Baum pflanzen, unter dessen Schatten er nicht seine Enkel zu schaukeln, oder dessen Früchte er und seine Söhne nicht sicher zu pflücken hoffen dürfen?«

Das Recht auf Besitz, auch auf kleinen, ist Bedingung für ein Arbeiten mit Interesse. Sonst herrschen Unterjochung und Armut:

Wenn »bei allem Segen des Bodens und bei allem Fleiße der Arbeitenden der Landmann dennoch in Lumpen geht, in Rauchlöchern wohnt, den Kummer und das Elend im Gesichte trägt, so ist das ein vollgültiger Beweis, dass er durchaus nicht für sich selbst arbeitet. Die Ernten stehen fett und hoch wie Rohr; aber sie sind des Edelmanns.«

Freies Arbeiten ist nicht nur effizient, es verschönt das Leben. Im *Spaziergang* zeigt sich Seume entzückt, als er auf dem Weg von Graz nach Laybach (Ljubljana) im Tal der Drau das Dreschen auf wohlgezimmerten Tennen hört:

»Eine herrliche, ökonomische Musik war es für mich, dass die Leute hier überall links und rechts auf Bohlentennen dreschen. Man kann sich keinen traulichern Lärm denken.«

Eine ökonomische Schönheitslehre war nichts Ungewöhnliches für Aufklärer. Die Ästhetik der Nützlichkeit durchzog selbst das akademische Schrifttum der Kameralisten, wie in einem der Verwaltungslehrbücher von Joachim Georg Darjes aus den 1760er-Jahren hübsch nachzulesen ist: »Die Schönheit der Felder besteht in dem, dass sie regelmäßig angebaut und fruchtbar.« – »Die Schönheit der Wiesen besteht in dem, wenn sie fruchtbar, gesundes, hohes und vieles Gras tragen.« – »Die Schönheit der Waldungen besteht in gesunden Bäumen.« – »Die Wasser sind schön, wenn sie reichlich mit Fischen besetzt« sind. – »Die Schönheit der Straßen wird aus dem beurteilt, wenn sie eben, fest, allemal reinlich, breit und …« – vor allem nicht gespurt sind, würde Seume wohl dazwischenrufen.

Die aufklärerische Fetischisierung der Nützlichkeit wurde nicht erst von den Romantikern lächerlich gemacht. Auch die Kunstautonomen um Goethe und

Schiller brachten gegen das ergreifende Denken, dem Begriffe bloß der Inbesitznahme von Wirklichkeit dienen, interesseloses Wohlgefallen und reine Anschauung des Schönen ins Spiel. »Die herrschende Idee des Nützlichen«, mahnte Karl Philipp Moritz in seinen *Denkwürdigkeiten, aufgezeichnet zur Beförderung des Edlen und Schönen,* »hat nach und nach das Edle und Schöne verdrängt – man betrachtet selbst die große erhabne Natur nur noch mit kameralistischen Augen, und findet ihren Anblick nur interessant, insofern man den Ertrag ihrer Produkte überrechnet.«

Für Seume trifft das jedoch nicht zu. Der Mensch kommt bei ihm immer als Erstes, doch hält er nicht für gut, wenn der Mensch auch jedes Mal das letzte Wort hat. Als im schönen Rosenthal bei Leipzig die Stadtverwaltung alte Eichen im Dutzend fällen ließ, um einen Entwässerungsgraben anzulegen, schickte er seinem Freund Merkel vom *Freimüthigen* ein Gedicht, in dem er eine Dryade, eine Eichennymphe aus der griechischen Mythologie klagen lässt:

»Herzlose Männer zerstören den Hain mit wütender Mordaxt«.

Dem Magistrat von Leipzig gefiel diese Nestbeschmutzung nicht, und Seume sah sich veranlasst, die Wogen zu glätten und den Baummädchen die Tränen abzuwischen. In der *Zeitung für die elegante Welt* vom 3. Juli 1804 milderte er den Ton, beharrte aber in der Sache,

»forstmäßig und streng ökonomisch durfte doch nach der Humanität ein Plätzchen nicht behandelt werden, das, so zu sagen, das Eigentum von ganz Europa ist«.

Das Schönste an diesem Einspruch ist das Wort »Humanität«. Es zeugt von ihr, das sie auf schöne Natur angewandt wird, die doch allen und keinem gehören sollte. Der Sinn für das Schöne und Erhabene jedenfalls muss nicht wie bei Schiller und Goethe den Hintersinn haben, vom Hässlichen und Gewöhnlichen die Augen abzuwenden. Seume sah sich alles an, Marmorgöttinen in Villengärten und dreschende Bauern. So konnte er erzählen, wie fröhlich an der Drau gedroschen wurde und wie elend in Böhmen:

> »Man drosch in den Herrenhöfen auf vielen Tennen und die Bauernhäuser waren leer und verfallen; die Einwohner schlichen so niedergedrückt herum, als ob sie noch an dem härtesten Joche der Sklaverei zögen. Mich deucht, sie sind durch Josephs wohltätige Absichten wenig gebessert worden, und höchst wahrscheinlich sind sie hier noch schwerer durch die Fronen gedrückt als irgendwo.«

Die formelle Aufhebung der Leibeigenschaft durch Joseph II. im Jahr 1781 hat trotz der rechtlichen Besserstellung der Bauern ihre tatsächliche Lage nur wenig verbessert. Überhaupt gingen die josephinischen Reformen den Privilegierten zu weit und den Unterdrückten nicht weit genug, wie es oft geschieht, wenn ein System erneuert werden soll, das so veraltet ist, dass es abgeschafft gehört. Dazu fehlte es aber den böhmischen Bauern an sozialer Kraft und politischer Organisation. Sie hofften auf den Import der Revolution und schliffen die Sensen ihrer Rache:

> »Alles war in Furcht als sich die Franzosen nahten: nur die Bauern jubelten laut und sagten, sie würden sie mit Freuden erwarten und sodann schon ihre Unterdrücker bezahlen.«

In Kursachsen indessen war es 1790 zu Aufständen gekommen, die über die gewohnten Widersetzlichkeiten und die seit jeher aufflackernden isolierten Revolten hinausgingen. Manche Historiker sprechen von etwa zehntausend Aufständischen. Jedenfalls musste der Kurfürst Truppen einsetzen, um die Rebellion niederzuschlagen. Auch Herzog Carl August von Sachsen-Weimar zeigte sich beunruhigt: »Es ärgert mich sehr, dass Bauern in meinem Lande sich vom Kitzel der Unfolgsamkeit wollen antreiben lassen. Man ersticke nur die Keime, dann werden wohl die Übel nicht rege werden. Der deutsche gemeine Mann ist mit dem Sinn der Subordination geboren. Diesen erhalte man nur und beweise ihm tätig, dass er sich irre, wenn es ihm auch nur einfällt, über Schwindeleien zu grübeln.«

Vorsicht Revolution

»Schwindelei« war die deutsche Vokabel für die Geschehnisse in Frankreich, jedenfalls für diejenigen, die der Revolution ablehnend gegenüberstanden. Auch Seume spottete 1793 in der Abhandlung *Über Prüfung und Bestimmung junger Leute zum Militär* über die »Schwindlinge an der Seine«, und dies sicher nicht nur, weil die Schrift seinem Chef, General Igelström, gewidmet war. Noch im *Spaziergang* versichert er dem Leser:

> »Du weißt, dass ich durchaus kein Revolutionär bin; weil man dadurch meistens das Schlechte noch schlimmer macht«.

Dieser Einwand kursierte, seit der Terror des Pariser Wohlfahrtsausschusses viele deutsche Schriftsteller und Gelehrte über ihre eigene Courage hatte so erschrecken lassen, dass sie auch mental wieder zu jener

Ordnung zurückkehrten, die von ihnen politisch ohnehin nie infrage gestellt worden war. Schon deshalb nicht, weil man die republikanische Selbstregierung für eine historische und systematische Unmöglichkeit hielt, jedenfalls für ausgedehnte und volkreiche Staaten.

Auch Wieland war dieser Ansicht. Die Revolution mochte in Frankreich unvermeidlich gewesen sein, die Abschaffung der Monarchie schien ihm dennoch ein Fehler. In Deutschland wiederum sei die Unterdrückung des Volkes verglichen mit Frankreich so viel geringer, dass eine Revolution weder zu erwarten noch überhaupt nötig sei. Dem Chaos eines Umsturzes sei das geordnete Fortschreiten der Aufklärung vorzuziehen, stetiges Reformieren für alle besser als eine von niemandem berechenbare Revolution.

Seume teilte im Großen und Ganzen diese Perspektive. In den *Apokryphen* warnte er:

>»Es ist nur noch *ein* Ungeheuer, welches gräßlicher ist als Tyrannenunvernunft, die Volkswut; und nur die Furcht vor der letzten macht die erste erträglich ...«

Noch im gleichen Satz folgt jedoch der Hinweis, dass es zu den Herrschaftstricks gehört, die Furcht vor dem Volk zu schüren:

>»... auch weiß die erste sehr künstlich mit der letzten zu schrecken und in Schranken zu halten.«

Trotzdem blieb ausgerechnet Seume, der in seinem Habitus gern Saft und Kraft und Lebenstüchtigkeit gegen wägende Gelehrtenvernunft ausspielte, in seiner Haltung zur Revolution wie nahezu alle deutschen Publizisten aufseiten ebendieser Vernunft. Das ist in geistiger und moralischer Hinsicht ehrenwert, reicht aber nicht, um etwas geschichtlich derart Unerhörtes wie die Französische Massenrevolution, den Sturz der Monarchie und die Hinrichtung des Monarchen mit den durch ebendiese Vorgänge neu aufgestellten historischen Maßstäben zu begreifen. Vielleicht konnte nur ein in die Ereignisse verstrickter und in dieser Verstrickung zugrunde gehender Jakobiner wie Georg Forster die Revolution bejahen ganz unabhängig davon, ob immer alles vernünftig zuging. »Die bewegende Kraft«, schrieb er in *Parisische Umrisse*, die – man muss es hervorheben – »bewegende Kraft ist allerdings nichts rein Intellektuelles, nichts rein Vernünftiges; sie ist die rohe Kraft der Menge.« Diese Kraft wurde mit der Revolution zur historischen Tatsache. »Eure Weisen und Gelehrten«, erklärt Forster aus Paris seinem fiktiven Leser östlich des Rheins, »haben gut deklamieren, sich ereifern und uns beweisen, dass wir es hätten besser machen sollen. Ei, Ihr lieben Herren! Wir konnten's eben nicht besser. Nun dann hätten wir's nicht anfangen sollen. Freilich wohl! Aber auch *das* hat nicht von uns abgehangen.«

Seume hat die Revolution in Frankreich nicht bejaht, aber er hat die Französische Revolution in Deutschland verteidigt, nicht, was ihren politischen Verlauf, aber was ihre politischen Prinzipien betraf. Im Juni 1798 schrieb er an Gleim:

> »Die Franzosen haben sehr gute Grundsätze; die Ausführung ist meistens schlecht und die Anwendung oft das Gegenteil. Indessen hat doch ihre Wahrheit schon so viel tiefe Wurzel, dass sie schwerlich werden ausgerottet werden. Sie beruhen auf Vernunft; und nur gänzliche Anarchie könnte sie wieder tilgen.«

Im Juli 1799 an Böttiger:

> »Das französische Benehmen ist oft eben so traurig,

als das ihrer Feinde; aber ihr *System* hat doch Humanität; sehr schlimm, wenn es inhuman befolgt wird.«

Allerdings Ende 1799 an Münchhausen:

>»Sulla [römischer Diktator, seiner Grausamkeit wegen berüchtigt] war ein Tertianerjunge gegen Robespierre«.

Im *Spaziergang* verkündete eine in die Erzählung geschaltete »Rhapsodie« dann das glatte Gegenteil:

>»Und gegen Sullas Henkergeist
>Ist zu der neuen Zeiten Ehre,
>Der Aftergallier, der Blutmensch Robespierre,
>Ein Genius, der mild und menschlich heißt.«

Bei dieser Einschätzung blieb Seume und bekräftigte sie in den *Apokryphen*:

>»Man lärmt so viel über die Französische Revolution und ihre Greuel. Sulla hat bei seinem Einzuge in Rom in einem Tage mehr gewütet, als in der ganzen Revolution geschehen ist.«

Und während er im *Spaziergang* davon schrieb, wie auf die »Morgenröte« an der Seine »Ungewitter, dann dicke Wolken und endlich Nebeltage« folgten, lockte er in den *Apokryphen* mit der Vernunft und drohte mit Napoleon:

>»Die Französische Revolution wird in der Weltgeschichte das Verdienst haben, zuerst Grundsätze der Vernunft in das öffentliche Staatsrecht getragen zu haben. Lässt man diese Grundsätze wieder sterben, so verdient jeder Weltteil seinen sublimierten Bonaparte.«

Verzweifeln an Napoleon

Am 12. Oktober 1809 drängte sich während einer Parade der französischen Truppen im besetzten Wien der siebzehnjährige Friedrich Staps zu Napoleon vor, um ihn mit einem zweiseitig geschliffenen Dolch zu erstechen. Der Attentäter fiel auf, bevor er nah genug herankam, wurde festgenommen und vor Napoleon geführt. Ein Zeitzeuge, der elsässische General Rapp, hat das Gespräch zwischen Staps und Bonaparte gedolmetscht und es in seinen 1823 erschienenen Memoiren überliefert. Staps habe im Verlauf des Verhörs zu Napoleon gesagt, »ich war einer Ihrer größten Bewunderer«.

Seume konnte von dem streng geheim gehaltenen Attentat nichts wissen. Aber was Staps mit dem Dolch tun wollte, versuchte Seume mit der Feder. Auch für ihn war Napoleon ein gestürztes Idol:

> »Ich schätze den wirklich großen Mann so hoch als irgend einer; aber ich kann ihn unmöglich lieben; denn ich halte ihn weder für rein liberal noch gerecht. Er hat mir in sich selbst das schönste Ideal meines Lebens zerstört: und ich bin so stolz zu glauben, meine Ideale sind nicht das Produkt eines spielenden müßigen Gehirns. Das Schicksal hat ihm zwei Namen gegeben, einen schönen und einen furchtbaren. Den schönen trug er in seiner schönen Zeit, jetzt hat er ihn weggelegt und nur den furchtbaren behalten.«

Diese höchst ambivalente Stelle findet sich in *Mein Sommer 1805*, jener Reise, die während der Kontinentalsperre Napoleons stattgefunden hatte, und deren Bericht zwischen Napoleons Sieg in Austerlitz (2. Dezember 1805) und dessen Sieg bei Jena und Auerstedt (14. Oktober 1806) erschienen war. Schon im Dezember 1799, wenige Wochen nach Napoleons Staatsstreich vom »18. Brumaire«, hatte er an Gleim geschrieben:

Napoleon »ist ein großer Mann: wir wollen nur sehen, ob er ein guter und weiser Mann ist«.

Güte und Weisheit sind nicht gerade die Maßstäbe der Macht, und auch nicht die politischer Größe. Seume wusste das, auch wenn er nie aufhörte, es zu beklagen. Wenigstens suchte er die Ehre der Humanität vor dem Ruhm des Historischen moralisch in Sicherheit zu bringen:

»Wenn Bonaparte die Stimme der Vernunft und Freiheit und Gerechtigkeit gehört hätte, er wäre die Sonne der Humanität. Er hat in sich selbst das schönste, reinste, höchste Ideal verdorben, das das Schicksal zum Heil der Menschheit aufstellen zu wollen schien.«

Als junger Mann hatte Napoleon sich in Plutarchs Doppelbiographien großer Griechen und Römer vertieft, vor allem in die über Alexander und Caesar. Seume schrieb als auch noch nicht alter in der Plutarch-Vorrede über Napoleon:

»Von seiner Macht allein wird alles gewaltsam regiert.«

In der Vorrede zur Übersetzung des Buchs von Percival heißt es:

»Bonaparte ist, wenn man will, durch die [französische] Nation gerechtfertigt; das beweist zwar in der Sache nichts; aber es ist genug für ihn und die Nation. Er opfert seinem Schöpfer und Erhalter, dem Bajonett; das und der Glaube macht ihn selig; eine sehr alte Methode, die sich noch lange bewähren wird. Ich bin immer noch der Überzeugung, er habe das göttlichste Geschenk des hehren Schicksals, bis jetzt der Einzige des ganzen Menschengeschlechts zu werden, von sich geworfen.«

Napoleons Paktieren mit der Katholischen Kirche und mit dem Adel der besiegten Staaten ist für Seume – und noch heute ist ihm recht zu geben – der Beweis dafür, wie weit Ruhmsucht und Machtgier Napoleon und die französische Nation von den Menschheitsidealen der Französischen Revolution entfernt haben. Wie sollten diese Ideale da in den eroberten Gebieten zum Tragen kommen?

»Bonaparte wird sich wohl hüten, uns unsere Privilegien zu nehmen, sie machen unsere Schwäche. Er setzt seine Satelliten unter unsere Privilegierten, um die Ohnmacht zu erhalten. Unsere Fürsten und Edelleute sind seine treuesten Untertänlinge.«

Allerdings hat Seume in seinem hilflosen vaterländischen Hass, der nicht einmal nationalstaatlichen Boden unter sich hatte, die Doppeldeutigkeit, man mag sagen: die Dialektik der napoleonischen Ära zwischen Restauration und Modernisierung unterschätzt. Später ist man immer klüger, könnte gegen diese Kritik eingewandt werden. Aber Goethe, Wieland und Hegel waren es auch damals schon. Den ersten beiden verlieh Napoleon das Kreuz der Ehrenlegion. Doch hat das ihr Urteil nicht bestochen, trotz Goethes unangenehmem Entzücken, von einem Großen als Großer anerkannt worden zu sein. Hegel wiederum glaubte als Geschichtsphilosoph den Weltgeist persönlich in Gestalt Napoleons durch Jena reiten zu sehen. Dass ihm dessen Soldaten das Geschirr zertrümmerten, war ärgerlich, aber nicht historisch. Dabei flatterten auch die Manuskriptblätter der gerade erst abgeschlossenen *Phänomenologie des Geistes* durch die

Stube, doch war dies ebenfalls bloß privates Ärgernis, keine philosophische Kritik. Plündernde Soldaten pflegen nicht zu lesen.

Napoleon indessen, der über Geschichte nicht philosophierte, sondern sie machte, konnte sich als Großer Großmut nicht immer leisten. Ein Attentat mit dem Dolch ist unter Umständen leichter verzeihbar als eines mit Worten. Dem jungen Staps wollte Napoleon das Leben schenken, würde der nur um Vergebung bitten. Aber Staps wollte weder die Vergebung noch das Geschenk. Napoleon, irritiert über die Machtlosigkeit des großen Mannes vor dem kleinen, stellte ihn widerstrebend vors Standgericht und befahl hinterher allen Beteiligten, zu schweigen.

Der Angriff durch die von dem Augsburger Buchhändler Jenisch und dem Nürnberger Buchhändler Palm verbreiteten (nicht von ihnen verfassten!) Schrift *Deutschland in seiner tiefen Erniedrigung* zog eine entgegengesetzte Reaktion nach sich. Hier ging es nicht um Verzeihen, sondern um Verfolgen. Diese Sache konnte nicht unauffällig erledigt, hier musste ein öffentliches Exempel statuiert werden. Napoleon schrieb mit eigener Hand: »Ich wünsche, dass sie [die Buchhändler] vor ein Kriegsgericht gestellt und binnen 24 Stunden erschossen werden.« Doch ist selbst der Wunsch eines Napoleon nicht in jedem Fall Befehl: Jenisch wurde freigesprochen, Palm füsiliert.

Die Schrift, deren Verfasser Palm nicht preisgeben wollte – er ist bis heute nicht sicher identifiziert –, prangerte auch die Servilität des deutschen Adels an. Dieser Dolch aus Worten ging in die gleiche Stoßrichtung wie Seumes Protestnotizen in den *Apokryphen*, die in der Zeit entstanden, als der Emporkömmling und Empereur Preußen und Sachsen besetzte.

Patriotismus ohne Vaterland

Wenn »ein Volk seinen eigenen Fürsten absetzen kann, um wie viel mehr einen fremden, der, alle Naturgesetze verletzend, sich gegen die Regierungseinrichtungen vergeht«. Dies hat nicht Seume gegen den Korsen geschrieben, sondern der Korse gegen Frankreich. Aber was Bonaparte in der Zeit seines Engagements für ein unabhängiges Korsika behauptete, hätte später Seume gegen den französischen Eroberer Napoleon richten können, wäre nur so etwas wie ein Vaterland überhaupt existent gewesen. »Deutschland? Aber wo liegt es?«, fragten Goethe und Schiller 1796 in den *Xenien*. Etwa im Herzen der Deutschen? Aber welchen Deutschen? »Es gibt vielleicht«, schrieb Wieland 1793 in *Über deutschen Patriotismus*, »oder vielmehr, es gibt ohne Zweifel Märkische, Sächsische, Bayerische, Würtembergische, Hamburgische, Nürnbergische, Frankfurtische Patrioten usw. Aber *Deutsche* Patrioten, die das *ganze* Deutsche Reich als ihr *Vaterland* lieben [...] *wo sind sie?*« Mehr als ein Jahrzehnt später schreibt Seume in den *Apokryphen*:

>»Ich höre von überall von heißpatriotischen Preußen, Österreichern, Bayern, Sachsen usw., die einander in [um] die Wette hassen; nur höre ich von keinem Deutschen.«

Was die Preußen angeht, so lag deren »heißpatriotische« Phase ein halbes Jahrhundert zurück. Sie hatte ihren Höhepunkt im Siebenjährigen Krieg und war genau genommen nicht patriotisch oder preußisch, sondern fritzisch. Der Herzenskult um den aufgeklärten Monarchen ersetzte für einen Teil der Gebildeten und für einen Teil der Dichter und Publizisten den fehlenden deutschen Patriotismus. Das war die Gefühlsperspektive von oben – oder vielleicht richtiger gesagt: die von der Seite, von den Bühnenbrettern und den Schreibpulten aus. Die Gefühle von unten waren die der Deserteure mit den zerprügelten Rücken, der an den Privilegien des Adels scheiternden Bürger, der an den uneingelösten Versprechen verzweifelnden Bauern. Seume in den *Apokryphen*:

> »Warum gehen Sie denn nicht in die Kriegsdienste des Königs von Preußen und dienen Ihrem Vaterlande? Fragte man vor zwei Jahren einen lebhaften, wohlgebildeten, sehr wohl unterrichteten jungen Menschen. Da bekomme ich ja Prügel von dem adligen Fähnrich, war seine Antwort, ich mag es anfangen, wie ich will, und meine Ehrenlaufbahn geht bis zum Feldwebel, wo mich ein adliger Fähnrich zeit Lebens hudelt.«

Dass jeder französische Soldat den Marschallstab im Tornister hatte, war zwar ein märchenhaftes, aber doch kein ganz leeres Versprechen, wenn ein junger Soldat den Marschall nicht ganz wörtlich nahm und beispielsweise Major werden wollte. Jedenfalls musste er nicht von Adel sein, um auf eine ›vernünftige‹ Militärkarriere unter Napoleon hoffen zu können. In Preußen indessen starb man aus bloßer Begeisterung für König und Vaterland – in einem fritzischen Kriegslied Klopstocks von 1749: »Der Feind ist da! Die Schlacht beginnt!/Wohlauf zum Sieg herbei!/Es führet uns der beste Mann/Im ganzen Vaterland./[…]/Willkommen Tod fürs Vaterland!/Wenn unser sinkend Haupt/Schön Blut bedeckt, dann sterben wir/Mit Ruhm fürs Vaterland!«

Klopstock hat die Ode später auf den ostfränkischen

König Heinrich I., genannt »der Vogeler«, umgewidmet, der im Jahr 933 die damals als unbesiegbar geltenden Ungarn geschlagen hatte. Gleim dagegen blieb dem Ruhm Friedrichs, dem er seinen eigenen zu verdanken hatte, ein Leben lang treu und dichtete an seinen preußischen Grenadierliedern fort und fort: »Krieg ist mein Lied! Weil alle Welt/Krieg will, so sei es Krieg!/ Berlin sei Sparta! Preußens Held/Gekrönt mit Ruhm und Sieg!«

Die preußischen Soldaten, die nicht im Lied des Dichters, sondern in der liederlichen Wirklichkeit zu marschieren hatten, grölten andere Gesänge: »Fürs Vaterland zu sterben,/Wünscht mancher sich./Zehntausend Taler erben:/Das wünsch ich mich!/Das Vaterland ist undankbar,/Und dafür sterben? O du Narr!«

Was soll das überhaupt sein, dieses Vaterland? Und wo kann man es finden?

»Dem gewöhnlichen Menschen ist das Vaterland, wo ihn sein Vater gezeugt, seine Mutter gesäugt und sein Pastor gefirmelt hat; dem Kaufmann, wo er die höchsten Prozente ergaunern kann, ohne von dem Staat gepflückt zu werden; dem Soldaten, wo der Imperator den besten Sold zahlt und die größte Insolenz erlaubt; dem Gelehrten, wo er für seine Schmeicheleien am meisten Weihrauch oder Gold erntet: dem ehrlichen, vernünftigen Manne, wo am meisten Freiheit, Gerechtigkeit und Humanität ist. Also findet der letzte nur selten sein Vaterland.«

Auch dies steht in den *Apokryphen*. Schon Jahre zuvor, im Juni 1798, hatte Seume in einem Brief an Gleim den Unterschied zwischen dem Kampfgeist französischer Heere und dem Zwangsdienst deutscher Truppen hervorgehoben:

»Und nun beging man [bei den europäischen Fürsten] wieder den Fehler, nicht zu sehen, welcher Unterschied es ist, wenn Könige und wenn Nationen Krieg führen, wenn bloß die Waffen und wenn Grundsätze und Enthusiasmus schlagen.«

Im November 1805 weist er in einem Brief an Böttiger einmal mehr auf diese mentale Gefechtslage hin:

>»Ein Deutscher soll schlagen, damit ihn, wenn er nicht in der Schlacht bleibt, sodann der Edelmann hübsch frohnmäßig in der Zucht habe.«

Wo sollten da die patriotischen Gefühle herkommen? Sie fehlten nicht nur im militärischen, sondern auch im zivilen Dienst, im Land und in der Stadt, in den Ämtern und im Alltag. Und dies seit Jahren und Jahrzehnten. Im August 1792 hatte Seume dem Vaterland frustriert den Rücken gekehrt, militärisch mit dem Dienstantritt bei General Igelström, poetisch im *Abschiedsschreiben* an Münchhausen:

>»Das Vaterland bedarf nicht meiner Kräfte,
>Hat Männer gnug für Ämter und Geschäfte
>Und schenkt mir gerne meine Pflicht.
>Ich habe von den vielen fetten Gauen
>Auch keinen Fuß mir meinen Kohl zu bauen
>Zu einem ländlichen Gericht.«

Gegen Ende seines Lebens notiert er sarkastisch und mit Bitternis im Herzen:

>»Mag das Vaterland zugrunde gehen, wenn nur unsere Privilegien gesichert sind.«

Wenn nur die Geschäfte laufen, könnte man fortfahren, und die Vergnügungen nicht gestört werden. So wunderte sich Pierre-François Percy, der große Chirurg der Grande Armée, über das Opernpublikum im gerade besetzten Berlin: »Der Feind ist in Berlin, Preußen ist erobert, der König ist mit einer erschreckten Armee geflohen, und trotzdem war das Theater gesteckt voll, und niemand schien an sein Vaterland zu denken, den Hof zu bedauern oder sich wegen der Zukunft Sorgen zu machen.« Seume in Leipzig stöhnte:

»Wir sind der Gegenstand der Schmach; wir sind nichts als Beute.«

Siebtes Kapitel
Bittere Jahre, letzte Tage

———— ∞ ————

Das Tagebuch vom Mann im Mond –

Und nun – Im *Goldenen Schiff*

*»Nun registriert der Mann im Monde alle bunten
und krausen Nachrichten von Erdenpilgern in seine
Blätter und macht darüber nach seiner Weise und
Weisheit seine Anmerkungen über die Vorkehrungen
im Hauptplaneten.«*

– Mein Sommer *1805* –

»Und nun –«

– Seumes letzte Worte im Erstdruck von *Mein Leben* –

*»In einem Badeorte müssen die Wirte, welche Kranke
einnehmen, eigentlich auf Todesfälle gefasst sein.«*

– Aus der Ergänzung von *Mein Leben* durch C. A. H. Clodius –

»Mein Lauf ist bald barock genug vollbracht,
Bald schlägt's vielleicht mir Gute Nacht;
Um die Schläfe wird auch schon das Haar mir
    weiß,
Gar nicht lange dauert's mehr, so bin ich Greis;
Dann kommt mit der Sichel
Hein und mäht den Michel
Und bugsiert ihn hinter die Gardine.«

Das Gedicht heißt *Abendlied* und steht am Schluss der *Apokryphen*. Clodius hat es dort hingestellt in der ersten, aus Angst vor der Zensur arg beschnittenen Ausgabe von 1811. Der todkranke Seume schrieb es in den letzten Lebenswochen und schenkte es Frau von der Recke.

»Was quäl ich mich, wie es dort draußen steht,
  Wenn's leidlich nur von innen geht?«

»Draußen«, also politisch, stand es schlecht. Und psychologisch drinnen nicht viel besser. Seume hat seine letzten Jahre tapfer ausgehalten. Die nach dem *Spaziergang* aufgeflackerte Berühmtheit glomm nach dem Verbot von *Mein Sommer 1805* bei Freunden und Eingeweihten weiter, aber das große Publikum erreichte Seume nicht mehr. Er ging – solange es eben ging – seiner Lehrtätigkeit nach; schrieb an Texten, deren Druck kein Verleger riskieren wollte; verschickte Briefe, deren Gestus gefasst und deren Hoffnungslosigkeit furchtbar ist; wartete ergeben auf eine russische Pension, die bewilligt wurde, als er schon tot war. Und ein letztes Mal fand er Freunde. Sie holten ihn ins böhmische Heilbad Töplitz und halfen ihm beim Sterben.

Das Tagebuch vom Mann im Mond

Wenn man auf Erden den Verstand verliert, kann man ihn auf dem Mond wiederfinden. Er wird dort oben in Flaschen gefüllt: »Als feiner Liquor war er hier zu sehen, / Der, nicht sehr fest verschlossen, leicht verraucht. / Man sah in Flaschen aller Art ihn stehen, / Groß oder klein, wie man sie nun gebraucht.«

Im *Orlando Furioso* des Renaissancedichters Ariost galoppiert ein Ritter auf einem Flügelpferd zum Mond, um den Verstand wiederzuholen, den sein vor Eifersucht rasender Freund Roland verloren hat. Auf diese Episode des Versepos nimmt Seume auf den letzten Seiten von *Mein Sommer 1805* Bezug:

> »Du weißt, ich bin kein sonderlicher Freund von Romanen: aber ich habe […] doch einmal in Gedanken einen Roman gemacht […]. Wenn es kein Roman gewesen wäre, ich glaube fast, ich hätte ihn nach meiner Weise aufgeschrieben und drucken lassen. Aber wer wird Wahrheiten für Männer erst in Flitterstaat putzen? Der Roman hieß in meinen Gedanken, Tagebuch des Mannes im Mond. […] Nun weißt du aus dem Ariost, dass unser Verstand im Monde wohnt; daher ein Mensch, der nach Verstande schnappt, auch mondsüchtig genannt wird. Wie viel entflogener Verstand muss nun nicht im Monde sein, wovon hier auf Erden das Gegenteil ist?«

In manchen Epochen scheint aller Menschengeist in Mondspirituosen verwandelt, und die Seumes war nicht die letzte, für die sich das sagen ließe. Die Geschichte macht Fortschritte – immer weiter fort vom Paradies, wie die Romantiker des Ursprungs trauern; immer schneller zur finalen Katastrophe, wie die Apokalyptiker drohen. In der Mitte des 18. Jahrhunderts war es die Natur, die den Fortschrittsoptimismus der europäischen Aufklärung ins Wanken brachte, als in Lissabon die Erde bebte. Der *Candide* des Philosophen Voltaire war das literarische Echo auf dieses Ereignis. Gegen Ende des Jahrhunderts war es der Mensch, der seine Fähigkeit zur Selbstverbesserung infrage stellte, als er sich in Paris mit einem Schnitt durch den Hals des Königs von der alten Zeit trennte und blindwütig in die neue rannte. Die ›humane‹ Köpfmaschine des Arztes Guillotin war das technische Symbol dieser Phase. Hatte sich ›die Geschichte‹, die arg in die Jahre gekommene ›Lehrmeisterin des Lebens‹, ausgerechnet während des ›philosophischen Jahrhunderts‹ in eine Furie verwandelt? Führte die Aufklärung den Menschen hinters Licht? Würde er nach dem »Ausgang aus der selbstverschuldeten Unmündigkeit« mit all seiner Vernunft nur auf Unvernunft stoßen? Zerfiel der Sinn der Geschichte in die Zufälligkeiten des Geschehens?

Der Mann im Mond schaut sich das alles von oben an – auch von oben herab. Er hat nichts zu tun mit den Menschen und ihren Schicksalen, er schreibt sie nur auf. Der Mann im Mond sitzt in Seumes Kopf, der in seiner Stube in Leipzig über das Manuskript eines Reiseberichts gebeugt ist. Die Idee, den Lebenslauf und den Lauf der Welt als Vernunftzielen folgend zu beschreiben, ist eine Romanphantasie: »Es ist zwar ein befremdlicher und, dem Anscheine nach, ungereimter Anschlag, nach einer Idee, wie der Weltlauf gehen müsste, wenn er gewissen vernünftigen Zwecken angemessen sein sollte, eine *Geschichte* abfassen zu wollen; es scheint, in einer sol-

chen Absicht könne nur ein *Roman* zu Stande kommen.«
Das ist nicht Seume, das ist Kant: *Idee zu einer allgemeinen Geschichte in weltbürgerlicher Absicht*. Für Kant ist es nur »dem Anscheine nach« ein »befremdlicher« Gedanke, den »Weltlauf« als »vernünftigen Zwecken« folgend zu erzählen. Wie der gesamten Tradition der Aufklärung ist ihm die Geschichte des Menschengeschlechts keine bloß zufällige Abfolge irgendwelcher Ereignisse, sondern vollzieht sich als Entwicklungsprozess. Sinn wird dem Weltlauf nicht von außen zugeschrieben, sondern ist in ihm selbst enthalten. Deshalb ist Geschichtsschreibung doch etwas anderes als das Abfassen eines Romans. Seume teilt Kants umständlichen Optimismus nicht. Lebenslauf wie Weltlauf werden nicht dadurch vernünftiger, dass man sich vernünftige Gedanken darüber macht. Seumes Ablehnung des Romans als ästhetische Gattung rührt von seiner Ablehnung der sozialen Konvention her, an die der gute, alte und schöne Roman der Aufklärung gebunden war. In der Vorrede zum *Spaziergang* heißt es:

> »In Romanen hat man uns nun lange genug alte, nicht mehr geleugnete Wahrheiten dichterisch eingekleidet, dargestellt und tausend Mal wiederholt. Ich tadle dieses nicht; es ist der Anfang; aber immer nur Milchspeise für Kinder. […] Die Geschichte ist am Ende doch ganz allein das Magazin unsers Guten und Schlimmen.«

Auch die philosophischen Romane Wielands fallen – unausgesprochen – unter diesen Vorbehalt, der kein Tadel sein will, aber recht forsche Polemik ist. Seumes Verehrung für die Person des Dichters blieb davon unberührt. Wieland wiederum gab seinen Respekt vor Seumes ungefälliger Aufrichtigkeit zu erkennen, suchte aber zugleich den damit verbundenen Aggressionsüberschuss

Der reportierte Reporter

Als geschulter Lateiner wusste Seume, woher ›reporter‹ kommt und was es bedeutet. In der Konjugation des Verbs ›reportare‹, ›zurücktragen‹, ›berichten‹, ist ›reporter‹ die Passivform der ersten Person Singular: ›ich werde zurückgetragen‹, ›ich werde berichtet‹. Eine aufschlussreiche Etymologie. Seume hatte ein – nicht immer glückliches – Faible für wortgeschichtliche Herleitungen. Vermutlich wäre er amüsiert darüber gewesen, dass der Reporter ein re-portierter sein soll, also weniger einer, der zurückträgt, auf dem Rücken den Tornister und im Kopf die Eindrücke, als einer, der zurückgetragen wird; nicht nur einer, der berichtet, sondern einer, der berichtet wird. Wenn ich mich erzähle (Aktiv), werde ich auch von mir erzählt (Passiv). Seume reist und sieht sich beim Reisen zu, er schickt von unterwegs Briefe nach Hause und schreibt dann zu Hause ein Buch wie von unterwegs. In der Erinnerung wird das Subjekt sich selbst zum Objekt. Aber zu einem Objekt, das als Subjekt fingiert wird. Einmal um die eigene Achse gedreht und schon sieht die Welt ganz anders aus. Überall Risse und Sprünge. Dass diese Risse und Sprünge von Seume nicht kunstfertig mit Rhetorik überspielt, sondern durch narrative Nachlässigkeit noch hervorgehoben werden, verschafft diesen literarischen Diskursen über das Hin- und Herlaufen in der Welt ihre lebendige Unberechenbarkeit. Dem Autor ist die Stimmigkeit der Perspektiven gleichgültig, und so gehen wir Leser im einen Moment neben ihm auf der Landstraße und stehen im nächsten wie der Schatten der Nachwelt hinter seinem Stuhl und blicken ihm über die Schulter aufs Blatt.

Die Reportage hatte sich um 1800 noch nicht als eigenständiges marktgängiges Genre ausgebildet. Aber verpuppt in der Briefform waren ihre Besonderheiten bereits vorhanden: reflektierte Anschaulichkeit, erzählte Erfahrung, im Subjekt geraffte Wirklichkeit, vom Subjekt garantierte Wahrheit.

Insofern war Seume ein Reporter vor der Erfindung der Reportage. Selbst die heute als ›faction‹ etikettierte Methode, Fakten mit Fiktionen verständlich (und konsumierbar) zu machen, findet sich in den Briefen von seinen Reisen und in den Büchern über sie. Und wie nahezu alle großen Reporter späterer Epochen hat er mit der Ausprägung eines eigenen Stils die Stilisierung seiner selbst verbunden. Wie viele nach ihm gefiel er sich in der Rolle des reisenden Abenteurers und Wanderers in der Fremde, eingehüllt in den Mantel seiner Einsamkeit, um sich gegen die Kälte der Welt zu schützen. In der warmen Stube daheim beginnt beim Schreiben das Gespräch mit den Lesern der Zukunft. Der große polnische Reporter Ryszard Kapuściński hat einmal notiert: »Schreiben ist ein Dialog, eine Polemik, darüber hinaus ist es die einzige Art, wie man sich über Jahrhunderte, Jahrtausende hinweg verständigen kann.«

einzudämmen – nicht um sich, sondern um Seume vor Seume zu schützen.

Die Romanphantasie in *Mein Sommer* wirkt wie eine Schauergeschichte. Seume steht abends auf dem Brocken, dem alten Hexen- und Gespensterberg, als ein Meteor aufleuchtet, in eine Felsenschlucht stürzt und verlöscht. Seume sucht die Stelle und findet das zusammengerollte Manuskript des Manns im Mond. Nachdem die Phantasie ausgesponnen ist, beendet Seume den Absatz:

»Das ist der einzige Roman, den ich in meinem

Leben, aber auch nur in Gedanken, geschrieben habe.«

Man könnte einwenden, so ganz stimme das auch wieder nicht. Schließlich enthalten die beiden großen Reisebücher genug Passagen, die nicht nur in Gedanken, sondern auf dem Papier geschrieben sind wie Romane. Und in manchen Romanen wiederum verschafft sich die Geschichte ihr Recht. In *Mein Leben* erzählt Seume, wie er als Schüler den *Werther* so gelesen hat,

> »da alles dort der Geschichte so gleich sieht, und vielleicht meistens Geschichte ist«.

Dennoch verfliegt die Wirkung des Romans, und der jugendliche Leser kehrt zur »echt nährenden gediegenen Diät der Geschichte« zurück, womit vor allem die antiken Geschichten gemeint waren, zum Beispiel die des Plutarch, aus denen in den höheren Lehranstalten traditionsgemäß der geistige Sozialisationskern bestand. Ausgerechnet diese schulmäßige Erziehung an den klassischen Autoren mit ihren exemplarischen Lebensläufen trieb den Bauernjungen in eine Erfahrung der Welt hinein, die alles andere als klassisch war und ihn auf abenteuerlichen Wegen in einen Schriftsteller verwandelte. Und dies wiederum macht für uns nun den Lebenslauf Seumes interessant und exemplarisch.

Und nun –

Als Seume an *Mein Leben* schrieb, ging er dem Tod entgegen. Seume hätte gegen die Formulierung vielleicht eingewandt: Das ist bei jedem Menschen immer so, von Geburt an. Doch war in seinem Fall der Gang schon ein Lauf, und sein Leben reichte nicht, um *Mein Leben* zu vollenden. Im Erstdruck von 1813 lauten die letzten Worte »Und nun«, dann folgen die Fortsetzungen von Göschen und Clodius. Dieses »Und nun«, auf das von Seume nichts mehr folgt, klingt nach ›mitten aus dem Leben gerissen‹. In Wahrheit siechte Seume dahin, schrieb zwischen den geliebten Toten aus dem alten Griechenland seine Autobiographie, exzerpierte Plutarch und notierte Aphorismen, von denen er schon ahnte, dass sie apokryph bleiben würden. Privatunterricht konnte er nicht mehr erteilen, und seinem Hauswirt, der ihn schonte, blieb er die Miete schuldig.

Die letzte Phase im Dasein des ›armen Poeten‹ war alles andere als ›romantisch‹, sein Zimmer bestimmt keine Spitzwegidylle. Dies zeigt ein Brief, den der alte Freund Schnorr von Carolsfeld im Dezember 1808 an Böttiger gerichtet hat, als wolle er über die Epochen hinweg auch uns beschreiben, wie es Seume damals ging: »Denken Sie sich, verehrtester Freund, S. sitzend mit dem Rücken gegen einen Garderobenschrank in einem großen schwarzen Armstuhl, auf dessen Lehne ein reiches adeliges goldenes Wappen sich befindet. Er selbst mit einem dicken schwarzen Bart, comme il faut, um Mund und Kinn und Wangen, angetan mit einem Pelz ohne Überzug […] Vor ihm steht ein Tisch, auf welchem seine Uhr, ein Topf mit Sophokles bedeckt, damit keine Mücke hineinfalle, ein silberner Löffel und eine silberne Klingel sich befinden. Ihm zur Seite rechts steht anstoßend an den Kleiderschrank das Repositorium mit seinen Griechen, und vor ihm das Bette mit eisernem Gestelle. Das Thermometer am Ofen und die Arzneiflasche auf dem Bücherbord unter den Griechen nicht weit vom Aristophanes«.

Etwa zur gleichen Zeit schrieb auch Seume an Bötti-

ger, ohne zu hadern, doch mit einem Sarkasmus, dessen
Schärfe man die Schmerzen anmerkt, die er doch nicht
forthöhnen konnte:

> »Irgend ein Kakodämon hat mir eine ganze Ko-
> horte Unheil in den Unterleib gejagt [...] Das soll
> ich nun mit Ricinusöl und Kalkwasser und Bären-
> traube und einer erschrecklichen Diät wieder he-
> raus kasteien. [...] Da sitze ich nun und starre halb-
> dumm hinaus ins Weiße, verschnupfe die Tage und
> verpisse blutig die Nächte, voll Grämlichkeit und
> Ärger, wenn ich nicht zuweilen über meine und an-
> derer heterogene Jämmerlichkeit lache.«

Schon im Februar hatte er Böttiger geklagt:

> »Ein Drittel von mir ist gestorben, ein Drittel ver-
> sauert, und das dritte ist fast nichts als cynischer
> Murrsinn.«

Gleichwohl schrieb er nicht nur weiter, wenn es ihm gerade möglich war, sondern versuchte, sich auch um das
Geschriebene zu kümmern. Im Juli 1808 teilte er Cotta
mit:

> »Ich habe zu meiner Selbstunterhaltung Apokry-
> phen allerlei Inhalts geschrieben: daraus schicke
> ich Ihnen das Mildeste, wenn Sie es vielleicht brau-
> chen können.«

Aber mit den *Apokryphen* ging es Seume wie mit der Vorrede zu seinem Plutarch. Sie blieben zu Lebzeiten unge-
druckt. Mit dem Stück *Miltiades*, mehr eines zum Lesen
als zum Aufführen, hatte er mehr Glück. Ebenfalls im
Sommer 1808 schickte er das Manuskript, an dem er seit
dem Winter des Vorjahres »nicht ohne Liebe gezimmert
und geputzt« hatte, an Hartknoch. Schon im Dezember
konnte er seinem alten Förderer Graf Hohenthal ein
druckfrisches Exemplar schicken. Hohenthal dankte
»in Eil« am Vorweihnachtstag, bedauerte, dass Seumes

Philosophie seiner Gesundheit zu Hilfe kommen muss und wünschte dem früheren Schützling, er möge »bald wieder hergestellt sein«.

Im Dezember 1808 bahnte sich die Bekanntschaft mit Elisa von der Recke an. Sie schickte Seume Lebensmittel auf die ›Bude‹, und nachdem er weiteren Lieferservice wegen der Diätvorschriften freundlich zurückgewiesen, aber versprochen hatte, sich persönlich zu bedanken, sobald er »einigermaßen etwas wieder flott« sei, schrieb sie in ihrer Antwort, sie habe es nur gut gemeint: »Doch ist mir der Wille des teuren Kranken heilig, den ich, ohne ihn persönlich zu kennen, als meinen Seelenverwandten betrachte [...] Mit Sehnsucht sehe ich der Stunde entgegen, wo Sie es mir im Umgange abmerken werden, wie hoch ich Sie achte, wenn gleich ich mich hüte, meinen Freunden Freundschaftsversicherungen zu geben. Worte lieben Sie, edler Mann, gewiss eben so wenig als ich, und so sei auf Zukunft unsere Freundschaft durch Handlungen geknüpft.«

Elisa übertrieb mit ihren Worten nicht und hielt mit ihren Handlungen das Versprechen, auch wenn sie bei den Worten untertrieb: Auf die war Seume in Wahrheit genauso versessen wie sie selbst.

Elisa hieß eigentlich Charlotte, war eine geborene Gräfin Medem, die geschiedene Frau eines kurländischen Aristokraten und aus beiden Gründen finanziell wohltuend unabhängig. Sie schrieb Gedichte, die alle für schlecht hielten außer Christoph August Tiedge, ihr ›Reisebegleiter‹, vulgo: Lebensgefährte. Elisa machte sich insofern um die Literaturgeschichte verdient, als sie sich um Literaten kümmerte, die es, wie Seume, dringend nötig hatten. Sie reiste gern, allerdings auf anderem Niveau als der Wanderer, und webte zwischen Dichtern und Denkern ihre Beziehungsfäden. Es gab Leute, die ihr vorwarfen, sie sammle Berühmtheiten, aber das scheint diese umtriebige und freisinnige Frau nur angespornt zu haben, diesem Vorwurf auch gerecht zu werden. In ihren frühen Dreißigern hatte sie eine Affäre mit dem falschen Grafen Cagliostro, dem Abenteurer, Goldmacher und Schwarzkünstler, der in die Halsbandaffäre der Marie Antoinette verwickelt war – jene Affäre, die in den Jahren vor der Revolution die wenig geliebte »Österreicherin« in Frankreich zusätzlich in Misskredit gebracht hatte. Als Elisa sich Seumes annahm, war sie Anfang fünfzig, und der ergebene Tiedge seit einem halben Jahrzehnt ihr ständiger Begleiter: ebenjener Tiedge, selbst ein Lyriker, der für die von Seume nicht autorisierte Veröffentlichung des autobiographischen Gedichts *Kampf gegen Marbona bey der Genesung niedergeschrieben v. J. G. S. im Februar 1809* verantwortlich war.

Im Mai 1809 sah sich Seume gezwungen, ein Versprechen zu brechen, das er sich selbst coram publico in der Vorrede zum *Spaziergang* gegeben hatte:

> »Ich habe mich in meinem Leben nie erniedriget, um etwas zu bitten, das ich nicht verdient hatte; und ich will auch nicht einmal immer bitten, was ich verdiente.«

Die Bemerkung fällt nach einem kurzen Bericht über den »förmlichen ehrenvollen Abschied« aus russischen Diensten, den Seume mühsam hatte erstreiten müssen und der nicht mit einer Pensionszahlung verbunden gewesen war. Um eine solche nun doch zu erlangen, wandte sich Seume im Mai 1809 an Friedrich Maximilian von Klinger, dem er auf seiner »nordischen Reise« vier Jahre zuvor begegnet war:

> »Hochwohlgeborener Herr,
> Hochzuverehrender Gönner.

Es kostet meiner Sinnesart viel Überwindung, Ew. Hochwohlgeboren Wohlwollen in Anspruch zu nehmen; aber ich bin genötigt, und es ist meine einzige ehrenvolle Ausflucht. Ich hoffe, dass Sie sich Ihres alten Syrakusischen Wandlers noch mit Güte erinnern. Bis in das sechsundvierzigste Jahr war meine Gesundheit musterhaft. Seit einem vollen Jahre leide ich an einem Übel, das mich nur halb leben lässt. Hämorrhoidalzufall mit hartnäckiger Blasenentzündung haben mich zum Skelett meines alten Wesens gemacht. Aber Strapazen und im Dienst nicht fehlende und vernächlässigte Erkältungen haben die Krankheit erzeugt und so heillos verschlimmert. Den ganzen vorigen Sommer habe ich gekränkelt und wenig arbeiten können, der Winter ist unter heftigen Schmerzen vergangen und bis jetzt zeigt sich wenig Besserung. Seit einem vollen Jahre habe ich nicht zwei Stunden ununterbrochen geschlafen, habe zuweilen täglich in der Frühe ein Nefel [einen Napf] Blut geharnt, zehn Wochen durfte ich nicht schreiben, nicht lesen und nicht reden, und auch jetzt geschieht alles nur kurz und mit großer Anstrengung […] Ich habe keinen Heller Vermögen, kein Amt, kein anderes Erwerbsmittel. Als Siechling kann ich also nicht leben: arbeiten kann ich nicht und betteln mag ich nicht. Meine Freunde würden mich wohl nicht Hunger und Not leiden lassen; aber wer kann in der Länge diese Art von Fristung ertragen. Ihro Maj. [der Zar] ist der einzige Mensch der Erde, den ich einigermaßen als einen Schuldner anzusehen berechtigt bin. Es war eine Zeit, wo ich wesentlich wichtige Dienste leistete; darunter Dinge, die mancher Oberst nicht arbeiten konnte. […] Würden Sie die Güte haben, meine Sache dem Kaiser vorzutragen und zu hören, ob ich einige Hoffnung habe, dass die Notdurft mir bald geschickt werde.«

Klingers Antwort fiel niederschmetternd aus: »Mit dem größten u. innigsten Bedauern, mein wackrer, edler Seume, hab' ich Ihren traurigen Brief gelesen, und mit welchem Gesicht ich Ihnen nun antworte, werden Sie, da ich glaube, von Ihnen gekannt zu sein, daraus schließen, wenn ich Ihnen sagen muss, dass ich zur Erfüllung Ihres Wunsches nichts beitragen kann.«

Der Einfluss Klingers in Petersburg war geschrumpft, und sein Zugang zur Macht hatte sich verengt. Er hätte wohl nichts für Seume tun können und wollte seine schwierige Situation nicht durch ein ohnehin aussichtsloses Unterfangen weiter verkomplizieren. Enttäuscht wandte sich Seume an Wieland. Der kluge alte Mann »will Klingern nicht von allem Vorwurf freisprechen«, entschuldigt ihn aber damit, »dass sein ehemaliger Kredit aus Ursachen, die ihm wahrscheinlich mehr Ehre als Schande machen, bei Hofe sehr gefallen sein soll«.

Das Wichtigste aber ist: Wieland nimmt die Fäden in die Hand – diejenigen zwischen den Hofdamen in Weimar und Petersburg. Seume möge eine Eingabe an die Zarin aufsetzen und durch eine autobiographische Skizze für Wieland ergänzen. Die Eingabe würde Wieland persönlich mit der Bitte um Weiterleitung an Maria Pawlowna überreichen, die Gattin des Weimarer Erbprinzen Carl Friedrich und Schwester von Zar Alexander.

Seume setzt das Gesuch auf, nicht ohne daran zu erinnern, dass er von der Zarin einmal »mit vorzüglicher Huld« empfangen worden sei. Er bittet und beugt sich, und erhebt doch tapfer gleich wieder das Haupt:

»Ich kann nicht bergen, dass ich es für die Pflicht

des Kaisers, ihres Sohnes, halte, sich meiner anzunehmen.«

Schließlich kommt er sogar auf das Verbot von *Mein Sommer* in Russland zu sprechen, wenn auch ohne die Sache direkt beim Namen zu nennen:

> »Was vielleicht gegen mich gesagt wird, das kann ich getrost mit der heiligsten Pflicht für Wahrheit und Recht, deren Beschützerin Ew. Majestät gewiss sind, verteidigen; und wenn etwas geopfert werden muss, so opfere ich doch eher Glück und Leben als Überzeugung und Charakter.«

Wieder einmal bleibt Seume sich treu und beharrt noch in seiner Not auf der Ehre, nie seine Gesinnung zu verleugnen. Man kann das Sturheit nennen, mangelnde Flexibilität, Prinzipienreiterei, närrische Unbeugsamkeit – oder Überzeugungsstärke, Integrität, moralische Tapferkeit. Je nachdem, wie das Urteil ausfällt, gibt es immer auch Auskunft über den Urteilenden. Wieland in seinem kopfschüttelnden Großmut nannte den Brief »etwas sonderbar stilisiert«. Er war mit seinem Einsatz erfolgreich, kam aber zu spät. Als er positiven Bescheid aus Russland erhielt, um ihn an Seume weiterzuleiten, war dieser gerade gestorben. Betrübt schreibt Wieland an Böttiger: »Wie große Ursache Er [Seume] hatte, sich über den [die] Neckereien einer bösartigen Fortuna, die ihn durch sein ganzes Leben verfolgten, zu beschweren, davon ist wohl der stärkste Beweis, dass mir nur zwei Tage, nachdem ich die traurige Nachricht von seinem Tod von Ihnen erhielt, eine Depeche mit einer […] äußerst graziösen Antwort der K[aiserin] M[utter] auf einen in der Tat etwas sonderbar stilisierten Brief unseres sel[igen] Freundes an sie, zugleich mit der positivsten und reellsten Versicherung eines Jahrgehalts […] von unserer Frau G[roß] F[ürstin] zugestellt wurde«.

Im Juni des Vorjahres hatte Seume noch die Einladung zur Sommerfrische auf einem Landgut in Connewitz angenommen, wenn auch mit sehr zurückhaltenden Hoffnungen, wie er Cotta wissen ließ:

>>Weiß der Himmel, ob der Sommer so viel gut machen wird, als der Winter zu verderben droht.<<

Die Skepsis war berechtigt. Die Landluft brachte Seume nicht wieder auf die Beine. Im August 1809 klagte er bei Hartknoch:

>>Mich däucht, meine Freunde überlassen mich nach und nach mir selbst und tun wohl daran: jeder für sich. Auch würde mich Mitleid bald töten. Wenn mir dieser Sommer nicht wohl tut, bin ich ein verlassener Mann, und ich sage Ihnen, ich fürchte mich mehr vor dem Leben als vor dem Tode.<<

Gegen Ende des Jahres 1809 konnte er Böttiger endlich Besserung melden nach einem etwas matten Kalauer über den noch einmal verschobenen Tod:

>>Man hat Ihnen, wie ich höre, geschrieben, dass ich wohl mit dem Blätterfalle hinfallen würde. Die guten Leute haben das geglaubt, und ich habe es gewünscht. Das wird nun aber wahrscheinlich für diesmal nicht geschehen; denn meine Gesundheit bessert sich seit ungefähr vier Wochen so merklich, dass Hoffnung zu einer leidlichen Genesung eintritt. [...] Das Schicksal macht es mir nun mehr schwer, meinen Charakter durchzutragen: aber ich werde es, und sollte ich auch meine Zuflucht zu den letzten stoischen Mitteln nehmen. Es kommt mir vor, als ob viele meiner Freunde sich teils merklich, teils sehr leise zurückzögen. Das hat niemand nötig; ich hoffe nie gezwungen zu werden, jemand im gewöhnlichen Sinne des Wortes beschwerlich zu fallen.<<

Im Februar 1810 schrieb er Wieland einen Brief, aus dem Dankbarkeit darüber klingt, doch jemandem »beschwerlich fallen« zu dürfen:

> »Eine Freundin [...] habe ich mir hier in der Frau von der Recke gewonnen. Die Frau hat weit mehr Geist als ich glaubte und nach ihrer Geschichte mit Cagliostro zu glauben befugt war; aber ihr moralisches Wesen ist eines der reinsten und schönsten, das ich habe kennen lernen. Sie nimmt sich meiner mit wahrhaft großmütiger Seele an und ihr und Tiedges Umgang, der bei ihr lebt, erheitert mir viele Stunden, die sonst sehr trübe vorbeiziehen würden. Nur wird sie uns leider mit der eintretenden schönen Jahreszeit verlassen um nach Töplitz zu gehen.«

Das böhmische Töplitz[*], bekannt für sein wohltuendes Quellwasser, war ein beliebtes Ziel für Leute, die Erholung brauchten. Goethe ruhte sich dort gelegentlich von seinen Amtsgeschäften aus, Böttiger schickte seine kränkelnde Frau zur Kur, und Elisa von der Recke genoss dort mit Tiedge den Frühling. Die beiden beschlossen, den kranken Mann, den sie in Leipzig zurückgelassen hatten, nachzuholen, und am 16. Mai 1810 setzte Tiedge den »geliebten Seume« über die Vorbereitungen ins Bild, die getroffen worden waren: »Frau von der Recke [hat] mit einer gewissen Mamsell Fanny, welche die Selbstbeherrscherin des hiesigen, sehr gut eingerichteten Wirtshauses und Ihnen schon im Voraus sehr zugetan ist, die Verabredung getroffen, dass Sie sogleich bei Ankunft im sogenannten goldenen Schiff, so heißt das hiesige beste Wirtshaus, ein bequemes Zimmer und ein

---

[*] Töplitz entspricht dem (damals) böhmischen Teplitz und dem (heute) tschechischen Teplice. Seumes Schreibweise wird beibehalten.

gutes, warmes Bett vorfinden.« Dann lud er Seume ein, als ginge es zum Sterben:»Kommen Sie daher nur sorglos nach Töplitz und so ruhig, als reisten Sie in jene Welt hinüber, wo ebenfalls irgend ein Engel jedem wackern Manne seinen Platz bereit halten wird.« Seume nahm die Einladung an und starb.

Im *Goldenen Schiff*

»Gegen Ende des Monats Mai 1810 traf Seume in Töplitz ein, wo er im goldenen Schiffe, oder der sogenannten Töpferschenke, eine Stube bezog, welche ihm die heiterste Aussicht auf die Stadt und das Bad, von dem er noch entscheidende Hilfe hoffte, auf ein paradiesisch grünendes Tal, mit hohen, im Frühlingsdufte schwimmenden Bergen, aber auch die Stelle seines künftigen Grabes gewährte.«

So heißt es auf den letzten, von Christian August Heinrich Clodius stammenden Seiten von *Mein Leben*. Der Leipziger Poetikprofessor kannte Seume seit vielen Jahren, und als Seume das Bett nicht mehr verlassen konnte, bezog er eine Stube im Stockwerk über dem Sterbezimmer. Er war Seume in dessen letzten Tagen am nächsten. Elisa und Tiedge wohnten im sogenannten ›Fürstenhaus‹ bei Freunden.

Als Seume nach Töplitz kam, hatte er trotz der Schmerzen noch Hoffnung. In seinem Notizbuch war die Route einer Rheinreise verzeichnet, und er hielt sein Geld zusammen, weil er es für diese Reise zu brauchen glaubte. Aber die böhmischen Wasser halfen ihm nicht. Das aus den Töplitzer Stadtbrunnen war lauwarm und blieb auch nach der Kühlung fade; das Wasser aus der benachbarten Brunnenstadt Bilin war Seume zu sauer; das aus dem Mariabrünnlein des Klosters Mariaschein schmeckte ihm nicht. »Seume war [nun] einmal an das Selterwasser gewöhnt, welches man anfangs aber in Töplitz vergebens suchte«, notiert der aufopferungsvolle Clodius. Und auch, dass es Seume dann doch noch gelang, ein paar übrig gebliebene Flaschen aufzutreiben. Die unverhofft gefundene »Panazee«, wie Clodius mit resigniertem Spott schreibt, konnte Seume das Leben nicht retten – nicht einmal die Illusionen, die er sich über seine Gesundung bis dahin gemacht hatte. Die letzte Wanderung begann: Nach einem leichtsinnigen Fußmarsch bei Wind und Wetter hinaus zum Baden verschlimmerte sich sein Zustand, und nachdem er sich noch einmal zu Elisa von der Recke und Tiedge geschleppt hatte, ging es, zurück im Gasthaus, nur noch vom Tisch zum Sofa und vom Sofa ins Bett.

Die Parzen sind weiblich, aber Mamsell Fanny, die Wirtin vom *Goldenen Schiff*, mochte nicht dulden, dass Seume der Schicksalsfaden bei ihr abgeschnitten wurde. Obwohl sie Seume »schon im Voraus sehr zugetan« war, wie Tiedge in seinem Einladungsbrief zu viel versprechend geschrieben hatte, verlangte sie nun, der Kranke möge von Bord gehen. Die Zeit, für die das Zimmer gemietet war, sei abgelaufen, und neue Gäste hätten gebucht. Der Wirt einer Unterkunft in der Nachbarschaft weigerte sich jedoch, den Sterbenden aufzunehmen. In einem Badeort, wo die Leute genesen sollen, sind tote Gäste in den Betten keine gute Empfehlung für Hotels. Also war Seume »juristisch genommen eigentlich ohne Quartier«, wie Clodius es ausdrückt. Er versuchte, von der Wirtin die Umbettung des Sterbenden in sein eigenes Zimmer zu erreichen, wenn das andere schon geräumt werden musste. »Mit vieler Mühe und nur durch die Dazwischenkunft der angesehensten Männer von Töplitz, ja der Polizei selbst, gelangen unsere Vorstellungen, die bisherigen Wirtsleute zu bewegen, ihm die Stätte, wo er krank gelegen hatte, auch zum Sterben zu lassen. Während man indes noch über diesen irdischen Wohnungswechsel stritt – löste Seume selbst den Knoten, brach seine morsche Hütte ab, und vertauschte die irdische Wohnung mit der friedlichen und seligen im Schoße seines Schöpfers.«

Nachruhm

In der *Leipziger Zeitung*, ebenjener, die beinahe dreißig Jahre zuvor Seumes Verschwinden aus der Stadt gemeldet hatte, gaben Schnorr von Carolsfeld und Göschen bekannt: »Den 13. Juni starb Seume in Töplitz. Die Frau Gräfin von der Recke, Tiedge und Clodius sorgten für ihn.«

Das letzte Wort über einen Toten haben die Lebenden. Clodius sprach sein erstes letztes Wort an Seumes Grab, wiederholte es in seiner Nachschrift zu Seumes *Leben*, machte 1812 »Noch einige Worte über Seume« in der *Minerva* und ließ 1819 noch mehr folgen in einer von ihm besorgten Ausgabe der *Apokryphen*.

Die Grabrede wurde gehalten im Beisein Elisas von der Recke und Tiedges, etlicher anderer Freunde sowie anteilnehmender Kurgäste, darunter Professor Fichte mit Gattin. »Ach«, sagte Clodius bei Seumes Begräbnis und schrieb es ihm ins *Leben*: »der rauhe Sohn der Natur, mit gradem Blick, mit dem tiefsten, brennendsten Gefühle des Rechts im Herzen, und dieses Herz auf der Zunge tragend, konnte seine Menschen nur zürnend, nur murrend lieben.«

In der *Minerva* schrieb Clodius: »Besonders sind solche von ihrem Schicksale wunderlich geführte Autodidakten, die sich zu einer gewissen literarischen Bildung von selbst emporschwingen, die Lieblinge des Volkes, und finden teilnehmende Freunde unter allen Ständen, weil ihr Beispiel jedem zum Trost gereicht, und beweist, was der Mensch durch sich selbst vermöge.« Die Bemerkung vom »wunderlich geführten Autodidakten« ist etwas wunderlich geführt. Seume hatte höhere Schulen besucht, studiert und das Studium im zweiten Anlauf auch abgeschlossen. Autodidaktisch kann man das nicht nennen. Und Clodius meint eigentlich auch etwas anderes, nämlich dass Seume eine intellektuelle Sozialisation erfahren hatte, wie man es heute ausdrücken würde, die für seinesgleichen eine Ausnahme war – und zwar eine in der Regel (!) eben tatsächlich autodidaktische Ausnahme. Clodius meint weiterhin, Seume sei ein ewiger Dilettant gewesen und habe auch nie etwas anderes werden wollen.

Daran ist etwas – Halbwahres. Der fröhliche Dilettantismus der Aufkärung mit dem schönen Hang zur selbstbewussten Selbsterziehung war gegen Ende des Jahrhunderts längst auf dem Rückzug vor einem sich in immer kleinere Gebiete verzweigenden Expertentum. Der melancholische Dilettantismus der Frühromantik wiederum mit dem ästhetisierenden Kult ichfixierter Innerlichkeit musste dem Weltmenschen Seume fremd bleiben. Er stand so sehr zwischen den Zeiten und außerhalb der sogenannten normalen Verhältnisse, dass er nicht einmal im Dazwischen- und Außerhalbstehen einer literarischen Gruppe oder geistigen Strömung zuzuzählen ist. Seume ist nicht gegen den Strom geschwommen, sondern aus ihm herausgestiegen. Und gelegentlich hat er hineingespuckt.

Darauf konnte ein Mensch wie Clodius trotz seiner Verdienste um den Menschen Seume nur mit dem Öffnen einer Schublade reagieren, auf der »Original« geschrieben stand: »Seumes Denkart war nicht überall so originell wie sein Schicksal«, schreibt er in seiner Ausgabe der *Apokryphen* von 1819, und ergänzt, dass »Seumes Subjektivität immer noch für weit interessanter gehalten worden ist, als das Resultat seiner schriftstellerischen Bemühungen«. Man kann einen Schriftsteller auch dadurch erledigen, dass man ihn zum interessanten Menschen macht.

Seumes ehemaliger Chef und stets treuer Freund Göschen betonte in seinem Nachruf in der *Zeitung für die elegante Welt* vom 28. Juni 1810 ebenfalls diese Seite: »Seume hat endlich durch sich selbst sein Schicksal bezwungen. Allgemeine Achtung, Liebe und Freundlichkeit guter Menschen in allen Klassen, von den Fürsten bis zu den Handwerkern herab, haben ihm die Leiden seiner früheren Jahre vergolten. Auch bezwang er sich selbst, dass der Unwille und [das] Misstrauen gegen die Zeitgenossen nicht überging auf die einzelnen. [...] Wer war ein teilnehmenderer Freund im Glück und Unglück, als er? Wenn ich [...] krank war, kam er, der selbst nur noch schleichen konnte, zuerst an mein Bett und schied nie von mir, bis er meinen Geist erheitert hatte. Wer hat zarter und tiefer empfunden als er, der ernste, oft hart scheinende Mann empfand? Sein Unwille über die Menschen und sein Ingrimm über das Verderbnis, entstand aus Liebe und Achtung für die menschliche Natur, wie sie in großen Menschen des Altertums seiner großen Seele vorschwebte.«

Göschen gibt in seinem Teil der Fortsetzung von Seumes *Leben* auch zu Protokoll, was Wieland »seinem« Seume nachgerufen, besser: nachgesagt hat, denn einen regelrechten Nachruf hat Wieland nicht verfasst: »Wieland nannte Seumen, wegen seiner Tugenden und wenigen Bedürfnisse, den edlen Cyniker, einen Menschen von großem Wert. Dieses Lob des berühmten und liebenswürdigen Mannes hat ihn sehr glücklich gemacht und wird ihn ehren bei allen, welche den Beifall der Besten unter den Menschen für den höchsten Ruhm halten, den ein Sterblicher gewinnen kann.«

Wieland selbst hatte zwei Wochen nach Seumes Tod an Böttiger geschrieben: »wenige Menschen sind mir im ganzen Lauf meines Lebens so lieb, meinem Herzen so nahe worden wie Seume, und ich habe Ursache zu glauben, dass auch ich von wenigen so geliebt worden bin wie von ihm«.

Böttiger wiederum veröffentlichte einen vierteiligen Nachruf in der *Allgemeinen Zeitung* und im Dezember eine »Nachlese über Seume« in der *Zeitung für die elegante Welt.* Schon im Juli hatte Böttiger während eines Besuchs bei seiner in Töplitz kurenden Frau in einen Brief an Tiedge geschildert, wie er an »unseres unvergesslichen Seume Grabe« gestanden und »den herrlichen Kernmenschen« betrauert habe.

Tiedge erklärte in seinem Nachruf in der *Zeitung für die elegante Welt* über Seume: »Er sprach im Namen der Menschheit, wenn er von sich sprach, wahr und furchtlos. Ach! auch diesen edlen, festen Mann hat unser Vaterland verloren! Möge uns sein Genius bleiben und jüngere Geschlechter begeistern, in ihrer Art und Weise zu leben und zu wirken wie er!«

Etwa zur gleichen Zeit schrieb Elisa, die sich um eine ehrende Grabstätte in Töplitz kümmerte, an Böttiger: »Aber in Leipzig, wo er gelebt und gewirkt hat, da wünschte ich, dass dem edlen deutschen Kraftmann von den Verehrern seines Geistes und Charakters auf dem öffentlichen Spaziergang, auf einer der schönsten Stellen, ein würdiges Denkmal gesetzt würde.«

Elisas Wunsch ging nicht in Erfüllung. Es gibt Denkmale in Teplice und Bremen, und es gibt eine Gedenkstätte in Grimma. Leipzig ließ sich zweihundert Jahre Zeit für eine derartige Ehrung. 2010 wurde eine Gedenktafel an einem Haus enthüllt, in dem Seume eine Mansarde bewohnt hatte. Doch so wichtig ist es auch nicht, ob man den hoffnungslos Heimatlosen irgendwo festnagelt oder den Wanderer in Gestalt einer Statue irgendwo anders auf der Stelle treten lässt.

Wie Wieland, Seumes letzter »Vater«, seinen Schützling überlebte, so überlebte ihn auch sein früher Förderer, Graf Hohenthal. Er saß im Publikum, als August Mahlmann am 24. Juni 1810 in der Leipziger Freimaurerloge »Minerva zu den drei Palmen« eine Rede auf Seume hielt, obwohl der kein Freimaurer gewesen war: »Mit Anerkennung seines Werts wird sein Name in ganz Deutschland genannt und sein Grab wird noch oft von guten Menschen besucht werden, die mit Liebe des unglücklichen, aber edeln Menschen gedenken.«

Schon im ersten Jahr nach Seumes Tod erschienen für seinen Nachruhm wichtige Werke: Neben der *Ausflucht nach Weimar* vor allem das *Kurze Pflichten- und Sittenbuch für Landleute*, als *Ein Nachlass moralisch-religiösen Inhalts*, herausgegeben von Pfarrer Johann Samuel Vertraugott Schieck, und die *Apokryphen*, in zensierter Fassung enthalten in einer erweiterten, von Schnorr ergänzten Neuausgabe des *Spaziergang*. 1813 folgte von Göschen und Clodius herausgegeben *Mein Leben*.

Das Buch für die »Landleute« war das, was man einen verlegerischen Coup nennen könnte, und hat Seumes Ruf zum Glück nicht nachhaltig – man muss schon sagen: beschädigt. Verleger gehen manchmal buchstäblich, weil posthum buchdruckend, über Leichen, wenn nur Aussicht auf Erfolg besteht. Göschen kaufte das Manuskript des ursprünglich von ihm abgelehnten *Pflichten- und Sittenbuchs* dem Pfarrer ab, dem Seume es vor seiner Reise nach Sizilien geschenkt hatte. Im November 1810 schrieb er an Böttiger: »Es ist etwas Köstliches für jetzt, was damals [als Göschen den Text nicht drucken wollte] nicht zweckmäßig war. Wie werden die Leute staunen! Wie, werden sie sagen, Seume war ein so frommer, tief fühlender, religiöser, [...] ein so wackerer Christ.« Auch Pfarrer Schieck schubst Seume im Vorwort in diese Richtung: »Diese Blätter sind doch ein schönes Zeugnis für unsers verewigten Freundes religiöse Weltansicht und jenen frommen Sinn, den er wohl in seinen Handlungen, aber nicht in seinen übrigen Schriften anderen Inhalts auszusprechen Gelegenheit hatte.«

Will der Spitzkopf den Plattköpfen damit sagen, dass Seume »in seinen übrigen Schriften« zwar anders argumentiert, es aber nicht so gemeint habe? Sollte Pfarrer Schieck mit einem Vorwort sämtliche Schriften Seumes erledigen und der apokryphe Revolteur doch nichts weiter als ein harmloser Polterer gewesen sein? Zum Glück stellte Sachsens Polizei Seumes Ehre wieder her. Die von Schnorr besorgte Neuausgabe des *Spaziergang*, wegen der aufgenommenen *Apokryphen* vorsichtshalber ohne Verlagsangabe erschienen, zog gleichwohl bei Hartknoch in Dresden eine Hausdurchsuchung nach sich. Schnorr und Hartknoch konnten sich mit der Ausrede herauswinden, sie hätten das Material nach bloß oberflächlicher Sichtung zum Druck nach Jena befördert, und wer dort für die Zensur zuständig gewesen sei, wisse man nicht. Verleger Hartknoch und Schnorr, als Akademiedirektor inzwischen eine Persönlichkeit in Dresden, wurden nicht weiter belangt, zumal bei der Hausdurchsuchung keine Exemplare mehr gefunden worden waren. Fünf Jahre später erinnerte ein heute nicht mehr ermittelbarer Rezensent in den Ergänzungsblättern zur *Jenaischen Allgemeinen Literaturzeitung* an den Vorfall. Zu den *Apokryphen* heißt es, ihre Gedanken seien zwar auch schon im Spaziergang zu finden, versteckten sich dort aber in »gutmütigen Umgebungen«, während sie »hier lakonisch, unmutig, zornig, scharf, beißend, Schlag auf Schlag, und zum Teil mit Unermüdlichkeit vielfach gewendet und wiederholt, ein feindseliges Ansehen gewinnen.«

Das war durchaus nicht lobend gemeint. Doch mag nach dem Pfarrersvorwort die üble Nachrede von damals heute der Wiederherstellung von Seumes Nachruhm als politischer Schriftsteller dienen.

In den ersten Jahrzehnten nach Seumes Tod dominierte das Image des »herrlichen Kernmenschen«, wie Böttiger, des »edlen deutschen Kraftmanns«, wie Elisa es ausgedrückt hatte. Ganz auf dieser Linie schrieb 1837 der nicht ganz vierundzwanzigjährige Friedrich Hebbel in seinem Tagebuch über den *Spaziergang*: »Ein Buch, wie ein dunkler Strom, der nicht die Dinge, sondern ewig sich selbst widerspiegelt. Man muss recht viel Interesse an dem Verf. nehmen, wenn sein Buch etwas Interesse gewähren soll. Aber, wer nähme denn auch an Seume, diesem Eisen-Abguss beharrlichen Männer-Willens, kein Interesse.«

So gelesen wäre der *Spaziergang* nicht die Reportage einer Reise in die Welt, sondern die einer Reise ins Innere. Dies stimmt – und stimmt auch wieder nicht. Die literarische Ambiguität zwischen Pilgerbericht, Sozialreportage und Konfession macht die ästhetische Qualität des Buches aus. Es ist ein Chamäleon und passt sich der Gemütsfärbung seiner Leser an.

In Hebbels Tagebüchern findet sich die Bemerkung: »Die Aufgabe des glücklichen Menschen ist, sich zu entwickeln; die des unglücklichen, sich zu *vernichten*. Ganz gewiss!« In den Nachrufen ist oft (und gern?) vom unglücklichen Seume die Rede. Und zweifellos gehört er nicht zu den glücklichen Selbstentwicklern, als deren größter dem deutschen Bürgertum bis heute Goethe gilt, sondern auf die Seite derer, die bei der Selbstfindung verloren gehen – sich und anderen.

Das Image, das Seume auf ein sich selbst verzehrendes Kraft- und Originalmenschentum festlegte, verkitschte im Biedermeier zur schwächlichen Idylle. 1867 reimte Albert Traeger in der *Gartenlaube*: »Verlassen bist Du, Armer, nun nicht länger,/Die Eiche hütet treulich Deinen Traum,/Du warst es wert: es darf der deutsche Sänger/Wohl Frieden finden bei dem deutschen Baum.«

Vier Jahre später wurde in Versailles ein preußisch-deutsches Reich gegründet, und auf den deutschen Kitsch folgte der preußische Kult. Im Klima des aufschwellenden wilhelminischen Triumphalismus wurde Seume zum deutschnationalen Vorkämpfer umgedeutet (und herabgewürdigt). Bei der Enthüllung des 1895 in Töplitz errichteten Denkmals machte man ihn, den kleinen Mann mit dem schadhaften Fuß, zum »Vorläufer des Turnwesens« und rechnete ihn »zu den Erneuerern unseres Volkstums«. Kaiser Wilhelm soll für das Denkmal gespendet haben. Ob er wusste, dass dieser neu ernannte Nationaltote zu Lebzeiten ein unsicherer Kantonist gewesen und aus dem preußischen Militärdienst desertiert ist?

In der Vorrede der als Quellensammlung unverzichtbaren, intellektuell bedeutungslosen und ideologisch verrannten Seume-Studie von Oskar Planer und Camillo Reißmann von 1898 und 1904 wird die nationale Trommel besonders laut geschlagen, immer mit verächtlichem Blick über den Rhein: »Seumes Hauptbedeutung liegt unstreitig auf politischem Gebiete, in seiner Wirksamkeit als Charakter und deutschnationaler Patriot.

Zwar huldigte auch er im Anfange dem von Frankreich ausgehenden Gedanken eines allgemeinen Weltbürgertums, brach aber mit jenen Träumereien, als er sah, dass die Franzosen einer vernünftigen staatlichen Freiheit selbst nicht fähig waren, und wendete den Blick auf die nächstliegenden, der Lösung harrenden Aufgaben im Vaterlande. […] Es war Seume vom Schicksal nicht beschieden, die Saat, die er ausstreute und den Funken nationaler Begeisterung, den er weckte, zur Flamme emporlodern zu sehen, aber sein Geist blieb wirksam in unserm Volke.«

Seume war nicht wirklich Demokrat, dafür hing er zu sehr an der Idee einer alles leitenden Instanz, und schon gar kein Jakobiner. Aber nur ein Denken unter der Pickelhaube konnte ihm dermaßen die Worte im Mund oder die Sätze auf dem Papier verdrehen und den Patriot ohne Vaterland als borussischen Franzosenfresser aus seinem böhmischen Grab holen.

Die Nazis wussten es besser und ließen ihn lieber in Ruhe. Mit ihm war völkisch kein Staat zu machen. Für ein Leben im Modus aktiver Selbstgleichschaltung hätte seine notorische Widerspenstigkeit ohnehin nicht getaugt, auch vor der Rolle des passiven Mitläufers wäre er davongerannt.

Seume vermag bis heute zu faszinieren, weil er lebte wie er schrieb und schrieb wie er lebte: abenteuernd und heimatlos im Denken, Fühlen, Handeln und sogar noch im Nichthandeln, im Neinsagen und Nichtsmehrsagen. Er war kein epochaler Mensch, lebte (und litt) aber in einer Menschheitsepoche, in der überlieferte Werte, religiöse Traditionen, sozial ererbte Gewohnheiten, einstmals unantastbare Privilegien und alte Herrschaftsrechte in einer Nachdrücklichkeit und Geschwindigkeit infrage gestellt wurden wie niemals zuvor. Damals öffnete sich die Zukunft, die noch immer unsere Gegenwart ist und weiter unsere Aufgabe bleibt. Seume galt in seiner Zeit nicht als treibende Kraft, und kann auch uns nicht als solche gelten, weder in seinen Schriften, noch in seinem Handeln. Er litt (und lebte) in seiner Zeit als Zeuge, machtlos, wo er beobachtete, und ohne Einfluss, wo er teilnahm oder gezwungen wurde, teilzunehmen. Seine eigene Zerrissenheit entsprach der Zerrissenheit der Epoche, wo so viel Neues entstand und so viel Altes zugrunde ging. Aus seiner Persönlichkeit konnte er so wenig heraus wie aus seiner Zeit, und zugleich fand er in beides nie recht hinein. Seine Gemütsmischung aus Fragilität und Zähigkeit befähigte ihn wie nur wenige andere Schriftsteller, sich sein Leben im Wortsinn selbst zuzuschreiben – und zwar ohne die bildungsromanhafte und bildungsromantische Illusion, des Menschen Schicksal sei leicht wie die Feder, die man in die Hand nimmt, um darüber zu schreiben.

Leser, kommst Du nach Teplice, besuche den Seume-Park. Er ist leicht zu finden. Man muss bloß nach dem Spielcasino fragen. Erstaunlicherweise trägt es ebenfalls den wenig glückverheißenden Namen. In einem Parkeckchen in der Nähe steht eine Büste auf dem Sockel. Nebenan bröckelt eine alte Kapelle vor sich hin. Hinter der Kapelle befindet sich das, was man aus alter Anhänglichkeit ans Sinnbild vom Leben als Wanderschaft eine ›letzte Ruhestätte‹ nennen mag. Manchmal sitzen Mädchen auf dem gewölbten Grabstein und telefonieren.

Zeitläufe und Lebenslauf

Die Datierungen folgen dem Gregorianischen Kalender. Dies gilt auch für Russland, wo dieser Kalender erst ab Februar 1918 Anwendung fand, und für Frankreich zwischen Herbst 1792 und Ende 1805, als der Gregorianische durch den Republikanischen Kalender ersetzt worden war.
Die **Daten** zu Seume und die *Titel* seiner Publikationen sind gefettet.

1763
Der Friede von Hubertusburg zwischen Preußen, Österreich und Sachsen beendet den Siebenjährigen Krieg (15.2.). Im parallel geführten Kolonialkrieg zwischen Frankreich und England behält England die Oberhand in Nordamerika.

29. Januar: Geburt Seumes als erstes von fünf Kindern der Eheleute Andreas und Regina Christina Seume in Poserna (Sachsen).

1764
Auf Druck Katharinas II. von Russland wird zum König von Polen Stanislaus II. gewählt (7.9.).

1765
Joseph II., Sohn der seit 1740 in Österreich regierenden Maria Theresia, wird nach dem Tod seines Vaters Franz I. Deutscher Kaiser (18.8.). Goethe zieht im Oktober zum Studium nach Leipzig.

1766
Wielands *Geschichte des Agathon* erscheint.

1767
Lessing veröffentlicht *Minna von Barnhelm oder das Soldatenglück.*

1768

Die Republik Genua verkauft Korsika an Frankreich (15.5.).

1769

Geburt Napoleons auf Korsika (15.8.).

1770

Seumes Eltern verkaufen ihren Grundbesitz in Poserna, ziehen nach Knautkleeberg bei Knauthain in der Nähe von Leipzig und pachten den Gasthof *Weißes Ross* mit dazugehörender Landwirtschaft. Das Gut Lauer, zu dem das Anwesen gehört, wird später von Graf Friedrich Wilhelm von Hohenthal zu Städteln (1742–1819) gekauft, Seumes erstem Förderer.

1771

Hungersnot in Brandenburg und Sachsen (bis 1772). Die Familie Seume verliert einen Teil ihres Besitzes. Klopstock veröffentlicht eine Ausgabe seiner *Oden*. Die erste Ausgabe war 1750 erschienen, ein Jahr nach der Erstfassung des *Messias*.

1772

Erste polnische Teilung. In Göttingen wird nach der Klopstockode *Der Hügel und der Hain* der Göttinger Hainbund gegründet (bis 1775). Zum Bund gehören u. a. Hölty (1748–1776), dessen Lyrik Seume nachahmt, und der Homer-Übersetzer Voß (1751–1826). Die Dichter des Hainbundes sind auch von Gleim beeinflusst, Seumes späterem väterlichen Freund.

1773

Bostoner Tea-Party (16.12.) als Protest gegen die englische Steuer- und Zollpolitik, die wiederum zurückzuführen war auf Englands durch den Siebenjährigen Krieg und den Kolonialkrieg gegen Frankreich geleerte Staatskasse. Die vierbändige Gesamtausgabe von Klopstocks *Messias* erscheint. Wieland beginnt mit der Herausgabe des *Teutschen Merkur* (bis 1789).

Seumes Vater erwirbt nach dem Auslaufen des Pachtvertrages für den Gasthof Land, mit dem Frondienste verbunden sind.

1774

Ludwig XVI. wird König von Frankreich. Goethes *Die Leiden des jungen Werthers* erscheint und wird in Leipzig verboten. Seume liest es während seiner Leipziger Studentenzeit. Friedrich von Blanckenburg veröffentlicht anonym den viel diskutierten *Versuch über den Roman*. Seume ist später mit dem Autor bekannt. Johann Christoph Adelung beginnt mit der Veröffentlichung seines *Grammatisch-kritischen Wörterbuchs*, an dem sich Seume während seiner Lektorentätigkeit orientiert.

1775
Niederschlagung des von Pugatschow geführten Kosakenaufstandes in Russland durch die seit 1762 regierende Zarin Katharina II. Beginn des amerikanischen Unabhängigkeitskrieges (19.4.). Bauernaufstände in Böhmen.

1776
Subsidienvertrag (31.1.) zwischen England und der Landgrafschaft Hessen-Kassel über die Stellung von 17000 Soldaten für die englischen Truppen in Nordamerika gegen die Zahlung von rund 21 Millionen Talern. Etwa 12000 Mann wurden ›geliefert‹. *Virginia Bill of Rights* (12.6.), *The Unanimous Declaration of The Thirteen United States of America* (4.7.) Von Klinger erscheint das Schauspiel *Sturm und Drang*, von Lenz die Komödie *Die Soldaten*.
25. JULI: Seumes Vater stirbt im Alter von 38 Jahren. Die materielle Situation der Familie verschlechtert sich.

1777
Maria Theresia von Österreich lässt den Brennerpass ausbauen, auf dem Goethe und Karl Philipp Moritz, beide 1786, und Seume 1802 die Alpen überqueren.
Ostern: Seume wechselt, gefördert von Graf von Hohenthal, von der Dorfschule in Knauthain auf die Stadtschule von Borna.

1778
Tod Voltaires (30.5.) und Rousseaus (2.7.). Beginn des Bayerischen Erbfolgekriegs zwischen Preußen, Bayern und Sachsen auf der einen, Österreich auf der anderen Seite (5.7.1778 bis 13.5.1779).

1779
Juni: Seume tritt in die Leipziger Nicolaischule über.

1780
Tod Maria Theresias von Österreich (29.11.), Nachfolger wird ihr bereits mitregierender Sohn Joseph II.
9. Oktober: Immatrikulation Seumes an der Universität Leipzig, um auf Wunsch des Grafen von Hohenthal Theologie zu studieren.

1781
Einführung einer neuen Prozessordnung in Preußen. Ein österreichisches Reformpatent hebt die Leibeigenschaft in Böhmen und Mähren auf. Die Abschaffung der als Robot bezeichneten Zwangsarbeitsleistungen gelingt jedoch nicht. Kants *Kritik der reinen Vernunft* erscheint bei Hartknoch, dem späteren Verleger Seumes. Jean Paul beginnt in Leipzig mit dem Theologiestudium. Tod Lessings (15.2.).
Ende Juni: Seume flieht aus Leipzig und fällt **Anfang Juli** in Vacha bei Erfurt hessischen Soldatenwerbern in die Hände. In der Festung Ziegenhain bei Kassel ausgebildet, wird er zum Opfer des Subsidienvertrags von 1776 zwischen Hessen-Kassel und England.

1782
Aufführung von Friedrich Schillers *Die Räuber* in Mannheim.
9./10. Juni: In Bremen Einschiffung nach Amerika, im August oder September Landung in Halifax im heutigen Kanada. Dort lernt Seume Karl Ludwig August Freiherr von Münchhausen kennen.

1783
Ende des amerikanischen Unabhängigkeitskrieges (3.9.).
August: Rücktransport Seumes nach Bremen.
September/Oktober: Desertion aus dem hessischen Dienst, Rekrutierung durch preußische Werber. Als Johann Friedrich Normann wird Seume preußischer Soldat in Emden (bis 1787). Desertion aus preußischem Dienst, Verurteilung, Begnadigung. Seume gibt der Tochter des Emdener Garnisonschefs Generalmajor Courbière Sprachunterricht.

1784
Veröffentlichung des Entwurfs eines *Allgemeinen Landrechts für die preußischen Staaten*. Das Gesetz tritt erst zehn Jahre später in eingeschränkter Form in Kraft (1.6.1794). In der Dezember-Ausgabe der *Berlinischen Monatsschrift* erscheint Kants *Beantwortung der Frage: Was ist Aufklärung?*.

1785
Beginn der Weberaufstände in Schlesien. Göschen (1752–1828) eröffnet in Leipzig eine Verlagsbuchhandlung.

1786
Tod Friedrichs II. von Preußen (17.8.), Friedrich Wilhelm II. tritt die Nachfolge an. Bertuch beginnt in Weimar mit der Herausgabe des *Journal des Luxus und der Moden* (bis 1827).

1787
Januar: Seumes zweite Desertion scheitert. Verurteilung zum Gassenlaufen, Begnadigung. Eine Kaution Emdener Bürger, deren Kinder er unterrichtete, ermöglicht ihm einen Heimaturlaub, von dem er nicht mehr zurückkehrt.
Erneutes Studium in Leipzig (diesmal Jura, Philologie und Geschichte) mit finanzieller Unterstützung durch Graf von Hohenthal. Seume zahlt das Geld drei Jahre später zurück.

1788
Im Juni Beginn des Schwedisch-Russischen Krieges. Der Friedensschluss (14.8.1790) wird auf russischer Seite von Otto Heinrich von Igelström verhandelt, dem späteren Chef Seumes.
Kants *Kritik der praktischen Vernunft* erscheint.
Seume publiziert, vermittelt durch Christian Felix Weiße, bei Göschen eine Übersetzung des englischen Romans *Honorie Warren*. Mit dem Honorar zahlt Seume die Kaution zurück.

1789
Sturm auf die Bastille (14.7.). Erklärung der Menschen- und Bürgerrechte (26.8.). Aufstände in Baden, der Pfalz und im Rheinland. *Die Geschichte des Siebenjährigen Krieges* von Johann Wilhelm Baron von Archenholtz erscheint. Das **Schreiben aus America nach Deutschland**, vermutlich nicht oder nur teilweise im Lager

von Halifax entstanden, erscheint in der von Archenholtz herausgegebenen Zeitschrift *Neue Litteratur- und Völkerkunde.*

9. Dezember: Seume immatrikuliert sich zum zweiten Mal an der Leipziger Universität.

1790

Im Frühjahr und im Hochsommer kommt es in Sachsen zu Bauernunruhen. Aufhebung der Leibeigenschaft in Sachsen. Tod Josephs II. (20. 2.), Nachfolger wird sein Bruder Leopold II. Böttiger führt den im Vorjahr eingestellten *Der Teutsche Merkur* von Wieland als *Neuer Teutscher Merkur* fort (bis 1820).

Seume übernimmt, wiederum vermittelt von Weiße, eine Stelle als Erzieher des jungen Grafen Gustav Andreas Otto von Igelström (bis 1792).

1791

Frankreich wird konstitutionelle Monarchie (3. 9.) Uraufführung der *Zauberflöte* (30. 9.), Tod Mozarts (5. 12.).

Winter: Seume schließt mit dem Magister sein Studium in Leipzig ab.

1792

Leopold II. stirbt (1. 3.), Nachfolger wird sein Sohn Franz II. Koalitionskrieg Österreichs und Preußens gegen das revolutionäre Frankreich (bis 1797) mit der von Goethe in seiner *Kampagne nach Frankreich* beschriebenen »Kanonade von Valmy« (20. 9.). Frankreich erklärt sich zur Republik (21. 9.), Besetzung von Mainz (21. 10.), Georg Forster hält im Jakobinerclub seine Rede *Über das Verhältnis der Mainzer gegen die Franzosen* (15. 11.), Lenz wird in einer Moskauer Straße tot aufgefunden (4. 6.).

28. März: Seume habilitiert sich an der Universität Leipzig mit der lateinischen Schrift **Arma veterum cum nostris breviter comparata** (*Kurzer Vergleich der Waffen der Alten mit unseren*) und wird Privatdozent. Die Schrift ist Johann Jakob von Igelström gewidmet, dem Vater seines Zöglings Gustav Andreas.

August: Reise nach Riga und von dort ins russische Pleskow, wo Seume eine Sekretärs- und Adjutantenstelle bei General Otto Heinrich von Igelström übernimmt, dem Bruder von Johann Jakob.

1793

Hinrichtung Ludwigs XVI. in Paris (21. 1.). Mainz (die Republik gehörte von März bis Juli zu Frankreich) wird von preußischen Truppen besetzt (23. 7.). Russland, Österreich und Preußen beschließen die zweite Teilung Polens (23. 1.). General Igelström wird Oberkommandierender der russischen Besatzungstruppen in Warschau.

Seume, im Fähnrichsrang, begleitet ihn und wird zum Leutnant befördert.

Mai oder Juni bis August oder September: Aufenthalt in Leipzig, Beginn der Freundschaft mit dem Maler Veit Hanns Schnorr von Carolsfeld.

Oktober: *Über Prüfung und Bestimmung junger Leute zum Militair*, gewidmet seinem Chef, General Igelström, erscheint in Warschau.

1794

Forster stirbt in Paris (10. 1.). Hinrichtung Dantons (5. 4.) und Robespierres (28. 7.). Aufstand in Warschau gegen die russische Besatzung (17./18. 4.). Ein Drittel der russischen Soldaten wird getötet, darunter Harald Otto von Igelström, ein weiterer Neffe von Seumes Chef. Der russische General Fürst Suworow erobert in einem verlustreichen Sturm die Warschauer Vorstadt Praga (4. 11.). Es kommt zu Massakern an der Zivilbevölkerung.

April bis November (Entlassungsdatum ungesichert): Seume in polnischer Kriegsgefangenschaft.

1795

Dritte polnische Teilung, die das staatspolitische Ende Polens bedeutet (bis 1918). Herrschaft des Direktoriums in Paris. Baseler Frieden zwischen Frankreich und Preußen (5. 4.). Kants Schrift *Zum ewigen Frieden* erscheint.

Januar: Seume hält sich mit seinem Chef, General Igelström, in Riga auf.

Eine Reise nach Italien als Begleiter des 19-jährigen russischen Majors Muromzow muss wegen der französischen Besetzung Norditaliens in Leipzig abgebrochen werden. Dort Beginn der Freundschaft mit Garlieb Merkel.

1796

Italienfeldzüge Napoleons (bis 1797). Tod Katharinas II. (17.11),
die Russland seit 1762 regiert. Ihr Nachfolger Paul I. beordert
durch einen Ukas alle im Ausland befindlichen russischen Offiziere, also auch Seume, nach Russland zurück. Schiller und Goethe greifen in den *Xenien* ihre Kritiker an. Von Merkel erscheint
*Die Letten vorzüglich in Liefland am Ende des philosophischen Jahrhun-
derts.* Es enthält im Anhang Seumes Gedicht **Elegie auf einem Fest
zu Warschau.**

Seume selbst veröffentlicht **Einige Nachrichten über die Vorfälle
in Polen 1794** über seine Erlebnisse während des Warschauer
Aufstandes. Im »Vorbericht« der Graf Hohenthal gewidmeten
Schrift bezeichnet er sie als »Totenopfer« für seinen während des
Aufstands »erschlagenen Freund« Major Igelström. Des weiteren
erscheint **Obolen. Erstes Bändchen** (es enthält ein Bildnis der Mutter und ist »Vater Gleim« gewidmet).

Herbst: Seume verliebt sich in Wilhelmina Röder.

1797

Friedrich Wilhelm II. stirbt (16.11.), Nachfolger auf dem preußischen Thron wird Friedrich Wilhelm III.

Seume wird wegen Abwesenheit ohne Pensionsberechtigung aus
russischem Dienst entlassen. Er gibt Privatunterricht in Englisch
und Französisch.

**Zwey Briefe über die neuesten Veränderungen in Rußland seit der
Thronbesteigung Pauls des Ersten** und **Ueber das Leben und den Ka-
rakter der Kaiserin von Rußland Katharina II. Mit Freymüthigkeit und
Unparteylichkeit** erscheinen, beides Auftragswerke für Göschen.
Freiherr von Münchhausen, der Freund aus Halifax, gibt den Ge-
dichtband **Rückerinnerungen von Seume und Münchhausen** heraus.

Januar: Ende des Briefkontakts zu Wilhelmina Röder.

Oktober: Aufnahme der Lektorentätigkeit bei Göschen in
Grimma. Betreuung der Werke Wielands, Ifflands, Klopstocks.

1798

Ägyptenfeldzug Napoleons (bis 1799).

Obolen. Zweytes Bändchen.

Sommer: Bekanntschaft mit Karl August Böttiger.

Oktober: Erster Besuch bei Gleim in Halberstadt, anschließend
Fußreise in den Harz mit Besteigung des Brockens.

Dezember: Seume erhält den ehrenvollen Abschied aus russischem Dienst. Beginn der Arbeit an dem von Göschen bestellten Auftragswerk *Kurzes Pflichten- und Sittenbuch für Landleute*, dessen Publikation Göschen ablehnt und erst nach Seumes Tod nachholt.

1799
Unter der Neutralität Preußens zweiter Koalitionskrieg (Österreich, England, Russland, Portugal, Türkei) gegen Frankreich (bis 1802). Staatsstreich Napoleons (9. 11., »18. Brumaire«).

1800
Wielands *Aristipp und einige seiner Zeitgenossen* erscheint, von Seume lektoriert, bei Göschen.

1801
Paul I. wird bei einer Palastrevolution in St. Petersburg ermordet (23. 3.). Sein Sohn tritt als Alexander I. die Nachfolge an. Konkordat zwischen Napoleon und Papst Pius VII. (15. 7.).
Ein Band *Gedichte* erscheint.
20. November: Reise nach Weimar mit Schnorr von Carolsfeld und dem Engländer Henry Crabb Robinson. Begegnungen u. a. mit Wieland, Goethe, Schiller, Herder.
6. Dezember: Aufbruch zum »Spaziergang« nach Syrakus mit Schnorr von Carolsfeld, der in Wien wegen der unsicheren Lage in Italien umkehrt.

1802
Napoleon wird Konsul auf Lebenszeit (2. 8.). Der Zar gründet in Dorpat eine deutsche (protestantische) Universität. Rektor wird Klinger, der Autor von *Sturm und Drang*.
August: Seume kommt nach einem Aufenthalt in Paris und einem Besuch bei Münchhausen in Schmalkalden wieder in Leipzig an und beginnt im
Oktober mit der Niederschrift des *Spaziergang*.

1803
Tod Gleims (18. 2.), Tod Klopstocks (14. 3.), Tod Herders (18. 12.).
Merkel übernimmt nach Kotzebue die Redaktion der Zeitschrift *Der Freimüthige*, für die auch Seume schreibt.
Spaziergang nach Syrakus im Jahre 1802 wird im Februar abge-

schlossen und im Mai von Hartknoch verlegt. Seume lebt hauptsächlich von Sprachunterricht.

1804
Mit der Berufung von Hardenberg und Stein in die Regierung
beginnt die Reform des preußischen Staates. Napoleon krönt
sich in Nôtre Dame zum Kaiser (2. 12.). Der *Code civil*, das franzö-
sische »Bürgerliche Gesetzbuch«, tritt in Kraft. Tod Kants (11. 2.),
Tod Weißes (16. 12.).
Über Bewaffnung und eine erweiterte Ausgabe der *Gedichte* von
1801 erscheinen. Reise nach Berlin (Jahreswechsel 1803/04),
Fußreise ins Riesengebirge (Ostern).
Seume verliebt sich in Johanna Loth.

1805
Dritter Koalitionskrieg gegen Frankreich (ohne Preußen). Napo-
leons Sieg über Österreich und Russland bei Austerlitz (2. 12.).
Tod Schillers (9. 5.).
Einführung der gesetzlichen Schulpflicht in Sachsen.
Seume arbeitet am *Journal für deutsche Frauen* mit (bis 1807). Im
Herbst erscheint eine erweiterte Ausgabe des *Spaziergang nach
Syrakus*. Außerdem kommt Seumes Übersetzung von R. Percivals
Beschreibung des Vorgebirges der guten Hoffnung heraus, versehen mit
einer *Vorrede*.
April bis September: »Nordische« Reise durch Polen, Russland,
Finnland, Schweden und Dänemark.

1806
Franz II. legt auf Druck Napoleons die Krone des Heiligen Römischen Reichs Deutscher Nation nieder und besiegelt damit
dessen Ende (6. 8.). Das Kurfürstentum Sachsen geht auf im Königreich Sachsen. Johann Philipp Palm wird in Braunau am Inn
wegen der in seiner Nürnberger Verlagsbuchhandlung anonym
erschienenen antinapoleonischen Broschüre *Deutschland in seiner
tiefen Erniedrigung* auf Befehl Napoleons hingerichtet (26. 8.). Beginn des vierten Koalitionskrieges (9. 10.), Sieg Napoleons in der
Schlacht von Jena und Auerstedt (14. 10.), französische Truppen
besetzen Berlin und Weimar.
Seume arbeitet an den *Apokryphen*, erst posthum publiziert.
Mein Sommer 1805, die Beschreibung der »nordischen« Reise,

erscheint und wird wegen der Vorrede in Süddeutschland, Österreich und Russland verboten.

Oktober: Fußreise von Leipzig über Dresden nach Berlin, wo er zum letzten Mal mit Merkel zusammentrifft. Merkel flieht vor der Besetzung Berlins durch Napoleon und kehrt in seine Heimatstadt Riga zurück.

1807

Ende des vierten Koalitionskrieges durch Napoleons Sieg über die Russen bei Friedberg (14.6.). Stein, Anfang des Jahres aus der Regierung entlassen, wird auf Empfehlung Napoleons wieder Minister (3.10.) und treibt mit dem *Tilsiter Edikt* (»1. Steinsches Reformgesetz«) die schon 1799 eingeleitete Bauernbefreiung voran. Die Reform führt nicht nur zur Befreiung, sondern auch zur Freisetzung von rund 100000 preußischen Kleinbauern, die zu Tagelöhnern werden. Fichte hält in Berlin seine erste *Rede an die deutsche Nation*, Hegel veröffentlicht die *Phänomenologie des Geistes*.

Winter: *Vorrede* zu dem lateinisch abgefassten Werk ***Bemerkungen und Konjekturen zu zahlreichen schwierigeren Stellen des Plutarch***.

13. Dezember: Seumes Mutter stirbt.

1808

Auf dem Erfurter Fürstentag (27.9. bis 4.10.) verschafft sich Napoleon Rückendeckung für den Einmarsch in Spanien, Goethe erhält das »Kreuz der Ehrenlegion«. Stein wird auf Drängen Napoleons wieder aus der preußischen Regierung entlassen (16.12.). Fichte veröffentlicht seine *Reden an die deutsche Nation*. ***Miltiades. Ein Trauerspiel in fünf Aufzügen*** erscheint im Druck.

Ostern: Wanderung nach Dresden. Seumes letzte Reise zu Fuß.

Juni: Ausbruch der Gicht, Blasen- und Nierenerkrankung.

1809

Krieg zwischen Österreich und Frankreich. Napoleon zieht als Sieger in Wien ein. In Berlin wird, angeregt durch Wilhelm von Humboldt, die Friedrich-Wilhelm-Universität (heute Humboldt-Universität) gestiftet (16.8.) und im Folgejahr mit Fichte als erstem Rektor eröffnet.

Ohne Seumes Wissen publiziert Christian August Tiedge das autobiographische Gedicht ***Kampf gegen Morbona bey der Genesung*** *niedergeschrieben v. J. G. S. im Februar 1809.* Seume arbeitet an seiner Autobiographie *Mein Leben,* die unvollendet bleibt.

1810

Die dritte, wiederum erweiterte Auflage der *Gedichte* erscheint.
Mai: Kutschfahrt nach Poserna und Weimar. Seume schreibt sein letztes von ihm selbst vollendetes Werk: *Ausflucht nach Weimar.*
Ab 3. Juni: Aufenthalt im böhmischen (heute tschechischen) Teplitz.
13. Juni: Seume stirbt im Gasthaus *Das Goldene Schiff.*

Posthum erscheinen 1811 die *Ausflucht nach Weimar* und als *Ein Nachlass moralisch-religiösen Inhalts,* herausgegeben von Pfarrer Johann Samuel Vertraugott Schieck, das *Kurze Pflichten- und Sittenbuch für Landleute,* außerdem in zensierter Fassung und enthalten in einer erweiterten, von V. H. Schnorr von Carolsfeld ergänzten Neuausgabe des *Spaziergang* die *Apokryphen.* Die erste unzensierte Ausgabe wird erst 1879 im Rahmen der *Prosaischen und poetischen Werke* publiziert. 1813 erscheint, ergänzt durch Göschen und Clodius, *Mein Leben.*

Zitat-, Quellen- und Bildnachweise

Seume wird mit wenigen Ausnahmen zitiert nach den von Jörg Drews und anderen herausgegebenen Werken in zwei Bänden (= W1 bzw. W2) und dem ergänzenden Band mit Briefen (= Briefe). Orthographie und Zeichensetzung sind den heutigen Lesegewohnheiten angepasst, Einfügungen von mir in [eckige Klammern] gesetzt, Hervorhebungen entsprechen den Originalen. Die Nachweise erfolgen textbegleitend und mit Kurztiteln. Die vollständigen Angaben sind erschließbar über das Literaturverzeichnis, gegliedert nach Texten von Seume, Texten über Seume, Texten von Zeitgenossen und sonstigen Werken.

Vorbild

Caroline Herder, nach W1, S. 850 (Kommentarteil), auch der kursive *Grobian* ist von dort übernommen.
Spaziergang, W1, S. 157
Mein Leben, W1, S. 11, S. 31
Zu den Fußmaßen siehe Sangmeister: *Seume*, S. 404 f., und

Meyer-Thurow: *Über Dichtung und Wahrheit in Seumes Lebensbericht*, S. 17 f., sowie ders.: *Kleiner Mann – wie groß?*
Burckhardt: *Weltgeschichtliche Betrachtungen*, S. 209, Sperrung im Original.
Herder: *Briefe*, Bd. 1, S. 139

Erstes Kapitel

Motti: *Briefe*, S. 53. *Briefe*, S. 12. *Briefe*, S. 20. Briefe, S. 368. *Ausflucht nach Weimar*, W2. S. 381.
Vorspann: *Schreiben aus America*, W2, S. 365

Der beschulte Bauernjunge
Mein Leben, W1, S. 29, 41
An Korbinsky: *Briefe*, S. 24
Mein Leben, W1, S. 54
An Hohenthal: *Briefe*, S. 676
(dort die deutsche Überset-

zung des im Original französisch geschriebenen Briefes).

Der entlaufene Student
Die Zeitungsanzeige nach
Zänker: *Seume*, S. 46
Mein Leben, W1, S. 61 f.
Die Taler-Zahl nach Conrady:
Goethe, S. 51. Zänker, S. 40, gibt
an, Goethe habe fünfmal so
viel erhalten wie Seume: 25
Taler im Monat, also 300 im
Jahr. Diese (irrige) Angabe ist
wohl darauf zurückzuführen,
dass Goethe erklärte, mit
200 bis 300 Talern im Jahr
auskommen zu wollen. Der
Unterschied zwischen Wollen
und Können betrug in diesem
Fall 700 bis 800 Taler.
Goethe: *Dichtung und Wahrheit*,
S. 229
Mein Leben, W1, S. 61, 62, 60
Schreiben aus America, W2,
S. 366
Zu den Fragen um die Entste-
hung des Manuskripts Sang-
meister: *Seume*, S. 430 f. und
S. 438 ff.
An Korbinsky: *Briefe*, S. 10 f.
An Hohenthal: S. 11 f.
An Gleim: S. 25
Spaziergang, W1, S. 159 f.
Die Kurzvita zitiert nach der
Handschrift Sangmeister:
Seume, S. 409. W1 (Kommen-
tarteil), S. 776
Schreiben aus America, W2,
S. 365
An Hohenthal: *Briefe*, S. 12

Der desertierte Soldat
Münchhausens Journal nach
Sangmeister: *Seume*, S. 423
Moritz: *Anton Reiser*, S. 324,
S. 325
Mein Leben, W1, S. 63 f.
Spaziergang, W1, S. 535 f.
Zur Zahl der Rekruten in
Ziegenhain: Meyer-Thurow:
*Über Dichtung und Wahrheit in
Seumes Lebensbericht*, S. 22 f.
Mein Leben, W1, S. 65 f.
Bräker: *Lebensgeschichte*, S. 176
Goethes Vorwort zu Sach-
ses Lebensbeschreibung in
Sachse: *Gil Blas*, S. 6
Mein Leben, W1, S. 100, S. 101,
S. 102
Biehusen: *Seume und Bremen.*
Spaziergang, W1, S. 158
Mein Leben, W1, S. 100
Sangmeister: *Seume*, S. 423
Mein Leben, W1, S. 96
An Münchhausen: *Briefe*,
S. 54 f.
An Korbinsky: *Briefe* S. 38,
S. 41, S. 42
An Münchhausen: *Briefe*
S. 55 f.
An Tapernon: *Briefe* S. 42 f.
*Nachrichten über die Vorfälle in
Polen*: W2, S. 176
Spaziergang, W1, S. 160

Der entflohene Lektor
Nachweis der Stellen aus der
Liste: *Spaziergang*, W1, S. 196.
Briefe, S. 157, S. 192, S. 355,
S. 312, S. 202. Vorwort zu den
Gedichten, W2, S. 809. *Briefe*
S. 316, S. 306. *Spaziergang*,

Zweites Kapitel

Drittes Kapitel

Pedrillo oder Zwischenspiel über Ressentiment

Viertes Kapitel

Fünftes Kapitel

Schillers Ankündigung der
Horen im Jahr 1794 nach Bor-
ries, Bd. 3, S. 22
Die »rohen Kräfte« walten in
Schillers *Das Lied von der Glo-
cke*, S. 819
Schillers *Über die ästhetische
Erziehung des Menschen in einer
Reihe von Briefen* erschien zu-
erst 1795 in den *Horen*.
Moritzens *Über den Begriff des in
sich selbst Vollendeten* erschien
zuerst 1785 in der *Berlinischen
Monatsschrift*.
Jenisch, nach Hermsdorf,
S. 176
Xenien, nach Borries 3, S. 76 f.
Seume an Münchhausen,
Briefe, S. 126
Seume an Cotta, *Briefe*, S. 569
Der Mensch, nach Christa Bür-
ger et al., S. 102
Rebmann, ebenda, S. 176
(beide Stellen)
Gleim an Seume, *Briefe*, S. 161
Seume an Gleim, *Briefe*, S. 333
Fichte über Nicolais *Allgemeine
Deutsche Bibliothek*, Hermsdorf,
S. 252 f.
Seume, *Mein Leben*, W1, S. 46 f.
Goethe, *Werther*, S. 28

Lob und Brot
An Göschen, *Briefe*, S. 131
An Gleim, *Briefe*, S. 137 f.
An Göschen, *Briefe*, S. 228 f.
An Gleim, *Briefe*, S. 250
Alle Stellen aus dem Brief an
Klopstock, *Briefe*, S. 230–236
Seume, *An Klopstock*, W2,
S. 488

Klopstock an Göschen, *Briefe*,
S. 1035 (Kommentar)
An Gleim, *Briefe*, S. 285
An Böttiger, *Briefe*, S. 456,
S. 467 und S. 473
Seumes Klopstock-Rezension:
W2, S. 408
Göschen an Klopstock, nach
Sangmeister, S. 86
Seume an Klopstock, *Briefe*,
S. 235
Neubeck an Göschen, nach
Sangmeister, S. 96
Die Reihe der Briefstellen, alle
in *Briefe*: An Münchhausen,
S. 90, an Göschen, S. 146 f.
(die Übersetzung im Kom-
mentar S. 767), an Gleim,
S. 228, an Münchhausen,
S. 293, an Böttiger, S. 449, an
Cotta, S. 485
An Arnoldine Wolf, nach
Drews, *»Wo man aufgehört
hat ...«*, S. 306

Ehre und Ruhm
Napoleon: nach Ullrich, *Napo-
leon*, S. 43
An Johanna Devrient, *Briefe*,
S. 552
Apokryphen, W2, S. 73, S. 89,
S. 133
Friedrich: nach Kunisch, *Fried-
rich der Große*, S. 69
Kant, *Was ist Aufklärung?*,
S. 11, S. 10
An Kuhn: *Briefe*, S. 543

Sechstes Kapitel

Motti: *Spaziergang*, W1, S. 164.
Amalia, W2, S. 515. *Mein Som-*
mer, W1, S. 553 f. *Apokryphen*,
W2, S. 13. *Vorrede zu Robert Per-*
cival, W2, S. 344. *Über Garlieb*
Merkels »Die Letten«, W2, S. 335.
Spaziergang, W1, S. 193. *Vorwort*
zu »Ein Bändchen Bemerkungen«
W2, S. 359. Ebenda S. 349
Vorspann: *Mein Leben*, W1,
S. 138

Vorreden der Empörung
Plutarch-Vorwort: W2, S. 360
An Cotta, *Briefe*, S. 541
Göschen/Clodius in W1,
S. 139
Wieland an Seume, *Briefe*,
S. 583
Die Zitate aus dem Plutarch-
Vorwort sämtlich W2,
S. 348–361

Lob der Könige
Svarez, nach *Das Achtzehnte*
Jahrhundert. Mitteilungen der
Deutschen Gesellschaft für die
Erforschung des achtzehnten Jahr-
hunderts, Heft 1–1996, S. 31
Spaziergang, W1, S. 158 f.
Seume über Merkels Letten,
W2, S. 333, über Zensurver-
schärfungen, nach Drews: *»Der*
Mann selbst«, S. 201, über Höf-
linge: W2, S. 115
Lehndorff nach Bisky, *Unser*
König, S. 187
Seume über Kammerlakeien:

W2, S. 436, über Lob im
Leben, W2, S. 515

Verdammte Privilegien
Gedicht *Das Privilegium*, W2,
S. 86
Die Vaterfrage: *Apokryphen*,
W2, S. 76
Spaziergang, W1, S. 515, S. 507
Apokryphen, W2, S. 45
Merkelrezension, W2, S. 329
Plutarch-Vorrede, W2, S. 350
Fußbreit Land: *Apokryphen*,
W2, S. 119
Rousseau: *Abhandlung über den*
Ursprung…, S. 230

Leibeigene und Sklaven
Knigge, *Umgang mit Menschen*,
S. 379 f.
Seume, *Mein Sommer*, W1,
S. 587
Friedrich der Große, *Anti-*
Machiavell, S. 69
Katharina die Große, nach
W2, S. 705 (Kommentarteil)
Seume, *Zwei Briefe*, nach
Drews, *»Der Mann selbst«*,
S. 202
Apokryphen, W2, S. 42
Plutarch-Buch, W2, S. 353 f.
Percival-Vorrede, W2,
S. 342–344

Spitzköpfe und Plattköpfe
Mein Sommer, W1, S. 667
Apokryphen, W2, S. 13
Knigge, *Umgang mit Menschen*,
S. 380 f., S. 311

Siebtes Kapitel

Nachruhm

Textkästen

Bildnachweise:

Die Karten mit Seumes Reisewegen wurden erstellt von Sonja Ziehn (auf Grundlage einer Europakarte, die im März 1802 in London von Candell and Davies, Strand, and Longman and Rees, Paternoster Row, gedruckt wurde). Abdruck der Zeichnung von Seumes Geburtshaus (S. 2 unten) und Seumes Mutter (S. 2 oben) mit freundlicher Genehmigung des Museums Schloss Lützen, Abdruck der Aquarelle vom Göschenhaus und Göschenhausgarten (S. 3), des Frontispiz und der Titelseite der Erstausgabe von *Spaziergang nach Syrakus* (S. 4, 5) und der kolorierten Zeichnung von Seume im Todesjahr (S. 8) mit freundlicher Genehmigung des Göschenhauses Grimma-Hohnstädt.

Literaturverzeichnis

Von Seume

Johann Gottfried Seume: Werke in zwei Bänden. Herausgegeben von Jörg Drews unter Mitarbeit von Sabine Kyora. Frankfurt a. M. 1993

Johann Gottfried Seume: Briefe. Herausgegeben von Jörg Drews und Dirk Sangmeister unter Mitarbeit von Inge Stephan. Frankfurt a. M. 2002

Prosaische und poetische Werke von J. G. Seume [ohne Angabe des Herausgebers]. 10 Teile. 4 Bände. Berlin o. J. [1879]. Neuauflage Leipzig 1904

J. G. Seume's sämmtliche Werke. 12 Bände, Leipzig 1826–27

Rückerinnerungen von Seume und Münchhausen. Der Freundschaft gewidmet. Frankfurt a. M. 1797

Über Seume

Biehusen, Karl Wolfgang: Seume und Bremen. Alles ganz anders? Auf www.seume.de vom 14. 8. 2007

Bolte, Thorsten (Hrsg.): Johann Gottfried Seume. Schriftsteller der Zeitenwende. Sonderausstellung zum 200. Todestag im Göschenhaus Grimma-Hohnstädt. Grimma 2010

Budde, Bernhard: Von der Schreibart des Moralisten: Seume. Frankfurt a. M. 1990

Drews, Jörg (Hrsg.): Johann Gottfried Seume 1763–1810. Ein politischer Schriftsteller der Spätaufklärung. Bielefeld 1989

Ders. (Hrsg.): »Wo man aufgehört hat zu handeln, fängt man gewöhnlich an zu schreiben.« Johann Gottfried Seume in seiner Zeit. Vorträge des Bielefelder Seume-Colloquiums 1989 und Materialien zu Seumes Werk und Leben. Bielefeld 1991

Ders. (Hrsg.): Seume: »Der Mann selbst« und seine »Hyperkritiker«. Vorträge der Kolloquien zu Johann Gottfried Seume in Leipzig und Catania 2002. Bielefeld 2004

Ders. (Hrsg.): In Polen, Palermo und St. Petersburg. Vorträge der Kolloquien zu Johann Gottfried Seume in Grimma, Riga und Tartu 2003 und 2005. Bielefeld 2008

Ders. mit Gabi Pahnke (Hrsg.): »Weimar ist ja unser Athen«. Mit Seume in Weimar. Bielefeld 2010

Eberhardt, Robert: Seume und Münchhausen. Mit dem kommentierten Neudruck der »Rückerinnerungen« von 1797. Schmalkalden 2010

Fischer, Bernd Erhard und Angelika: Göschen & Seume in Grimma. Berlin 2010

Freitag, Egon: Der »lebendige Keim« einer »Freundschaft«. Seume und Wieland. In: Drews/Pahnke (Hrsg.): »Weimar ist ja unser Athen«. S. 59–73

Heine, Gerhard: Der Mann, der nach Syrakus spazierenging. Das abenteuerliche Leben des Johann Gottfried Seume. Weimar 1961

Hollmer, Heide (Red.): Johann Gottfried Seume. Text + Kritik. Heft 126, edition text + Kritik, München 1995

Kostencki, Gert: Johann Gottfried Seume. Absicht, Selbstdarstellung, Gedankenwelt. Versuch einer Revision. Frankfurt a. M. 1979

Meyer, Urs: Politische Rhetorik. Theorien, Analysen und Geschichte der Redekunst am Beispiel des Spätaufklärers Johann Gottfried Seume. Paderborn 2001

Meyer-Thurow, Georg: Über Dichtung und Wahrheit in Seumes Lebensbericht. In Drews/Pahnke (Hrsg.): »Weimar ist ja unser Athen«. S. 13–36

Ders.: Kleiner Mann – wie groß? Überfällige Anmerkungen zu Seumes Statur. In: Obolen. Mitteilungen der Johann-Gottfried-Seume-Gesellschaft zu Leipzig. Nr. 1–2010

Planer, Oskar; Reißmann, Camillo: Johann Gottfried Seume. Geschichte seines Lebens und seiner Schriften. Leipzig 1904 (erstmals 1898)

Sangmeister, Dirk: Seume und einige seiner Zeigenossen. Beiträge zu Leben und Werk eines eigensinnigen Spätaufklärers. Erfurt und Waltershausen 2010

Ders. mit Wolfgang Griep: Ausflucht in den Norden – über Johann Gottfried Seumes Reise im Sommer 1805. (= Eutiner Bibliothekshefte Bd. 8). Eutin 2004

Stephan, Inge: Johann Gottfried Seume. Ein politischer Schriftsteller der deutschen Spätaufklärung. Stuttgart 1973

Seume, Frank: Johann Gottfried Seume – Tod in Teplitz vor 200 Jahren. Zwei Teile und ein Nachtrag. In: Weißenfelser Heimatbote, Heft 3–2010. Eingesehen auf www.seume.de

Zänker, Eberhard: Johann Gottfried Seume. Eine Biographie. Leipzig 2005

Von Zeitgenossen

Barthel, Johann Heinrich: Briefe über Calabrien und Sizilien. Göttingen 1787–1792

Basedow, Johann Bernhard: Elementarwerk. Ein geordneter Vorrat aller nötigen Erkenntnis. 4 Bde, Dessau 1774

Böttiger, Karl August: Literarische Zustände und Zeitgenossen. Begegnungen und Gespräche im klassischen Weimar. Herausgegeben von Klaus Gerlach und René Sternke. Berlin 1998

Bräker, Ulrich: Werke in einem Band. Ausgewählt und eingeleitet von Hans-Günther Thalheim. Berlin, Weimar 1966

Carolsfeld, Veit Hanns Schnorr von: Meine Lebensgeschichte. Zugleich als ein Sonst und Jetzt in einem Zeitraum von 55 Jahren. Hrsg.: Otto Werner Förster. Leipzig 2000

Darjes, Joachim Georg: Erste Gründe der Cameral-Wissenschaften, darinnen die Hauptteile sowohl der Oeconomie als auch der Policey und besondern Cameral-Wissenschaft in ihrer natürlichen Verknüpfung zum Gebrauche seiner academischen Förderung entworfen, Leipzig 1768

Forster, Georg: Parisische Umrisse. In: Die französische Revolution. Bd. 2: Georg Forster und die deutschen Publizisten, herausgegeben von Horst Günther, Frankfurt a. M. 1985

Ders.: Briefe. In: Die französische Revolution. Bd. 2: Georg Forster und die deutschen Publizisten, herausgegeben von Horst Günther, Frankfurt a. M. 1985

Friedrich der Zweite: Antimachiavell. In: Die Werke Friedrichs des Großen, herausgegeben von Gustav Berthold Volz, 10 Bde., Berlin 1912–1914, hier Bd. 7

Gleim, Johann Wilhelm Ludwig: Preussische Kriegslieder in den Feldzügen 1756 und 1757 von einem Grenadier. Mit Melodien. Berlin 1758

Goethe, Johann Wolfgang von: Aus meinem Leben. Dichtung und Wahrheit. In: Werke Bd. V. München 1973

Ders.: Italienische Reise. Annalen. (= 11. Bd. Der Gedenkausgabe der Werke, Briefe und Gespräche, Hrsg. Ernst Beutler). Zürich 1962

Ders.: Die Leiden des jungen Werthers. München o. J.

Ders.: Wilhelm Meisters Lehrjahre. 2 Bde. München o. J.

Herder, Johann Gottfried: Briefe. Gesamtausgabe 1763–1803. Hrsg.: Nationale Forschungs- und Gedenkstätte der klassischen deutschen Literatur in Weimar. Bd. 1–11, Weimar 1977–2001

Kant, Immanuel: Die Metaphysik der Sitten. Werkausgabe Bd. VIII. Hrsg. Wilhelm Weischedel. Frankfurt a. M. 1989

Ders.: Schriften zur Anthropologie, Geschichtsphilosophie, Politik und Pädagogik 1. Werkausgabe Bd. XI. Hrsg. Wilhelm Weischedel. Frankfurt a. M. 1991

Ders.: Idee zu einer allgemeinen Geschichte in weltbürgerlicher Absicht. In: Schriften zur Anthropologie 1.

Ders.: Beantwortung der Frage: Was ist Aufklärung?. In: Ehrhard Bahr (Hrsg.): Was ist Aufklärung. Thesen und Definitionen. Stuttgart 1974

Klopstock, Friedrich Gottlieb: Der Messias. Gesang I–III. Studienausgabe. Herausgegeben von Elisabeth Höpker-Herberg. Stuttgart 1986

Knigge, Adolph Freiherr von: Über den Umgang mit Menschen. Hrsg. Gert Ueding. Frankfurt a. M. 1977

Küttner, Karl Gottlob: Reise durch Deutschland, Dänemark, Schweden, Norwegen und einen Theil von Italien, in den Jahren 1797, 1798, 1799. 4 Bde, Leipzig 1801

Lenz, Jakob Michael Reinhold: Dramen des Sturm und Drang. Hrsg.: Erich Unglaub. München 1988

Merkel, Garlieb: Skizzen aus meinem Erinnerungsbuch. In: Horst Adamek (Hrsg.): Freimüthiges aus den Schriften Garlieb Merkels. Berlin 1959

Moritz, Karl Philipp: Anton Reiser. Ein psychologischer Roman. In: Werke, Bd. 1, herausgegeben von Horst Günther, Frankfurt a. M. 1981

Ders.: Reisen eines Deutschen in England im Jahre 1782. In: Werke, Bd. 2, herausgegeben von Horst Günther, Frankfurt a. M. 1981

Ders.: Magazin zur Erfahrungsseelenkunde. In: Werke, Bd. 3, herausgegeben von Horst Günther, Frankfurt a. M. 1981

Ders.: Denkwürdigkeiten, aufgezeichnet zur Beförderung des Edlen und Schönen. In: Werke, Bd. 3, herausgegeben von Horst Günther, Frankfurt a. M. 1981

Münter, Friedrich: Nachrichten von Neapel und Sizilien, auf einer Reise in den Jahren 1785 und 1786. Kopenhagen 1790

Recke, Elisa von der: Tagebücher und Selbstzeugnisse. Leipzig 1984

Rousseau, Jean-Jacques: Träumereien eines einsamen Spaziergängers. In ders.: Schriften. Herausgegeben von Henning Ritter. Bd. 2. Frankfurt a. M., Berlin, Wien 1981

Ders.: Abhandlung über den Ursprung und die Grundlagen der Ungleichheit. In: Schriften. Herausgegeben von Henning Ritter. Bd. 2. Frankfurt a. M., Berlin, Wien 1981

Ders.: Die Bekenntnisse. München 1981

Ders.: Ich sah eine andere Welt. Philosophische Briefe. Ausgewählt und übersetzt von Henning Ritter. München 2012

Sachse, Johann Christoph: Der deutsche Gil Blas. Nördlingen 1987

Schiller, Friedrich von: Das Lied von der Glocke. In: Werke in drei Bänden. Herausgegeben von Herbert Göpfert. Bd. 2. München, Wien 1966, S. 810–821

Shakespeare, William: Hamlet, Prinz von Dänemark. Ein Trauerspiel. Übersetzt von Christoph Martin Wieland. Hrsg. Hans und Johanna Radspieler. Zürich 1993.

Sterne, Laurence: Leben und Ansichten von Tristram Shandy, Gentleman. Frankfurt a. M. 2006

Ders.: Eine empfindsame Reise durch Frankreich und Italien. Von Mr. Yorick. Berlin 2010

Thümmel, Moritz August von: Reise in die mittäglichen Provinzen von Frankreich. Leipzig 1791–1805

Wieland, Christoph Martin: Die Abentheuer des Don Sylvio von Rosalva. Herausgegeben von Jan Philipp Reemtsma und Johanna Radspieler. Zürich 1997

Ders.: Über deutschen Patriotismus. In: Die französische Revolution. Bd. 2: Georg Forster und die deutschen Publizisten, herausgegeben von Horst Günther, Frankfurt a. M. 1985

Weitere Werke

Eine Bibliographie zu Gesellschaft und Literatur um 1800 kann hier nicht gegeben werden. Die Liste dient vor allem dem Nachweis der in den Anmerkungen nur mit Kurztiteln geführten Bücher. Ergänzend sind Werke genannt, die in anderer Weise erwähnt oder direkt herangezogen wurden.

Albrecht, Wolfgang; Kertscher, Hans-Joachim (Hrsg.): Wanderzwang – Wanderlust. Formen der Raum- und Sozialerfahrung zwischen Aufklärung und Frühindustrialisierung. Tübingen 1999

Ariost: Der rasende Roland. 2 Bde., München 1987

Bisky, Jens: Unser König. Friedrich der Große und seine Zeit – ein Lesebuch. Berlin 2011

Borries, Ernst und Erika von: Aufklärung und Empfindsamkeit, Sturm und Drang. (= Deutsche Literaturgeschichte Bd. 2). München 1991

Diess.: Die Weimarer Klassik. Goethes Spätwerk. (= Deutsche Literaturgeschichte Bd. 3). München 1991

Bromme, Moritz Theodor William: Lebensgeschichte eines modernen Fabrikarbeiters. Nachdruck der Ausgabe von 1905. Herausgegeben von Bernd Neumann. Frankfurt a. M. 1971

Bürger, Christa; Bürger, Peter; Schulte-Sasse, Jochen (Hrsg.): Aufklärung und literarische Öffentlichkeit. Frankfurt a. M. 1980

Burckhardt, Jacob: Weltgeschichtliche Betrachtungen. Stuttgart 1978

Conrady, Karl Otto Conrady: Goethe. Leben und Werk. Frankfurt a. M. 1987

Fues, Wolfram Malte: Amme oder Muttermilch? Der Disput um das Stillen in der frühen deutschen Aufklärung. In: Klaus Gerteis (Hrsg.): Alltag in der Zeit der Aufklärung. = Aufklärung, Jahrgang 5, Heft 2

Füssel, Stephan: Georg Joachim Göschen. Ein Verleger der Spätaufklärung und der deutschen Klassik. 3 Bde., Berlin und New York 1996–1999

Hebbel, Friedrich: Tagebücher. Hrsg. von Karl Pörnbacher. 3 Bde., München 1984

Hermsdorf, Klaus: Literarisches Leben in Berlin. Aufklärer und Romantiker. Berlin 1987

Im Hof, Ulrich: Das Europa der Aufklärung. München 1993

Kapuściński, Ryszard: Die Erde ist ein gewalttätiges Paradies. Reportagen, Essays, Interviews aus vierzig Jahren. Berlin 2000

Kleßmann, Eckart: Napoleon und die Deutschen. Berlin 2007

Kunisch, Johannes: Friedrich der Grosse. Der König und seine Zeit. München 2004

Leithold, Norbert: Friedrich II. von Preußen. Ein kulturgeschichtliches und bebildertes Panorama von A bis Z. Frankfurt a. M. 2011

Mager, Klaus; Reemtsma, Jan Philipp (Hrsg.): Wielandgut Oßmannstedt. München, Wien 2005

Moravia, Sergio: Beobachtende Vernunft. Philosophie und Anthropologie in der Aufklärung. Frankfurt a. M., Berlin, Wien 1977

Preisendörfer, Bruno: Staatsbildung als Königskunst. Ästhetik und Herrschaft im preußischen Absolutismus. Berlin 2000

Pütz, Peter (Hrsg.): Erforschung der deutschen Aufklärung. Königstein/Ts. 1980

Solnit, Rebecca: Wanderlust. A History of Walking. London 2001

Sorensen, Bengt Algot (Hrsg.): Geschichte der deutschen Literatur. Band I: Vom Mittelalter bis zur Romantik. München 1997

Ullrich, Volker: Napoleon. Eine Biographie. Reinbek 2004

Wehler, Hans-Ulrich: Deutsche Gesellschaftsgeschichte. 1. Band: Vom Feudalismus des Alten Reiches bis zur Defensiven Modernisierung der Reformära. 1700–1815. München 1987

Wesenberg, Angelika (Hrsg.): Nationalgalerie Berlin. Das XIX. Jahrhundert. Katalog der ausgestellten Werke. Berlin 2009

Wilson, W. Daniel: Das Goethe-Tabu. Protest und Menschenrechte im klassischen Weimar. München 1999

Register

Das Register dient nicht der vollständigen Erschließung des Textes, sondern der Ergänzung des Inhaltsverzeichnisses. Neben einigen wenigen, besonders wichtigen Sachworten werden vor allem Personen nachgewiesen. Hinzu kommen Hinweise auf Briefzitate.

Fredrik Sjöberg, Der Rosinenkönig oder
Von der bedingungslosen Hingabe an seltsame
Passionen

Fredrik Sjöberg, Die Kunst zu fliehen.
Vom Glück sich in kleine Dinge zu versenken
und große Kontinente zu entdecken

»Fredrik Sjöberg ist ein Schlenderer und geduldiger
Erforscher des Abseitigen, Vergessenen, Schrulligen.«
Sylvia Staude, Frankfurter Rundschau

»Wie Vladimir Nabokov und Tomas Tranströmer ist
auch Fredrik Sjöberg ein Insektenfreund. Vielleicht hat er
daher diesen Blick für das Besondere – aus dem auch diesmal wieder ein Universum der Sehnsucht und des Scheiterns
entsteht.« *Deutschlandradio* (über *Die Kunst zu fliehen*)

»Das Buch ist ebenso rasant und witzig, teils schrill,
wie andererseits still und in sich gekehrt.« *Andreas Maier,
Die Zeit* (über den *Rosinenkönig*)

www.galiani.de

»Ein Wahnsinnswerk.« *Die Zeit*

Nichts als die Welt, Reportagen und Augenzeugenberichte aus 2500 Jahren. Herausgegeben von Georg Brunold.

Geprägtes Leinen, Büttenschlaufe, 2 Lesebändchen.
Mit mehrseitigen Fotoreportagen.

Tacitus sah, wie Nero Rom niederbrennen ließ.
Walt Whitman war dabei, als Abraham Lincoln erschossen wurde. Georges Simenon traf Hitler im Fahrstuhl, und Ernest Hemingway marschierte ins von den Deutschen besetzte Paris ein.

155 Autoren erzählen von den großen und bedeutenden Umbrüchen der Menschheitsgeschichte, finden aber auch in alltäglichen Details das Seltsame und Besondere.

»Das Buch aufschlagen und sich festlesen ist eins.«
Berliner Morgenpost

www.galiani.de

Laurence Sterne, Empfindsame Reise

Als Sternes Roman im 18. Jahrhundert erschien, wurde er europaweit ein Seller. Sterne erweist sich dabei als Meister der Zweideutigkeit, der subtilen Erotik und feinsten Ironie. Das perfideste Buch der Weltliteratur in der kongenialen Neuübersetzung von Michael Walter – die erste deutsche Übersetzung, die nichts verschweigt!

»Yorick-Sterne war der schönste Geist, der je gewirkt hat: wer ihn liest, fühlt sich sogleich frei und schön; sein Humor ist unnachahmlich, und nicht jeder Humor befreit die Seele.« *Johann Wolfgang Goethe*

»Gern hätt ich Sterne fünf Jahre meines Lebens abgetreten … mit der Bedingung aber, daß er hätte schreiben müssen, gleich was, Leben und Ansichten, oder Predigten oder Reisen.« *Gotthold Ephraim Lessing*

Galiani
Berlin

www.galiani.de

Ferdinando Galiani, Nachrichten vom Vesuv.
Briefe, Blitze, Lästereien

»Ein großer Aufklärer … sprühend vor Charme, Gift, Intelligenz. Eine schön gemachte, liebevoll kommentierte Auswahl und Einführung, die den Spätsommer mit Gedankenblitzen erhellt.« *FAZ*

»Als hätten sich Plato und Molière zusammengetan.« *Voltaire*

»Eine einzigartige Mischung aus charmantem Plauder-ton, Gift, Melancholie, Klamauk und Intelligenz. Böse und spontan ist Galianis Witz …« *Der Tagesspiegel*

»Ein Kleinod für Regentage.« *Denis Diderot*

www.galiani.de

Johann Gottfried Seume

(1763–1810) hat mehr erlebt als fast jeder seiner Zeitgenossen: das Glück, als hochbegabtes Bauernkind entdeckt und gefördert zu werden; das Unglück, als mittelloser Stipendiat Student zweiter Klasse zu sein, von dem man ewige Dankbarkeit erwartet; von hessischen Werbern aufgegriffen und als zwangsrekrutierter Soldat in den Krieg nach Amerika verschifft zu werden, dreimal zu desertieren, um zweimal wieder eingefangen und zum Spießrutenlaufen verurteilt zu werden. Den polnischen Aufstand in Warschau überlebte er nur mit Glück, drei Tage hungernd, hinter Fässern versteckt auf dem Dachboden.

Berühmt wurde er mit einer waghalsigen Reise: ohne Geld brach er im Winter 1801 zu Fuß auf und wanderte von Leipzig bis Syrakus und wieder zurück. Einem Mitreisenden wurde es bald zu gefährlich, doch Seume ging weiter. Zweimal wurde er überfallen und ausgeraubt, das Messer am Hals. Wieder daheim schrieb er den *Spaziergang nach Syrakus*. Die erste große Reportage Deutschlands wurde zum bestaunten Erfolg und inspirierte unzählige Nachahmer, z. B. unlängst erst Wolfgang Büscher, der bis nach Moskau lief.

Ran

Ormsie

Trondheim

N S W

Christiansund or

Sundsvald

Soderhamn

Stabland

Siva

Osen

Fahlun

Perro Islands

Ol-9-02

Bergen

Groel

Stockhol

Shetland Islands

Houland

Christiania

Tors

Orkney Islands

Skeen

Carstad

Duken

Stavangen

Genersen

Lincop

Murray Firth

Christiansund

GERMAN

The Sleeve

Kattegat

Wenberg

Edinburgh

Firth of Forth

Laholm

SEA

DEN MARK

Christina

ISLAND

Ribe

NY

Bornhol

Humber R.

Hamburg

Dantzig

Colberg

Norwich

R. Oder

LONDON

Mouth of the Thames

R. Elbe

P R U

Dover

Berlin

Stockport

Amsterdam

R. Weser

Dunkirk

Hano

Leipzig

M A N

Dresden

Amiens

Rhine R.

Rouen

Meuse R.

Moselle R.

Francfort

PARIS

Sedan

Prag

Olmutz

Orleans

Troyes

Strasbourg

Anspach

Brunn

Dijon

Basel

Ulm

Passau

VIENNA

Clermont

Geneva

Berne

S W I

Alps

G E

A U

Tulle

S. Flour

Lyon

A N C E

Lienz

Platen

Layback